ミネルヴァ日本評伝選

夷俘と号すること莫かるべし

阿弖流為《あてるい》

樋口知志著

ミネルヴァ書房

刊行の趣意

「学問は歴史に極まり候ことに候」とは、先哲荻生徂徠のことばである。

歴史のなかにこそ人間の智恵は宿されている。人間の愚かさもそこにはあらわだ。この歴史を探り、歴史に学んでこそ、人間はようやくみずからの正体を知り、いくらかは賢くなることができる。新しい勇気を得て未来に向かうことができる。徂徠はそう言いたかったのだろう。

「ミネルヴァ日本評伝選」は、私たちの直接の先人について、この人間知を学びなおそうという試みである。日本列島の過去に生きた人々の言行を、深く、くわしく探って、そこに現代への批判を聴きとろうとする試みである。日本人ばかりではない。列島の歴史にかかわった多くの異国の人々の声にも耳を傾けよう。

先人たちの書き残した文章をそのひだにまで立ち入って読み、彼らの旅した跡をたどりなおし、彼らのなしとげた事業を広い文脈のなかで注意深く観察しなおす――そのとき、はじめて先人たちはいまの私たちのかたわらによみがえってくる。彼らのなまの声で歴史の智恵を、また人間であることのよろこびと苦しみを、私たちに伝えてくれもするだろう。

この「評伝選」のつらなりのなかから、列島の歴史はおのずからその複雑さと奥ゆきの深さをもって浮かび上がってくるはずだ。これを読むとき、私たちのなかに新たな自信と勇気が湧いてきて、その矜持と勇気をもって「グローバリゼーション」の世紀に立ち向かってゆくことができる――そのような「ミネルヴァ日本評伝選」にしたいと、私たちは願っている。

平成十五年（二〇〇三）九月

上横手雅敬
芳賀　徹

延暦八年胆沢合戦古戦場（佐藤秀昭氏撮影）

延暦八年（789）の胆沢合戦において，阿弖流為ら蝦夷軍が本営を構えたとみられる巣伏村付近の景観。

（上）『清水寺縁起』中巻より
（東京国立博物館蔵，Image: TNM Image Archives）
僧延鎮が坂上田村麻呂の助力をえて清水寺を建立した物語を記した絵巻物の中の蝦夷征討の場面。永正十七年（1520）完成。土佐光信画。

（左）杉の堂遺跡（SI07）竪穴住居跡
（一般財団法人奥州市文化振興財団 奥州市埋蔵文化財調査センター提供）
官軍による焼き打ちに遭って焼亡したと推測される竪穴住居の遺構。

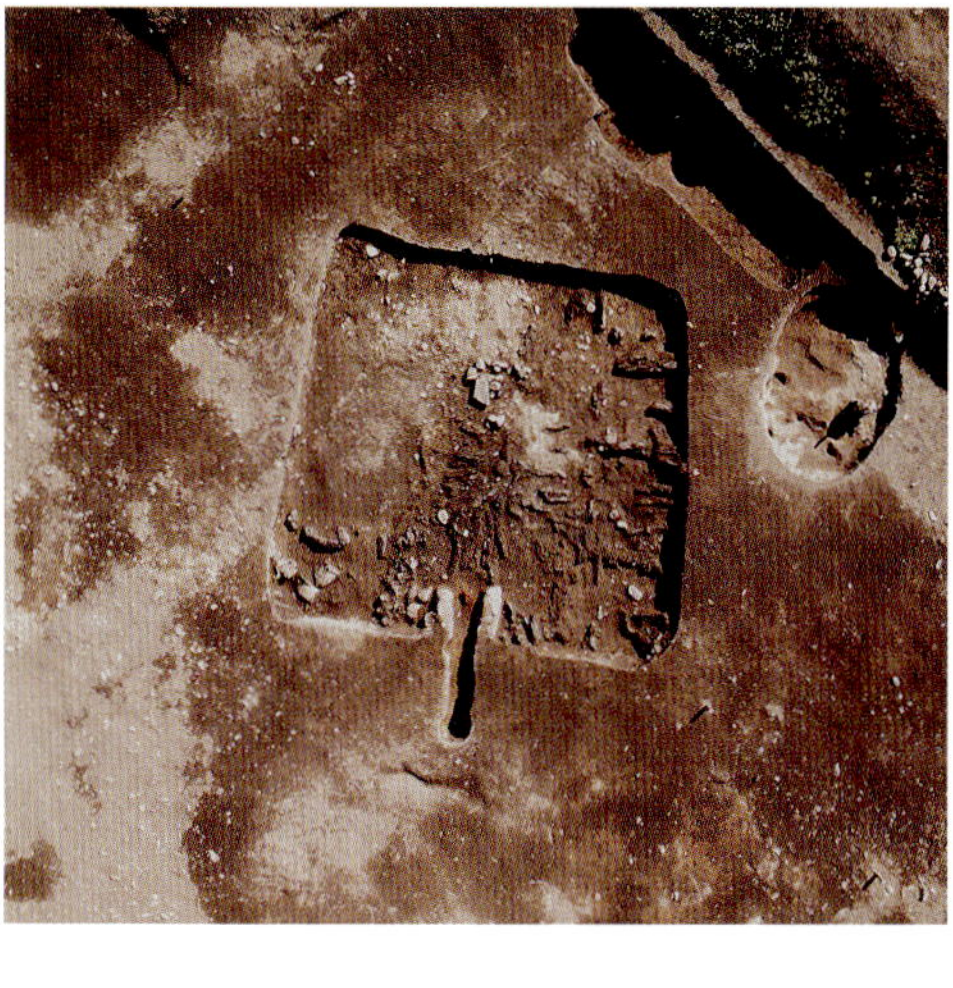

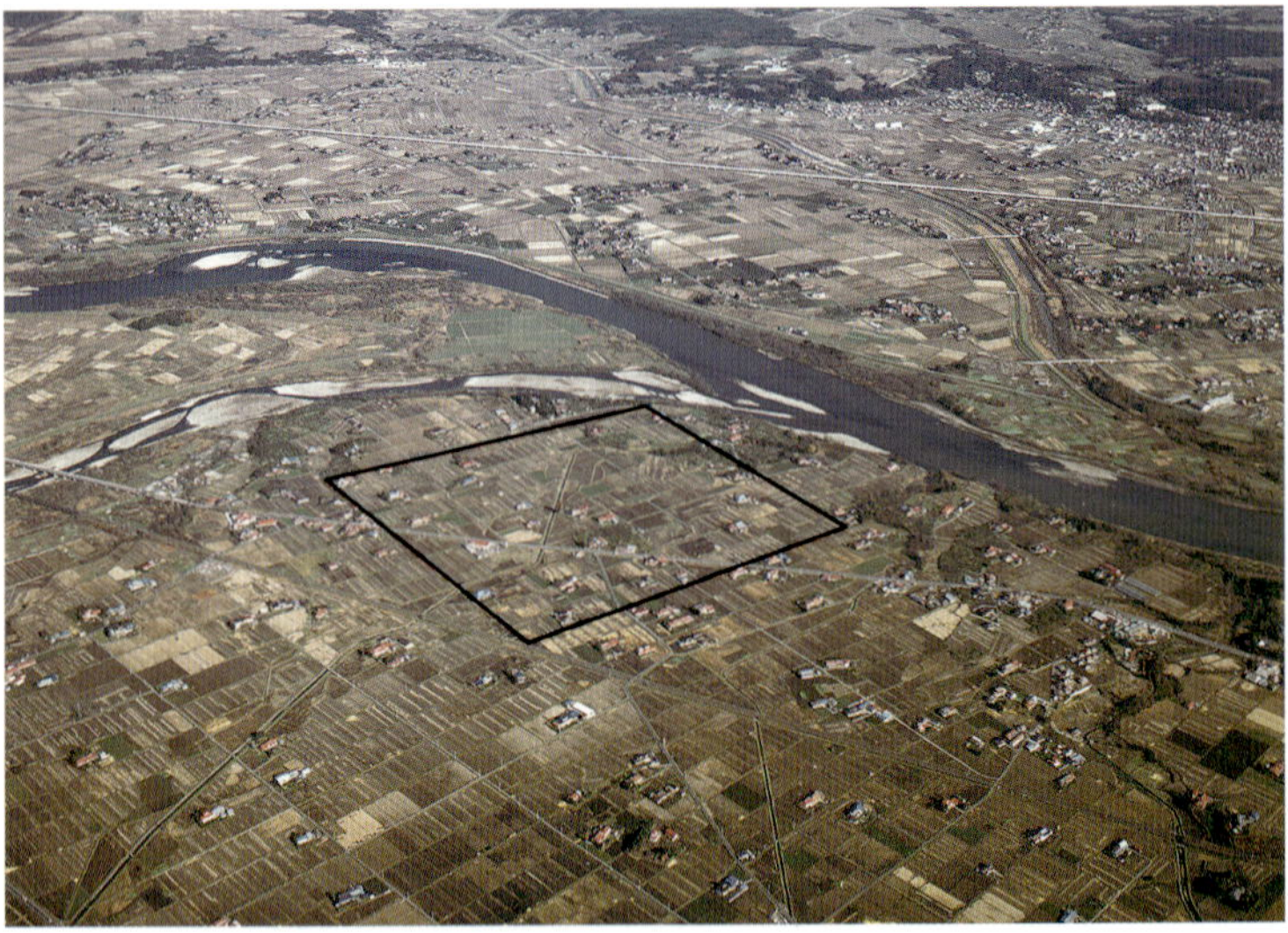

胆沢城跡（西南より）
（一般財団法人奥州市文化振興財団 奥州市埋蔵文化財調査センター提供）

延暦二十一年（802）に坂上田村麻呂によって造営された胆沢城の遺跡の全景。阿弖流為降伏の舞台ともなった。黒枠が築地塀の外郭線。

はしがき

「阿弖流為《あてるい》」。それは律令国家軍を相手に長きにわたって抵抗を続け、九世紀初頭に斬刑に処されて世を去った人の名である。彼の名は史上に四たび、「阿弖流為」で一回、「大墓公阿弖利為《たものきみあてりい》」で二回、姓のみの「大墓公」で一回見える。彼の個人名の正式な漢字表記が「阿弖流為」なのか「阿弖利為」なのかは不明であるが、本書では従来一般的であった阿弖流為＝アテルイの方を採っておきたいと思う。

今から一〇年あまり前の平成十四年（二〇〇二）はアテルイ（阿弖流為）没後一二〇〇年ということで、とくに地元岩手県を中心にアテルイブームが巻き起こった。シンポジウム・企画展・講演会の開催や関連遺跡の市民発掘、アニメーション映画やミュージカルの上演などが盛んにおこなわれ、それを期に東北地方在住の人たちの間にも阿弖流為の名が一定程度浸透していった。阿弖流為の人物像を描き出した文芸作品に高橋克彦氏の『火怨――北の耀星アテルイ』（講談社、一九九九年刊、第三四回吉川英治文学賞受賞）があり、世人の興味・関心を高めるうえで大きな貢献をなしたことも忘れがたい。

かつては国家に歯向かい長きにわたって抵抗を続けた〝反逆者〟として日本史上の悪役であった阿弖

流為の復権を求めるそれらの運動は、私たち日本人が日本史というものを見つめ直し、新たな日本史像を再構築していくにあたっても、たいへん意義深いものであった。また私がこの古代史上の人物にあらためて出会い直し、本格的な研究へと導かれたのも、この時のアテルイブームがきっかけであったといえる。

ただしそうした阿弖流為復権の運動においては、あたかもかつての中央中心の征夷史観をそのまま裏返したかのように、国家と蝦夷《えみし》社会との対立関係や、国家の侵略性と蝦夷社会の自立性・主体性にもとづく「正義」とがやや一面的に強調されすぎるきらいがあった。またそうした見方は、現代における中央・地方間の格差や利害対立の問題にも重ね合わされることとなり、阿弖流為があたかも東北人の中央に対する自立や抵抗の象徴のように扱われることもしばしばあったように思われる。

その後いつしかブームが去り、阿弖流為のことが少しずつ静かに忘れ去られていくにつれて、逆に私の心中では、この人をめぐる真実の歴史がどのようなものであったのかという問題関心が日増しに深まっていった。おりしも東北地方蝦夷社会の実像に迫ろうとする考古学分野の調査・研究成果が大きく発展したことも、私の研究意欲をつよく刺戟した。とはいえ、武田佐知子先生のお勧めによって本書執筆の機会を与えていただいた後にも、たった四カ所しか史料上に記述が残っていない人物の評伝などおよそ執筆不可能なのではないか、という懸念がなかなか頭から離れなかった。しかしながら、彼が生きた時代の諸史料に何度も目を通し、彼の人となりや時々の心情に思いを馳せつついろいろと考えをめぐらせていくうちに、彼の人生の全体像についてのイメージが、やや漠然としたものではあるが徐々に脳裏に浮かび上がってきたのである。

実際に研究を始めてみると、私の中での阿弖流為像は従来一般的に述べられていた通説的見解からはいささか乖離したものになっていった。とくに彼の年譜を再構成した際に、彼が終戦後に生まれた私たちと同様の「戦後世代」で、次の戦争の時代が到来するまでは一度も本格的な戦闘を経験したことがなく、蝦夷社会と国家側社会との間に平和共存の関係が成立していた穏やかな時代の空気を胸一杯に吸いこんで成長していった人であったことを認識するに至った時、そうした〝史実〟に一番驚かされ困惑させられたのはほかならぬ私自身であった。また、阿弖流為と彼の同盟者磐具公母礼《いわとものきみもれ》が処刑されて死去した後にも、国家との戦いに敗れた蝦夷社会の側にはなぜか悲哀の色はあまりうかがわれず、彼の死後四、五年後には蝦夷族長らが陸奥国司を相手に位階や「村長」の地位を盛んに求める運動が昂揚し、さらにその七、八年後には桓武《かんむ》天皇の子である嵯峨《さが》天皇の勅《みことのり》によって、蝦夷に出自をもつ人々のことを「夷俘《いふ》」（蝦夷と俘囚《ふしゅう》の総称）と蔑称することが禁じられ、正しく官位・姓名で呼ぶべきことが命じられている。勝者であった国家の側よりも、むしろ敗者であったはずの蝦夷社会の側に生気に溢れた縦横無尽な活動が多くみられることはなんとも逆説的な現象であるといえるが、おそらくはそのように歴史が大きく転換していく交点において、阿弖流為が自らの命を代償として戦い取った戦果が大きく作用したものであろう。

読者の中には、本書の阿弖流為をめぐる歴史叙述の内容に従来とはかなり異なる点が少なからずあることに、ためらいや違和感を感じられる方がおられるかもしれない。著者としては、自らの叙述が読者の方々の歴史認識に無用の混乱をもたらさないことを祈るばかりである。本書において述べられる私見はこれまでの通説にことさらに異を唱えることを目的としたものでは決してなく、文献史学と考古学との共同研究に向けての方法論的な模索や、日本史における人物史の叙述の新たな試みといった私なりの課題意識によりつつ、あくまで学問的な真実の探究をめざして書かれたものであることをご理解いただければ幸いである。

阿弓流為《あてるい》——夷俘と号すること莫かるべし　目次

はしがき

図版一覧

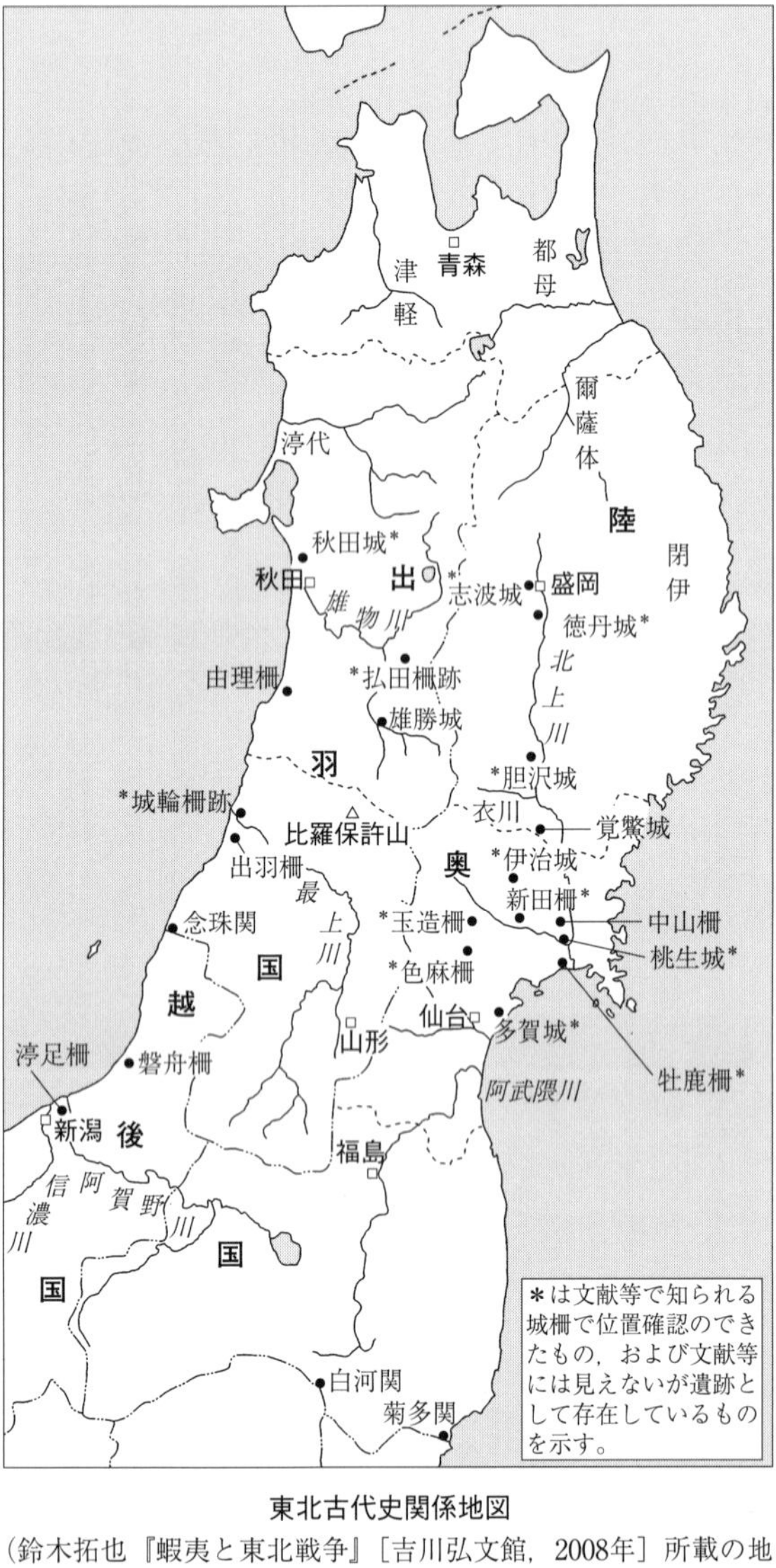

東北古代史関係地図

（鈴木拓也『蝦夷と東北戦争』［吉川弘文館，2008年］所載の地図を元に作成）

第一章　蝦夷の世界

1　蝦夷の原像

初期のエミシ

「蝦夷」の文字には「エミシ」（「エビス」は「エミシ」が訛ったもので本来同じ言葉）と「エゾ」の大きく分けて二種の読みがあるが、概して前者は古代的な語、後者は中世的な語ということができる。一般には蝦夷《えみし》とは古代の東北の現地住人を指すとされることが多いが、実はそうした常識は一〇〇パーセント正しいものではない。

『日本書紀』の神武《じんむ》天皇即位前紀には、

愛瀰詩烏《えみしを》　毗儾利毛々那比苫《ひだりももなひと》　比苫破易陪廼毛《ひとはいへども》　多牟伽毗毛勢儒《たむかひもせず》

（毛人《えみし》を　一人百な人　人はいへども　手向かひもせず）

という歌が載せられている。記紀で初代天皇とされる神武天皇の即位前に、道臣命《みちのおみのみこと》が大来目部《おおくめべ》の軍勢を率いて八十梟帥《やそたける》の残党を破った時の戦勝歌であるとされているものであるが、国文学の研究によれば、この歌は本来神武天皇とは関わりがなく、ヤマト政権の外征軍である大来目部が大王《おおきみ》の命を受けて未服属の地域に軍事的遠征をおこなっていた四世紀頃に凱歌として歌われていたものであったと推察されている（土橋寛『古代歌謡の世界』）。

　またヤマト政権による国土統一が進んだ五世紀後期、倭王武《わおうぶ》が中国南朝の宋《そう》の皇帝に送った「倭王武の上表文」（宋順帝昇明《しょうめい》二＝四七八年）中にみえる有名な一節に、「昔より祖禰《そでい》、躬《みずか》ら甲冑を擐《つらぬ》き、山川を跋渉《ばっしょう》し、寧処《ねいしょ》に遑《いとま》あらず。東は毛人を征すること五十五国、西は衆夷《しゅうい》を服すること六十六国、渡りて海北《かいほく》を平《たいら》ぐること九十五国」というものがある。倭王武は、埼玉県行田市の稲荷山《いなりやま》古墳出土の鉄剣の銘文（辛亥《しんがい》＝四七一年）中にみえる「獲加多支鹵《わかたける》大王」、すなわち記紀にみえる雄略《ゆうりゃく》天皇のことであると推定されている。上表文によれば、雄略大王の代にはほぼ国土統一は成っていたようであるが、ヤマト政権によって平定されたとされる東日本の諸地域の人々を指して「毛人」の文字が使用されている点には大いに注目される。「毛人」は「蝦夷」よりも古い「エミシ」に当てられる用字であり、ここの「毛人」が当時「エミシ」と読まれていた可能性も決して低くはない。

　以上によれば、「エミシ」の語は未だヤマト政権が国土統一の途上にあった古墳時代前〜中期頃にはすでに存在した可能性があり、またその段階の「エミシ」は東北地方のみならず関東・北陸・中部地方の一部をも含むわりあい広い地域の勢力・住人を指示する語であったと推察することができよう

（工藤雅樹『古代蝦夷』）。

さて、「エミシ」が本来、ヤマト政権に十分服していなかった東方の諸地域の勢力・住人らを広く指していたのであれば、その呼称によって指示される地域・住人の範囲は、ヤマト政権の国土統一が漸次進められていく中で、だんだんと東あるいは北へと狭められていったであろう。そうした過程で、古く「エミシ」と称されていた地域の社会・住人は、ヤマト政権による政治的支配を受けるうちに、次第に内国地域の社会・住人と区別しがたいほどに同化していき、やがて「エミシ」とは呼ばれなくなっていったものと考えられる。

国造制とエミシ

国造《こくぞう》はヤマト政権の地方支配機構の一つで、各地域の有力豪族が任じられて祭政両面にわたる多大な権限が与えられたものであるが、近年の研究では国造制は部民制《べみんせい》とともに五世紀末か六世紀代に開始されたと考えられている（舘野和己「ヤマト王権の列島支配」）。『先代旧事本紀《せんだいくじほんぎ》』という書物の巻十に収められた「国造本紀」には、六世紀中頃から後半頃にかけて形成されたらしい一三〇の国造の設置時期や系譜についての貴重な記載がみられるが、それによれば国造分布の北限は、太平洋側では亘理《わたり》地方（「思（亘）国造」）と伊具《いぐ》地方（「伊久国造」）、日本海側では越後平野中部（「高志深江《こしのふかえ》国造」）と佐渡（「佐渡国造」）である。すなわちこの段階においては、太平洋側では会津《あいづ》地方を除く福島県全域と宮城県最南部の亘理・伊具地方まで、日本海側では新潟県南半までは国造が置かれていて、すでに内国地域としてヤマト政権の支配領域の中に編入されていたことが知られるのである。そして、国造が置かれていないそれ以北の諸地域こそが、その当時において「エミシ」の地と観念されていたものと推測される（熊谷公男『蝦夷の地と古代国家』）。とすれば、福島県会津地方や山形県の全域、また新潟市周辺や宮城県仙台市周辺も当時はまだ「エミシ」の地であったということになる。

大化改新と城柵の建置

大化改新（大化二＝六四六年～）を画期に新たな国家建設に向けての諸政策が進められるようになると、中央政府の東北経営も本格化し、越後平野北半と仙台平野に相次いで城柵《じょうさく》が設けられた。城柵とは、「エミシ」と称される現地住人を支配するために「エミシ」の地の中に設置された国家側の施設であり、その周辺には柵戸《きのへ》と称される内国からの移民集団が配置された。『日本書紀』によれば、大化三年（六四七）に越国《こしのくに》渟足柵《ぬたりのさく》（新潟県新潟市。遺跡は未発見）が、翌四年（六四八）には同じく磐舟《いわふね》柵（新潟県村上市。同上）が置かれたことが知られる。なお同書中には太平洋側の城柵設置を示す記事は存在しないが、仙台市太白区郡山に所在する郡山遺跡の最も古い官衙遺構（Ⅰ期官衙）が越国の渟足柵に対応する同時期の陸奥国の城柵の遺跡であると考えられている（今泉隆雄「多賀城の創建」）。また『日本書紀』によれば、七世紀代に造営された城柵の名としてほかに越国都《と》岐沙羅《きさら》柵（所在地不明）・陸奥国優嶂曇《うきたむ》柵（山形県置賜《おいたま》地方。遺跡は未発見）もみえる。

七世紀代に城柵が造営された越後平野、仙台平野、米沢盆地といった地域では、現地住人たる「エミシ」が反乱を起こしたことを伝える史料などは一切見出せない。これらの地域ではいずれも弥生時代以来の稲作農耕文化がそれなりに発展し、四世紀代の古墳時代前期より大型古墳の造営がなされ古墳文化の昂揚もみられた。ゆえにこれらの地の「エミシ」は、もともと関東・中部地方以西の国造制施行地域に住む人々ともあまり大きく変わらない農耕文化や信仰文化をもっていたようにも考えられ

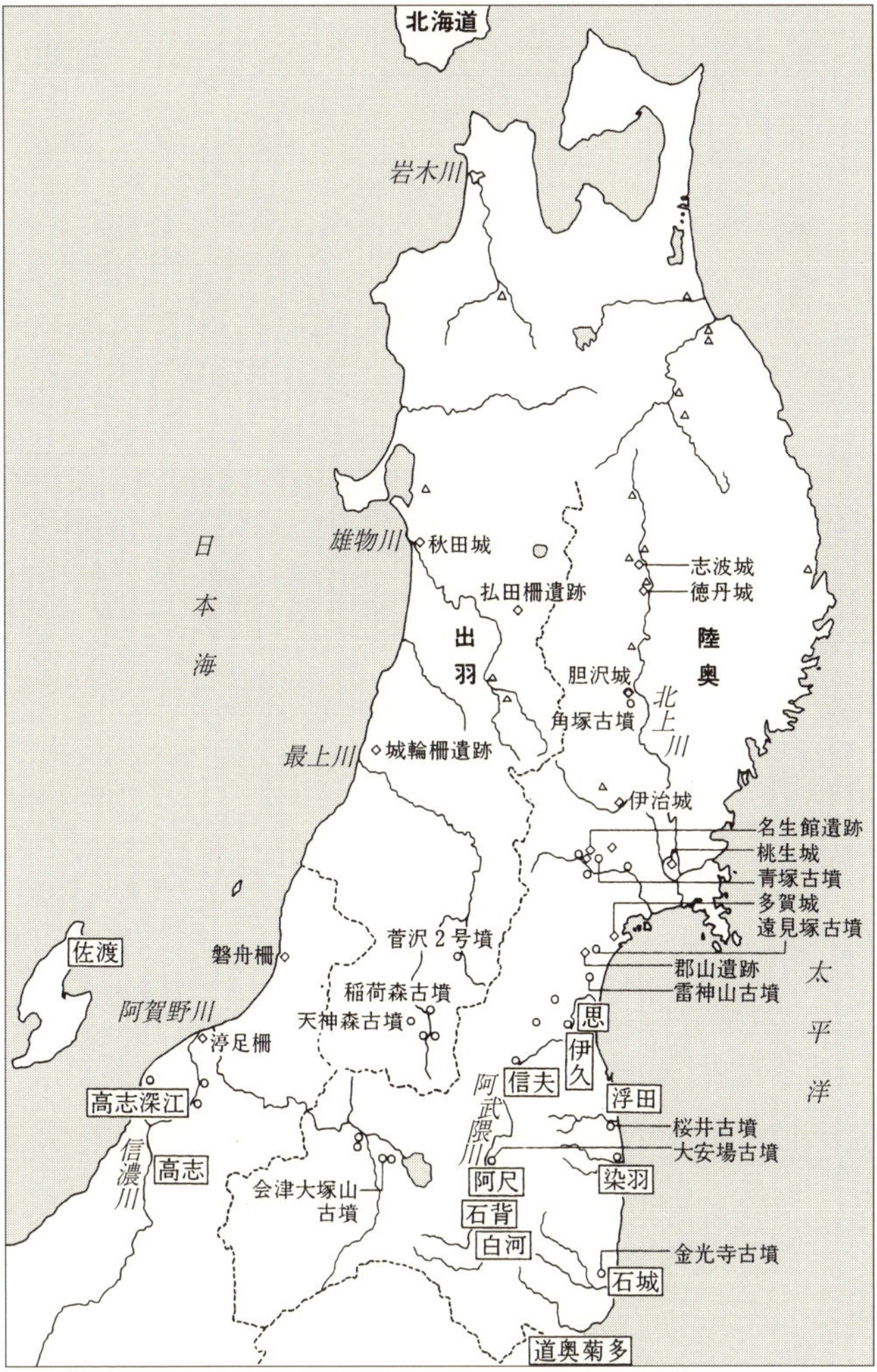

○主な大型古墳，□国造，◇城柵関係の遺跡，△末期古墳

東北地方の国造・城柵の分布（工藤雅樹『古代蝦夷』［吉川弘文館，2000年］より）

る。ただしこれらの地は、五世紀後半以降古墳文化が衰退し現地の有力豪族が没落した結果、国造制が布かれず「エミシ」の地とされたように推察されている地域なのであるが（八木光則『古代蝦夷社会の成立』）、それ以北の諸地域に比べれば古墳文化の影響がきわめて多大であったとみられることには大いに注目すべきであろう。

渟足・磐舟柵や郡山遺跡Ⅰ期官衙の造営よりも半世紀ほど後の大宝律令《たいほうりつりょう》施行段階（大宝二＝七〇二年〜）には、越後平野、仙台平野、米沢・山形盆地に住む人々は最早「エミシ」とは称されなくなっていたようである。長きにわたり稲作農耕文化を受け継いできたそれらの地の住人たちは、近在の城柵を拠点としておよぼされた国家側の支配をさしたる抵抗もなく受け容れていき、やがて内国地域の社会・住人と区別しがたいほどに同化していったためであろう。

そのようにして、八世紀初頭の大宝律令施行の時点では、仙台平野、米沢・山形盆地、越後平野はいずれも律令国家の支配領域内に組み込まれることとなり、それらよりも北方の諸地域が「エミシ」の地と定められることとなったのである。また同律令施行後には、「蝦夷」が「エミシ」に対する用字として一般的に定着する。なお、以下本書では一般的な通例にしたがい、「エミシ」に換えて漢字表記の「蝦夷」を主に使用することとしたい。

東北北部の蝦夷社会

狩猟・採集・漁撈の自然獲得経済の生活様式に依拠した縄文時代が終末期を迎えていた紀元前五世紀頃、大陸より渡来した水田稲作農耕文化と金属器文化に特徴づけられる弥生時代が開始された（近年放射性炭素^{14}Cの年代測定にもとづき、弥生時代の開始を約五〇〇年遡らせて理解する新説が提起されているが、ここでは従来説に依った）。稲作文化は急速に列島内に広がり、紀元前三、四世紀の弥生前期には本州最北の津軽地方で水田稲作がおこなわれていたことも明らかにされている。弥生時代の水田跡は現在津軽平野で二遺跡、北上盆地南部で二遺跡が見つかっており、かつては弥生稲作がおこなわれず「続縄文文化」の地であるとみられていた青森・岩手・秋田の東北北部三県の地にも弥生時代が存在していたことが明白に確認されるに至っている。

しかし、その後列島の気候環境は低温・多雨によって悪化していき、西暦紀元前後に始まる弥生後

続縄文土器（後北CⅡ・D式、秋田県能代市寒川Ⅱ遺跡出土）（秋田県埋蔵文化財センター蔵）

期には東北北部の稲作農耕文化は急激に衰退していった。そして紀元後三、四世紀頃になるとこれらの地には北海道系のいわゆる続縄文土器文化が流入し、かつての定住型の農耕文化より非定住・遊動型の狩猟・採集・漁撈文化へと回帰していく。移動式のテント型住居を多用したとみられる遊動生活は東北北部でだいたい六世紀頃まで続いたと思われるが、その間に東北南部では広く古墳文化が隆盛し、福島県域や宮城県南部地域に国造が設置されており、南北間でおよそ対照的な事象が展開していたこともうかがい知られる。

七世紀になると気温の温暖化による後押しを受けて東北北部でも水田稲作農耕が復活し、各地で数多くの農業集落が形成されるようになる。さらに八世紀段階には集落が激増し、東北北部の地でも稲作農耕社会が成熟の期を迎えるのである。記紀にみえる蝦夷に関する記述には、蝦夷のことを農耕を知らない野蛮な人々のように描いているものが多いが、それらが書かれた奈良時代初期頃にあってはすでに東北地方の蝦夷社会は農耕社会の様相を呈していたものと考えられる。

しかし、そうはいっても、東北北部の農耕文化は当時まだせいぜい百数十年程度の伝統しかもっておらず、それ以前にはおよそ二〇〇～三〇〇年もの長きにわたる非農業的な遊動生活の歴史があったのである。それらの地の蝦夷社会が、東北南部やほかの内国地域と基本的に同様の文化的素地を共有していたとはやはり非常に考えがたいことであろう。

胆沢地方の特殊性

ところで、弥生後期以降に稲作文化が衰滅していった東北北部三県の地にあって、例外的に稲作農耕を維持・継続し、五世紀後半には前方後円墳の造営まで成し遂げた地域があった。それが岩手県北上盆地南部の胆沢《いさわ》地方（奥州市水沢・胆沢・江刺区、金ケ崎町）である。

同地方では、東北北部の稲作文化が衰退しつつあった弥生後期（紀元後一～三世紀）にも水田の造営がおこなわれており（奥州市水沢区常盤広町《ときわひろまち》遺跡）、また北海道系の続縄文土器である後北CⅡ・D式土器が青森・岩手・秋田三県地域に分布圏を拡大していた四世紀代や続く五世紀代に稲作農耕をおこなっていた集落もいくつか知られている。そして五世紀後半には、全長約四五メートルの前方後円墳である角《つの》塚《づか》古墳（奥州市胆沢区南都田《なつた》、国史跡）が造営されたのである。同古墳こそ、まさに日本列島で最北の前方後円墳にほかならない。

角塚古墳（奥州市教育委員会提供）

また近年になって、角塚古墳より北へ二キロメートルほどの地点で五世紀代を中心とする時期の大集落の遺跡が発見された。奥州市水沢区の中半入《なかはんにゅう》遺跡である。同遺跡からは、五世紀中頃～後半のものとみられる最古級の須恵器《すえき》や、五世紀末～六世紀初頭頃の馬の歯が出土しており（本格的な乗用馬は四世紀末〜五世紀初頭頃に朝鮮半島より日本列島へ移入された）、当時のヤマト政権中枢部との間にかなり親密な関係があったことをうかがわせる。また岩手県北部沿岸部の久慈《くじ》地方産の琥珀《こはく》および琥珀製品加工工房跡や、宮城県加美《かみ》町の湯ノ倉産の黒曜石製石器（動物皮革のなめし具か）なども発見されており、この集落が南北よりもたらされる様々な物資に関わる生産・流通拠点、すなわち交易センターのような性格をともなっていたことをうかがわせる。

さらには、同遺跡の中心地区において、方形の濠をめぐらした五世紀後半の豪族居館の遺構も見つかっている。おそらくその居館の主こそが、角塚古墳に葬られた地域社会の王だったのであろう。

なお角塚古墳の被葬者については、出土した埴輪の製作技法や形態の類似性から、大崎平野の古墳文化勢力と深い関係があったと推測されている。また最近、四、五世紀代に古墳文化の隆盛をみた大崎・仙台両平野においては、五世紀後半以降になると大型古墳の造営はおこなわれなくなり、中央政権との政治的関係も急速に疎遠になっていったことが考古学方面の研究によって指摘されている（藤沢敦「激動する仙台平野」）。胆沢地方で結局大型古墳が角塚古墳一基だけしか造営されなかったことも、そうした東北地方と中央政権との関係の変化による影響を受けているのであろう。

つい最近、平成二十四年（二〇一二）の春に、角塚古墳より東北方七〇〇メートルに位置する沢田遺跡（奥州市胆沢区南都田）で、五世紀後半〜六世紀代の円墳や土坑墓《どこうぼ》からなる墓域の遺構が発見された。副葬品などの遺物として、須恵器・鉄斧《てっぷ》・ガラス玉・久慈産琥珀玉・湯ノ倉産黒曜石の剝片《はくへん》などが確認されている。角塚古墳造営の次の時代にも、付近には南の古墳文化の伝統を引き継ぐ人々がこの地に根付いていたことがうかがい知られる。

そのような東北北部にあってひときわ独自な歴史的伝統をもつ胆沢の地において、角塚古墳造営より三世紀ほど後に阿弖流為が登場してくるのは、おそらく単なる偶然ではないのであろう。

律令国家と蝦夷

さて、先に中央の国家による国土統一が進むにしたがって、蝦夷と呼ばれる地域・社会の範囲は次第に北へと狭められていったと記したが、以上に述べたように国家と蝦夷との境界が北へと動くにつれて、国家の支配を受ける蝦夷の社会のありようも次第に変化していくことが確認される。

越後平野や仙台平野の住人は古墳文化を一定程度発展させた文化的素地があったためにわりあい容易に内民化の道をたどることができたが、それよりも北方の大崎平野や庄内平野では次節でやや詳しく説明するようにいささか事情が異なっていたようである。大崎平野は、仙台平野と同様に四、五世紀に古墳文化をかなり発展させた歴史をもつが、同時に北東北の遊動型の狩猟・採集・漁撈文化とも深い親近性がみられるというある種の両属性をもった地域であった。一方の庄内平野は、近年古墳文化の影響を受けた遺跡がいくつか確認されるに至ったものの、七世紀以前に稲作農耕社会が成熟を遂げることがなかったとみられる点では北東北三県地域とだいたい共通している（川崎利夫「出羽の古墳とその時代」）。

八世紀初頭に大宝律令を施行し律令国家を完成させた中央の支配者たちが、新たな国家の版図となすべく早速現地経営を推進したのが大崎平野と庄内平野であった。しかしながら、今度は越後平野や仙台平野のときと同じようにはいかない。国家の蝦夷経営はやがて大きな障碍にぶつかり、現地住人である蝦夷たちの抵抗に遭い、紆余曲折の道を歩んでいくこととなるのである。

2　多賀城以前の蝦夷政策

庄内平野の蝦夷反乱

八世紀初頭における大宝律令《たいほうりつりょう》の制定・施行を画期に律令国家建設の事業は完成の域へと達するが、その後十年も経たない間に東北地方の日本海側で蝦夷の反乱が発生している。それは、当時まだ越後国に属していた庄内地方において、和銅《わどう》二年（七〇九）に起こった。

当時は出羽国が未成立であり、日本海側で最北の国は越後国であった。慶雲《けいうん》二年（七〇五）に越後守になり、同四年（七〇七）四月に任地で没した威奈大村《いなのおおむら》の骨蔵器に刻まれた銘文（墓誌銘）に、「慶雲二年、命ありて太政官の左小弁《さしょうべん》を兼ぬ。越後北彊《ほっきょう》、衝《かなめ》蝦虜に接し、柔懐鎮撫、允《まこと》に其の人に属す。同歳十一月十六日、卿に命ありて越後城司に除（叙）す。四年二月、爵を正五位下に進む。卿、これに臨むに徳沢を以ちてし、これを扇ぐに仁風を以ちてす。化洽《あま》ねくして刑清く、令行はれて禁止まる」とあり（原漢文。『日本古代の墓誌』）、越後守（＝「越後城司」）在任中に彼が「越後北彊」方面の「蝦虜」に対して仁政を施したとされているが（なお大村が越後守に任命された年月日は墓誌銘によれば慶雲二年十一月十六日であるが、『続日本紀《しょくにほんぎ》』によれば同三年閏一月五日で三カ月ほどのずれがある）、おそらく「越

国宝 威奈大村骨蔵器（四天王寺蔵）

後北疆」の「蝦虜」というのが庄内地方の蝦夷集団のことであろう。すなわち庄内平野では慶雲二年頃にすでに小規模な騒擾が生じていて、それを抑えるために能吏を以て聞こえた大村が越後守として渟足柵（当時はすでに「沼垂城」と表記が改められていたか）に赴任し、「柔懐鎮撫」にあたったものかと推察される。なお大村が越後国で死没した後に後任として現地に赴任したのは阿倍真公《あべのまきみ》という人物で、『続日本紀』には慶雲四年十一月と翌和銅元年（七〇八）三月に任命記事が重出しているが、和銅元年中には現地へ赴任したものとみられる。

同年九月には、新国守である真公の下で庄内地方に出羽郡が新設された。しかしそのことが現地の蝦夷系住人に困惑や抵抗の感情をもたらしたらしく、翌年には陸奥・越後二国の蝦夷が良民（出羽柵の柵戸ら非蝦夷系の住人）に危害を加える事件がたびたび発生したらしい。それに対して中央政府は和銅二年（七〇九）三月、両国へ征討軍を派遣した。

陸奥・越後の二国の蝦夷、野心ありて馴れ難く、屢《しばしば》良民を害《おか》す。是《ここ》に、使を遣して遠江《とおつおうみ》・駿河《するが》・甲斐《かい》・信濃・上野《かみつけの》・越前・越中等の国を徴《はた》り発《おこ》さしむ。左大弁正四位下巨勢朝臣麻呂《こせのあそんまろ》を陸奥鎮東将軍《ちんとうしょうぐん》とす。民部大輔《みんぶたいふ》正五位下佐伯宿禰石湯《さえきのすくねいわゆ》を征越後蝦夷将軍《せいえちごえみししょうぐん》。内蔵頭《うちのくらのかみ》従五位下紀朝《きのあ》臣諸人《そんもろひと》を副将軍。両道より出て征伐《う》つ。因《より》て節刀《せっとう》丼《あわ》せて軍令《ぐんりょう》を授く。

（『続日本紀』和銅二年三月壬戌［六日］条）

陸奥国側に派遣された最高指揮官の肩書きが「陸奥鎮東将軍」、越後国側のそれが「征越後蝦夷将軍」と書き分けられており、しかも後者にのみ副将軍がともなっていることからみて、この時の蝦夷の蜂起が主に日本海側を舞台として発生していたことがうかがえる。また同じく『続日本紀』に同年七月のこととして、諸国から搬送されてきた兵器を出羽柵《いではのさく》に運ばせたことがみえている点も、この年の蝦夷反乱が同柵周辺の庄内平野地方を中心に巻き起こっていたことをつよく示唆している。

出羽柵と出羽建国

なお出羽柵はこの時初見し、いつ造営されたのかもよくわからないが、おそらく出羽郡が新設されるよりも前に、越後守威奈大村の治政下で建造されたのではなかろうか。同柵は庄内平野の最上川以南の地にあったと推測されているが、遺跡そのものは未発見である。

この庄内地方を中心に展開したとみられる蝦夷反乱は、征討軍の派遣開始からおよそ五カ月ほどで終息し、将軍らは八月下旬には藤原京へ帰還した。

前に触れたように、越後平野や仙台平野においては城柵設置や国・評制施行などの際に反乱が生じた形跡がうかがえないのに対して、なぜ庄内平野ではこのとき蝦夷反乱が起こったのか。その理由は定かではないが、考古学的知見によると、古墳時代の前期・中期に古墳が継続的に造営された地域の北限はだいたい越後平野と山形・米沢盆地、宮城県大崎地方を結ぶ線までであり、庄内平野がその外側に位置している点には注目される。ただし庄内平野でも、明治の末に組合式の長持形石棺《ながもちがたせっかん》が出土した菱津《ひしづ》古墳（鶴岡市）や、四世紀代の方形周溝墓の可能性がある関《せき》B遺跡（酒田市）、遺物出土はないものの古墳時代の古墳である可能性が指摘される鷺畑山《さぎはたやま》古墳（藤島町）などの存在が知られ、古墳時代の集落跡によっても、五世紀代が空白であるものの四、六世紀には古墳文化の流れを汲む村が存在していたことがうかがわれる（佐藤禎宏「庄内地域の古墳」）。しかしながら、やはり越後平野や仙台平野に比べれば、過去の歴史における中央政権との間の政治的・経済的・文化的交流の度合いはおそらく格段に低かったと考えられるのであり、それゆえ八世紀初頭にあっても国家側の諸政策に対して違和感や抵抗感を覚える人々がかなり多かったのではなかろうか。

蝦夷反乱の三年後の和銅五年（七一二）には、「狄部晏然《てきぶあんぜん》にして、皇民擾《わずらわ》しきこと无《な》し」との認識の下に、出羽郡を中心に新たに出羽国が建てられている（『続日本紀』同年九月己丑［二十三日］条）。

大崎平野の建郡

一方、奥羽脊梁山脈の東の陸奥国側では、庄内地方の蝦夷反乱の際に不穏な空気が立ち込め一時的に政情不安の状態に陥っていたようであったが、その後しばらくは比較的平穏な状態が続いたようである。

大崎平野には後にも触れるように、七世紀中葉か後半あたりから主に関東地方方面より数多くの移民が流入してきたとみられる考古学的な徴証があるが、同地方のことが初出する文献史料は『続日本紀』慶雲四年（七〇七）五月癸亥（二十六日）条である。

讃岐《さぬき》国那賀《なか》郡錦部刀良《にしこりのとら》、陸奥国信太《しだ》郡壬生五百足《みぶのいおたり》、筑後《ちくご》国山門《やまと》郡許勢部形見《こせべのかたみ》等に、各衣《きぬ》一襲《かさね》と塩・穀《もみ》とを賜ふ。初め百済《くだら》を救ひしとき、官軍利あらず。刀良ら、唐の兵の虜にせられ、没して官《かん》戸《こ》と作《な》り、卌《しじゅう》余年を歴《へ》て免されぬ。刀良、是に至りて我が使粟田朝臣真人《あわたのあそんまひと》らに遇ひて、随ひて帰朝す。その勤苦を憐みて此の賜《たまいもの》有り。

すなわち七世紀中頃の百済救援の役における白村江《はくそんこう》の戦い（天智二＝六六三年）で唐軍の捕虜となり、この頃に解放されて帰朝した三名の日本人の中に陸奥国信太郡出身の壬生五百足という人がいたことが知られるのであるが、信太（＝志太）郡は大崎平野南部の郡名である。とすれば、百済救援の役の頃に信太郡の前身である信太評《ひょう》がすでに存在していた可能性も捨てがたいのであるが、研究者の多くはそのような推論には慎重で、一般には慶雲四年以前に信太郡が成立していたことの証左とみられている。八世紀初頭には、大崎平野においても国家による建郡の動きがあったことがうかがい知られるのである。

その際に成立したのが信太郡一郡だけであったともやや考えにくく、同じく大崎平野南部の黒川・色麻《しかま》二郡も一緒に建郡されたのかもしれない。ただし大崎平野の場合は庄内平野とはやや異なり、建郡によって直ちに蝦夷反乱が惹き起こされることはなかった。その点は、同地方には四世紀代の古墳時代前期より五世紀代の中期にかけて古墳の造営が盛行し、古墳文化が開花した歴史があったことと決して浅からぬ関わりがあるだろう。

蝦夷への君姓賜与

和銅三年（七一〇）四月、国家は陸奥国側の蝦夷族長らに対して、「君《きみ》の姓を賜はりて編戸《へんこ》に同じくせむこと」を許した（『続日本紀』同年同月辛丑［二十一日］条）。「編戸」とは「編戸民」、すなわち戸籍・計帳に登載されて口分田を与えられ租・調《ちょう》・庸《よう》などの租税や労役を負う公民を指す言葉で、公民化を願い出た蝦夷族長クラスの住人に対して君姓《きみせい》（本拠地の地名に君のカバネ［有力者の政治的・社会的地位を示す称号］を付した姓）を与えて公民に準じた待遇を保障しようとしたものであると解される。

この時を画期に、君姓は律令国家の支配秩序の中に編成された蝦夷族長が名のる姓として制度化される。ちなみにその後、天平宝字《てんぴょうほうじ》三年（七五九）十月に天下の諸姓の「君」字は「公」字に改められ、蝦夷族長の君姓は公《きみ》姓に換えられた。阿弖流為らは奈良時代後期に大墓公の姓を称していたが、彼ら一族の本来の姓も君姓であった。

また霊亀《れいき》元年（七一五）十月には、邑良志別君《おらしべつのきみ》・須賀君《すかのきみ》という姓をもつ蝦夷族長層に属する人物の請願によって、彼らの本拠地の近傍に「郡家《ぐうけ》」が建てられたことを伝える記事が残されている。

陸奥の蝦夷第三等邑良志別君宇蘇弥奈《うそみな》ら言《もう》さく、「親族《うがら》死亡《し》にて子孫数人、常に狄徒《てきと》に抄略《しょうりゃく》せられむことを恐る。請はくは、香河《かが》村に郡家《ぐうけ》を造り建てて、編戸《へんこ》の民《たみ》として、永く安堵《あんど》を保《たも》たむことを」とまうす。また、蝦夷須賀君古麻比留《こまひる》ら言さく、「先祖《さきつおや》より以来《このかた》、昆布を貢献《たてまつ》れり。常にこの地に採りて、年時《ねんじ》闕《か》かず。今、国府郭下《こくふかくか》、相去ること道遠く、往還旬《じゅん》を累《かさ》ねて、甚だ辛苦多し。

請はくは、閇《へい》村に便《たより》に郡家を建て、百姓《はくせい》に同じくして、共に親族を率ゐて、永く貢《みつぎもの》を闕かざらむことを」とまうす。並《ならび》にこれを許す。

（『続日本紀』霊亀元年十月丁丑［二十九日］条）

記事の前段では、陸奥の蝦夷で第三等の蝦夷爵《しゃく》（蝦夷族長層に与えられる位階）をもつ邑良志別君宇蘇弥奈の請願によって、香河村（宮城県登米《とめ》市周辺か）に「郡家」を建てることが許されている。親族の死亡により勢力が著しく弱体化していた邑良志別君一族は、常に「狄徒」の襲撃に怯えており、その憂いを除くために香河村に「郡家」が設置されることになったらしいのであるが、なぜ彼らの本拠地の近傍の香河村に「郡家」を建てることが、彼らを「狄徒」の襲撃より守ることにつながるのであろうか。その疑問点については、後段の須賀君古麻比留の事例と併せ考えることで一定の解釈が可能になってくるように思われる。

須賀君古麻比留の昆布貢進

右の史料中にみえる古麻比留の請願の主旨は、「自分たち須賀君一族は先祖以来毎年昆布を国家に貢献してきたが、送付先である陸奥国府（仙台市太白区郡山の郡山遺跡Ⅱ期官衙）までは往還に二〇日をも要し、たいへん辛苦が多いので、近くの閇村（岩手県宮古市・山田町周辺の閉伊《へい》地方に所在した蝦夷村）に「郡家」を建てて百姓《はくせい》（公民）と同様の待遇をえて、永く昆布の貢献をおこないたい」というものである。彼の住む村（おそらく須賀村と称されていたと思われる）から陸奥国府までは往復に二〇日もの日数（往路一三～一四日、復路六～七日）を要したというが、それは平安京（京都）より遠江国府（静岡県磐田市）まで（往路一五日、復路八日、東海道）、飛驒《ひだ》国府

（岐阜県高山市周辺）まで（往路一四日、復路七日、東山道）、伯耆《ほうき》国府（鳥取県倉吉市）まで（往路一三日、復路七日、山陰道）、安芸《あき》国府（広島県府中町）まで（往路一四日、復路七日、山陽道）の道程にほぼ相当する（『延喜式』巻二十四主計上）。古麻比留が居住していた太平洋岸の閉伊地方から陸奥国府まで昆布を貢進するのにそれほどの日数がかかったのは、いったん河谷沿いに内陸部に入り、そこから南下する全陸路のルートを徒歩行で往還させられたためであろう。

古麻比留ら須賀君一族は先祖代々国家に昆布を献上していたというが、おそらくかつては主に海路により指定地まで送り届けていたのであろう。ところが和銅三年に国家により君姓を賜与されて以来、一般の公民が調・庸を陸路人担方式で納入していたのに倣って、調の昆布を背負って徒歩で国府まで送進するかたちに改められたものと考えられる。その後古麻比留らは数年の間往復二〇日もかけて実際に陸路人担で昆布を貢進したが、このときの請願によって自分たちの住む須賀村の近隣の閇村に「郡家」が建てられることになったため、以後彼らは昆布をその「郡家」に収めればよいこととされ、人担輸送の労が大幅に軽減されるに至ったのであろう。なお「郡家」に収められた昆布はその後陸奥国に回漕されねばならないが、国府より輸送船が遣わされ海路を用いて回収されるようになったものと推測される（樋口知志「蝦夷と太平洋海上交通」）。

あるいは前段の邑良志別君宇蘇弥奈の場合も同様で、宇蘇弥奈らも和銅三年以降に陸奥国府まで毎年調（品目は不明）を送り届けていたが、その途次で敵対集団の襲撃を受け調を奪い取られてしまう恐れがつよくあったために、邑良志別村にほど近い香河村に「郡家」を新設しそこを新たな貢納場所とするように求めたのではなかったか。

なおこれらのケースにみられる「郡家」とはまさに蝦夷らの調の納付先にほかならず、具体的には公設の物資保管庫とその管理施設とで構成されていたと推定される。もちろん、郡司が常駐し郡内の諸行政を担う正規の地方官衙としての郡家（＝郡衙）とはまったく実態を異にするものであったとみてよい。

山道と海道

以上に述べたように、和銅三年以降には、陸奥の蝦夷族長層で国家への帰服を望む者に君姓を与えるとともに、調を陸路人担方式で国府まで送り届けさせることが定められたとみられる。胆沢の地に住んだ阿弖流為の祖先筋の人々も調を国府まで徒歩で運んだかどうかは不明であるが、閉伊地方の住人である古麻比留ですら数年間そうした務めを果たしたことに鑑みれば、同様の負担を負っていた可能性は決して低くはない。

陸奥の蝦夷族長層に陸路での国府への往還をおこなわせるためには、道路の整備がある程度必要となってくることはいうまでもない。奈良時代には、陸奥の蝦夷を二つに大別する山道《さんどう》・海道《かいどう》という地域区分が存在したが、それは陸奥国府を起点に内陸部方面と太平洋沿岸部方面とに向かう二本の道である「山道」陸路と「海道」陸路を介して、陸奥国側に居住する蝦夷を二領域に分けて把握したものである（平川南「律令制下の多賀城」）。またそうした地域区分が初めて史料上に現れるのは、神亀《じんき》元年（七二四）三月に「海道の蝦夷」による反乱事件が勃発したことを伝える『続日本紀』の記事（後掲、二七頁）においてである。

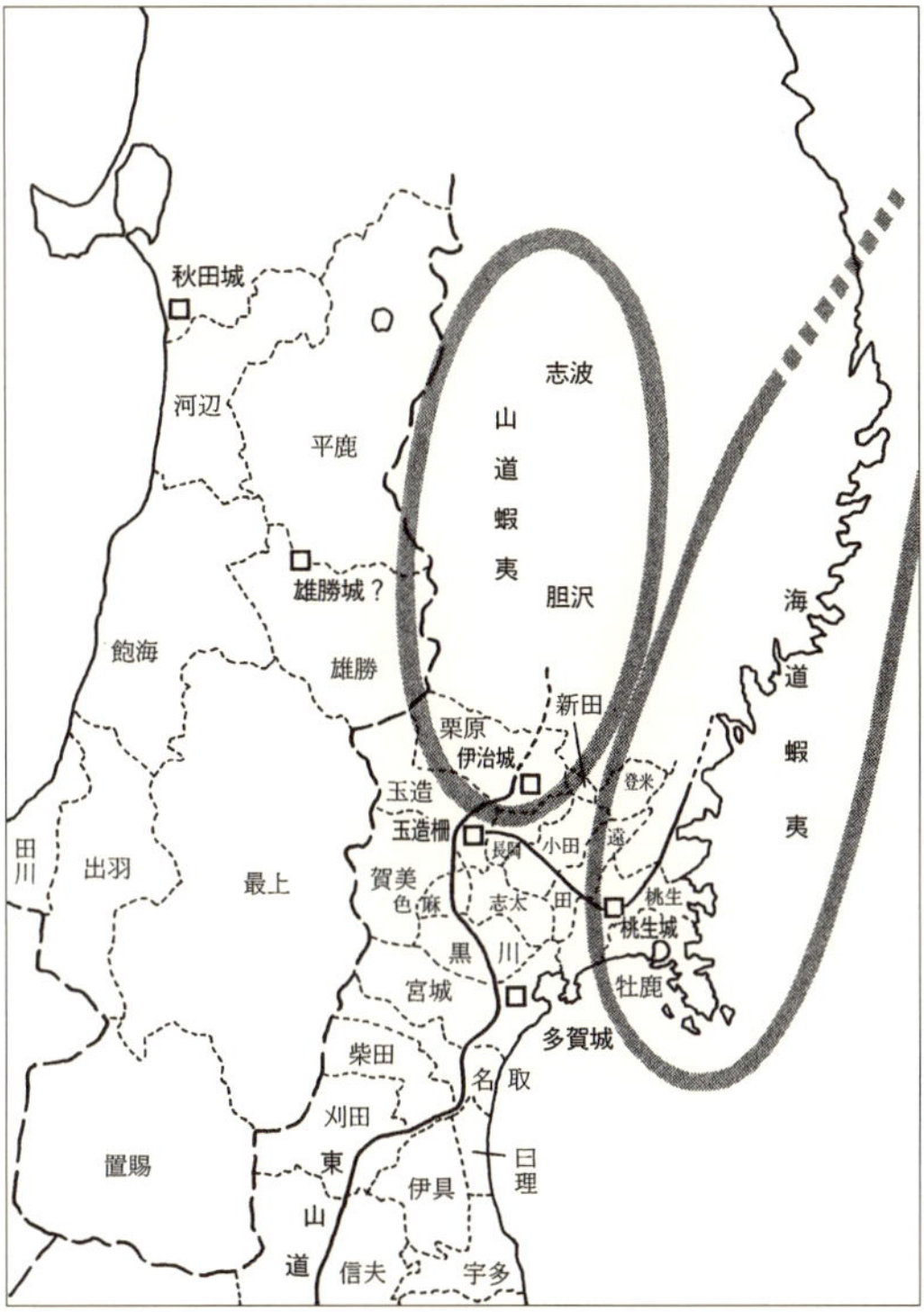

山道蝦夷と海道蝦夷の居住範囲
(『秋田市史　第1巻　先史・古代通史編』[秋田市，2004年] より)

私は、宇蘇弥奈や古麻比留に関わる『続日本紀』霊亀元年十月丁丑条の記事が、国府と蝦夷の住地とを結ぶ「山道」・「海道」の二大陸路の整備ともきわめて深く関連するものであったように推測する。というのも、それより約半年前の同年五月に、律令国家政府は行政報告のために朝廷に参集した諸国の国司に対して、百姓が道路を往還する際に用いる過所《かしょ》(関《せき》・剗《せき》の通行手形)に国印《こくいん》(国司が発行する公文書に捺す公印)を押捺することを命じていたことが知られ、十月丁丑条の記事の内容ともなんらかの関係があったように推察されるからである。また近年の古代交通史の研究成果でも、霊亀元年頃を画期として、一般公民の陸路交通を公文書によって把握・管理する体制が整備されていったと指摘されている(舘野和己「律令制下の交通と人民支配」)。とすれば、調を国府へ送り届けた蝦夷たちがすべて公民と同様な過所を使用したとまではいえないにしても、この頃そうした蝦夷の陸路通行の実態について、関・剗での勘検《かんけん》(検問)や文書による掌握・管理の施策が何ひとつおこなわれなかったともいささか考えがたいように思われる。

およそ和銅三年以降、霊亀元年前後の頃に、蝦夷が貢納物である調を国府へ送り届けるための〝旅〟が公の交通の一環として認識されるようになり、それを画期に「山道」・「海道」両陸路の造営が開始されたのではないだろうか。なお新たに造営された「山道」の陸路が、奈良時代の前期において阿弖流為ら大墓公《たものきみ》一族の居住した胆沢の地まで直接通じていたかは不明であるが、あるいはそうした可能性もあるのかもしれない。

大崎平野への移民政策

やや前後するが、和銅六年(七一三)十二月には大崎平野に丹取郡《にとり》という新たな郡が建てられた。近年有力な見解によれば、大崎地方中部以北の広大な地域を占める大規模な郡であったとされ、その後この丹取郡や志太・黒川・色麻などの諸郡が母胎となって、「黒川以北十郡」と称される一〇もの郡が分立したものと考えられている(今泉隆雄「多賀城の時代」、熊谷公男「黒川以北十郡の成立」）。なお丹取の遺称地は大崎市古川東部の耳取《みみどり》であるといわれる。この大規模な郡の設置は、内国地域からの空前の規模の移民をともなっていたようである。建郡より一年半を経た霊亀元年五月には、「相模《さがみ》・上総《かみつふさ》・常陸《ひたち》・上野・武蔵《むさし》・下野の六国の富める民千戸を移して、陸奥に配《お》く」と、坂東の六カ国から陸奥国への大量移民があり（『続日本紀』同年同月庚戌［三十日］条）、その移住先は「陸奥」とだけあって文章上は不明であるが、多くの研究者は丹取郡が置かれて間もない大崎平野やその周辺であろうと推測している。

ところで「千戸」の移民とは、いったいどれほどの人口なのであろうか。東大寺の正倉院に遺されている正倉院文書《しょうそういんもんじょ》中の八世紀代の戸籍や計帳《けいちょう》の記載を参考にすれば、だいたい一戸の人数は平均で二〇人ほどである。古代の「戸」とは主に血縁関係を紐帯として数世帯が結合したいわゆる世帯共同体であり、夫婦と子供からなる現在の核家族（単婚小家族）よりもかなり人数が多い。六カ国からの移民は主に裕福な戸であったらしいから二〇人よりも若干多めであるとみれば、一〇〇〇戸だと二万五〇〇〇～三万人くらいに達したのかもしれない。ちなみに十世紀前期の承平《じょうへい》年間（九三一―三八）に成立したとされる古代の百科辞書である『和名類聚抄《わみょうるいじゅしょう》』によれば、大崎平野から牡鹿半島にかけての黒川以北十郡地域（黒川・賀美《かみ》・色麻・玉造《たまつくり》・志太・長岡・新田《にいだ》・小田・気仙《けせ》の九郡。富田郡は延暦十八＝七九九年に色麻郡に併合）に属する郷《ごう》（五〇戸からなる律令制下の地方行政単位。霊亀三・養老元＝七一七年以前は里《り》）の数は全部で三一あり、単純に一郷五〇戸とすれば総戸数は一五五〇戸となる。実にこのときの移民の規模は、奈良時代～平安時代初期におけるこの地域の総人口の約三分の二におよぶほどであったと推定される。

その後養老二年（七一八）五月には、陸奥国の石城《いわき》・標葉《しめは》・行方《なめかた》・宇太《うだ》・曰理《わたり》の五郡と常陸国の菊多《きくた》郡を石城《いわき》国とし、陸奥国の白河《しらかわ》・石背《いわせ》・会津・安積《あさか》・信夫《しのぶ》の五郡を石背《いわせ》国とした。すなわちこのときの陸奥国の領域は、宮城県中南部の柴田・名取・伊具《いぐ》・宮城の四郡と大崎平野の黒川・色麻・志太・丹取の四郡とを併せただけのかなり狭小なものになったとみられる。

陸奥国の領域をそれほどまでに狭めてしまって、一国として存立するに耐えるだけの十分な税収は確保できたのであろうか。霊亀元年における富民一〇〇〇戸の大崎地方への移配が、税収確保に備えた措置であった可能性は高い。またその点と併せて注目されるのは、ほぼ同じ頃に蝦夷系住人の「編戸民」化が推進されている事実である。あるいはこの頃には、広く蝦夷系住人に対しても、ある意味公民に準ずる財政面での貢献が求められるようになっていたのではなかろうか。

たとえば、古麻比留のような従来特産物を貢納してきた蝦夷たちに対しては、その貢献（調）が公民の負う課役（調・庸）に等しいものと認識されることとなり、その結果、本来反対給付として蝦夷側に手渡されるはずの返礼の品々が十分に与えられなくなっていった可能性が考えられる。また大崎平野に住んでいた蝦夷たちの場合は、より公民に近い課役制的支配の内に組み込まれ、城柵や郡家など国家側の諸施設を維持するための物資貢納や力役奉仕などをも課されるようになっていたのかもしれない。もしそうなのであれば、陸奥国からの石城・石背両国の分立には、大崎平野周辺やより北方の蝦夷たちからの収奪強化を見込んだうえで実施された政策としての側面があったことになろう（武廣亮平「八世紀の「蝦夷」認識とその変遷」）。

大崎平野の蝦夷反乱

そうした中で、養老《ようろう》四年（七二〇）九月に陸奥国内で大規模な蝦夷反乱が発生した。『続日本紀』同年九月丁丑（二十八日）条は、その史実を次のような短い記事で伝えている。

陸奥国奏して言さく、「蝦夷反《そむ》き乱れて按察使《あんせちし》正五位上上毛野朝臣広人《かみつけののあそんひろひと》を殺せり」とまうす。

このときの反乱では、東北地方で最高位の行政官である陸奥出羽按察使（奈良時代には「陸奥按察使」の用例が多く、この語の使用が定着するのは八世紀末以降であるが、以下本書では主にこれを使用する）の任にあった上毛野広人が殺害されている。蝦夷に対する支配の要ともなる東北地方のトップ官僚が暗殺されるというきわめて深刻な事態に至ったことがうかがえるのである。

記事中には反乱した蝦夷の居住地域に関する記載がみえないが、これまでの研究ではだいたい大崎平野やその周辺に住む蝦夷集団が中心となって反乱が起こされたと推定されている（熊谷公男「養老四年の蝦夷の反乱と多賀城の創建」）。また近年になって、宮城県大崎市の権現山《ごんげんやま》・三輪田《みわだ》遺跡と南小林《みなみおばやし》遺跡の官衙施設が八世紀前期頃に火災によって焼失したことが確認されており、養老四年の蝦夷反乱の際の焼き討ちによるものと推察する見解もある（高橋誠明「多賀城創建にいたる黒川以北十郡の様相——山道地方」）。

なお養老四年の干支《えと》は庚申《こうしん》であるが、六〇年後の庚申年（宝亀《ほうき》十一＝七八〇）には後に詳述する伊治《これはり》公呰麻呂《のきみあざまろ》の反乱事件があり、さらにその次の庚申年（承和《じょうわ》七＝八四〇）にも奥郡騒乱《おくぐんそうらん》と称される武装した蝦夷系豪族らによる騒擾事件が発生している。養老四年の蝦夷反乱は、陸奥国内に「庚申年には恐ろしい蝦夷反乱が起こる」との言い伝えが広まるきっかけをなした事件でもあったようである（熊谷公男「九世紀奥郡騒乱の歴史的意義」）。

蝦夷反乱の原因については、これまでにも大崎平野における城柵・官衙の設置や新たな郡の建置、大規模な移民などによる影響が指摘されており、やはり膨大な人数の移民が内国から入植してきたことや数多くの国家側の諸施設が造営されたことによって、彼らの本来的な生活世界であった大崎地方の諸環境が激変してしまったことに一つの大きな原因があったように推察される。また先にも述べたように、大崎平野周辺やより北方の蝦夷たちに対して、中央政府が一般公民に準じた重い国家的負担を性急に課そうとしたことも、同様に重大な要因の一つとなっていたのではなかろうか。

反乱鎮圧を命じられて直ちに現地へ向かったのは、持節《じせつ》征夷将軍多治比県守《たじひのあがたもり》・副将軍下毛野石代《しもつけののいわしろ》・持節鎮狄《ちんてき》将軍阿倍駿河《あべのするが》らの率いる征夷軍であった。反乱が起こった陸奥国だけでなく、隣国の出羽にも征軍派遣がみられる点には大いに注目される。反乱の鎮圧・平定には数カ月を要したようで、征夷軍は発遣より約半年後の養老五年（七二一）四月に平城京へ帰還している。

海道蝦夷の反乱

さて養老四年の蝦夷反乱の後には、陸奥国内で新たな政策が次々と実施されていく。同六年（七二二）には調庸制が停止され、国内の公民からは蝦夷に対する禄として支給するための税布《ぜいふ》が徴収されるようになった（鈴木拓也「陸奥・出羽の調庸と蝦夷の饗給」）。またその前後（神亀元＝七二四年四月以前）には、石城・石背両国が陸奥国へ再併合され、広域陸奥国が復活したとみられている。

前者は、反乱の大きな要因をなした蝦夷への収奪強化の緩和をはかるためのもので、蝦夷による貢納・奉仕への反対給付の財源の確保をめざした新政策である。また後者は、蝦夷支配をも担う陸奥国の行財政両面での体制強化を実現するための施策であった。さらにほぼ同じ時期に推進されたもう一つの新政策に、鎮守府《ちんじゅふ》の設立がある。鎮守府とは鎮兵《ちんぺい》という専業兵士を率いて東北の辺境を守護する軍政府であり、鎮守将軍《ちんじゅしょうぐん》以下のいわゆる鎮官《ちんかん》によって統轄された。なお鎮兵の出身地の多くは坂東八国（相模・武蔵・安房・上総・下総・常陸・上野・下野）であった。反乱後の陸奥国内の軍政強化は、旧石城・石背両国のみならず、広く坂東諸国からの支援の下におこなわれるようになったのである。

以上のような新政策の下で、陸奥国側に住む蝦夷たちへの懐柔もある程度は積極的に進められていったとみられるが、しかしそれにもかかわらず、神亀元年三月に蝦夷反乱が再発した。同年の反乱の主体となったのは、海道蝦夷と呼ばれる陸奥国の太平洋沿岸地域（宮城県北東部〜岩手県南西部）に住む蝦夷たちであった。

陸奥国言さく、「海道の蝦夷反きて、大掾《たいじょう》従六位上佐伯宿禰児屋麻呂《さえきのすくねこやまろ》を殺せり」とまうす。

（『続日本紀』神亀元年三月甲申［二十五日］条）

赤井遺跡（牡鹿柵跡擬定地）（東松島市教育委員会提供）

これまでの研究では、このとき反乱した海道蝦夷は、宮城県北部・岩手県南部太平洋沿岸の牡鹿《おしか》・桃生《ものう》・気仙《けせ》方面や大崎平野西部の遠田《とおだ》・登米《とよま》方面に居住する蝦夷たちを主体とするものであったと推定されている（平川南「律令制下の多賀城」）。

このときの反乱で殺害された佐伯児屋麻呂は陸奥国司の一員の大掾であったが、後の天平《てんぴょう》九年（七三七）に多賀城より雄勝《おがち》村を経て出羽柵（庄内平野にあった出羽柵が天平五年［七三三］に秋田村高清《たかし》水岡《みずのおか》［秋田市寺内］に移転したもの。天平宝字《ほうじ》年間［七五七―六五］に秋田城と改称）へ向かう陸奥出羽連絡路の開削がおこなわれた際に、同じく大掾の日下部大麻呂《くさかべのおおまろ》が牡鹿《おしか》柵を鎮守していたことよりみて、児屋麻呂もまた当時大掾として牡鹿柵で海道蝦夷に対する饗給《きょうごう》（朝貢にやってきた蝦夷に対して饗宴でもてなし禄を与えて手懐けること）を担当していたものと推測される。

おそらくこの蝦夷反乱は、郡制整備や律令制収奪の強化が原因で起こった養老四年のそれとは発生のメカニズムがやや異なっており、あるいは海道地方に住む蝦夷集団と律令国家側勢力との間の交易上のトラブルに端を発したものではなかったかとも考えられる。また律令国家は当時、朝貢に訪れる蝦夷族長への禄の支給体制を整えつつあったと思われるが、それでも海道蝦夷たちの不満を抑えるには至らなかったのかもしれない。

なお海道蝦夷への饗給の場であったとみられる牡鹿柵の遺跡と考えられているのは宮城県東松島市の赤井《あかい》遺跡であるが、遺構からは神亀元年の反乱によるとみられる火災の痕跡が確認されている。児屋麻呂が命を落とした場所も、牡鹿柵内であった可能性が高いのではなかろうか。

反乱発生後の四月上旬、藤原宇合《うまかい》を征夷持節大将軍、高橋安《たかはしのやす》麻《ま》呂《ろ》を副将軍とする征夷軍が発遣され、鎮圧にあたった。その一カ月余り後の五月下旬には、小野牛養《おののうしかい》を鎮狄将軍とする軍勢が出羽国へ遣わされた。このときの反乱事件が単に陸奥国海道地方のみならず、奥羽両国の北半一帯に少なからぬ影響を与えていたことがうかがえよう。宇合らが反乱の平定を終えて平城京に帰還したのは、事件発生後八カ月をも経過した同年十一月末のことであった。

多賀城の創建

神亀元年は、陸奥国府が所在した城柵として著名な多賀城《たがじょう》（宮城県多賀城市）が創建された年としても知られている。多賀城跡の外郭南門の内側に現在立っている多賀城碑は、天平宝字六年（七六二）に当時陸奥出羽按察使と鎮守将軍を兼官していた藤原朝猟《あさかり》（朝獦に

西
多賀城 去京一千五百里
去蝦夷国界一百廿里
去常陸国界四百十二里
去下野国界二百七十四里
去靺鞨国界三千里
此城神亀元年歳次甲子按察使兼鎮守将
軍従四位上勲四等大野朝臣東人之所置
也天平宝字六年歳次壬寅参議東海東山
節度使従四位上仁部省卿兼按察使鎮守
将軍藤原恵美朝臣朝獦修造也
天平宝字六年十二月一日

多賀城碑拓本
（多賀城市教育委員会提供）

も作る）が同城を修造したことを記念して作られた石碑であるが、その碑文には同城が神亀元年に按察使兼鎮守将軍の大野東人《おおののあずまひと》によって創置されたことが記されている。なお最近、多賀城跡の発掘調査成果にもとづき同城の建造がすでに養老年間よりおこなわれていたとする推察も出されており（平川南「多賀城の創建年代」）、多賀城碑に見える「神亀元年」は完成年を示すものである可能性もあるのだが、いずれにしても同城の造営が、養老四年・神亀元年の二度にわたる蝦夷反乱ときわめて深い関わりをもっていたことは間違いなかろう。蝦夷反乱というかたちで顕在化した律令国家の東北経営の破綻に対して新たな蝦夷支配体制を構築していこうとする政策基調の下に、多賀城の造営や同時期の大崎平野における城柵・官衙の整備・造営などの諸事業が強力に推進されることになったのである。

ところで、神亀元年の蝦夷反乱が終息し多賀城の造営がほぼ成ったと考えられる同年の冬頃以降には、その後約半世紀もの長い間にわたって国家と蝦夷との間で戦闘がおこなわれた形跡は一切確認されていない。神亀元年の海道蝦夷による反乱の後、宝亀《ほうき》五年（七七四）七月に同じく海道蝦夷による陸奥国桃生城《ものうじょう》襲撃事件が起こるまでの約五〇年間には、国家と蝦夷との戦争の発生を示す史料は全く見出されないのである。ただそれはたまたま遺された文献史料上に蝦夷の地での戦争に関連するものが見られないというだけのことで、実際には小規模な騒擾・紛争などがしばしば発生していた可能性も決して皆無ではないのかもしれない。しかしながら、文献上に反乱・征討の痕跡が一つも見出せないということは、やはり国家の記録に書き留められるほどの反乱や征討などの事件がなかったことの反映とみるのが自然であるから、おそらくその間の時期は概ね軍事的な緊張が弱く比較的穏やかかで平和な時代であったとみることが許されるであろう。

本書の主役である阿弖流為が生まれたのも、後に述べるようにおそらくこの半世紀間においてであった可能性が高いのである。この約五〇年間におよぶ平和がもつ意味について、私たちは以下の章・節においてその意外なほどの重みに気付かされることであろう。

それでは、約五〇年もの長い間、律令国家と蝦夷社会とが険しい戦いを交えることなく平和裡に共存できた理由とはいったいどのようなものだったのであろうか。

「国境線」の成立

その点に関しては、次のようなきわめて興味深い見解がある。

すなわち、養老四年・神亀元年の二度の蝦夷反乱の終息を画期として、この時期には太平洋側で宮城県大崎地方の北側から日本海側で山形・秋田県境付近のあたりにかけて、律令国家側・蝦夷社会側双方の「暗黙の諒解による国境線」ともいうべきものが設定されていた。そして国家側はその北側の地域に対しては城柵の設置や建郡をおこなわない方針を採り、その状況下においては両者の間で戦闘や紛争はほとんど発生しなかった。ところが八世紀後期になって、国家側がこの「国境線」を踏み越えて天平宝字三年（七五九）に陸奥国桃生《ものう》城（宮城県石巻市）と出羽国雄勝《おがち》城（遺跡は未発見。秋田県横手市雄物川《おものがわ》町か）を、神護景雲《じんごけいうん》元年（七六七）に陸奥国伊治《これはり》城（宮城県栗原市）を相次いで造営すると、次第に蝦夷社会側の反発を惹き起こすことになり、ついに宝亀五年の海道蝦夷による桃生城襲撃事件を発端に、その後足かけ三八年間にもおよぶ律令国家と蝦夷社会との長い戦争の火蓋が切って落とされたのである、と（虎尾俊哉『律令国家と蝦夷』）。

右に紹介した見解にはかなりの説得力がある。おそらく神亀元年に海道蝦夷の反乱を鎮めると同時に新たな陸奥国府多賀城を造営した律令国家勢力は、自分たちとは文化的断絶面が大きい東北地方北部の蝦夷社会に対しては城柵の造営や郡制の施行を強行して支配領域を広げるのではなく、大崎地方や庄内地方を拠点として遠隔地に住む蝦夷族長らと朝貢・饗給関係を取り結ぶことを通じて、蝦夷社会への影響力の拡大をはかる方式を採用したのであろう。

また神亀元年の段階では、蝦夷系住人のうち譜代族長層が「蝦夷」身分（本拠地名と君のカバネを合わせた君姓を称する）に、一般庶民的階層を含むその他の人々は「俘囚《ふしゅう》」身分（吉弥侯部《きみこべ》などの部姓を称する）に再編成され（平川南「俘囚と夷俘」）、性急な「編戸民」化政策は停止されることとなり、彼らは公民とは基本的に異なる方式による支配を受けるようになったものと推測される（武廣亮平「八世紀の「蝦夷」認識とその変遷」）。つまりこのとき、「国境線」の北側の広大な地域は、仮に暫定的なものであったとしても事実上蝦夷社会側の「自治区」として、国家側によって暗黙裡に承認を受けたことになるのである。

とするならば、実にこの「国境線」の成立こそが、多賀城成立前まで続いた戦争の時代を終わらせ、律令国家と蝦夷社会との間に新たな平和的共存の関係を結ばせる契機をなしたものであったといっても、決して過言ではないのではなかろうか。そして歴史的事実においても、その後確かに半世紀もの長きにわたって、蝦夷社会と国家との間で戦争らしい戦争は一度も発生していないのである。

第二章　生い立ち

1　年譜作成の試み

大墓公　「はしがき」で触れたように、阿弖流為の本来の名は「大墓公阿弖流（利）為」であった。彼の生い立ちを考えるにあたって、まず最初に彼のもつ「大墓公」という姓について取り上げたい。

この文字をどう読むかについては、すでに様々な説が出されている。「大墓」を文字どおり大きな墓の意味と解し、胆沢地方に所在する角塚古墳の被葬者一族の系譜を引くものと認定されてこの姓が与えられたとみて、「おおつかのきみ」「おおはかのきみ」などと読む見解もある（新野直吉『古代東北史の人々』）。しかし「大墓」の字で表されるものは蝦夷居住地域の地名であるから、和語として意味をもつ訓読は避けるべきである（今泉隆雄「三人の蝦夷」）。一方、後にやや詳しく紹介するように、奥州市水沢区羽田《はた》町に田茂山《たもやま》の字名が遺っている。その地は、延暦《えんりゃく》八年（七八九）の胆沢合戦で阿弖流為率いる胆沢蝦夷軍が官軍に奇襲作戦を仕掛けた地点でもあって、その田茂山を「大墓」の遺称地として「たも」と読む見解があり（高橋富雄『蝦夷』、及川洵「アテルイをめぐる二、三の問題」）、現在はこの説を採る研究者が最も多い。本書もこの見解に従い、「大墓」を「たも」と読んでおくことにする。

なお彼のフルネームは唯一、『続日本紀』延暦二十一年（八〇二）八月丁酉（十三日）条に「夷大墓公阿弖利（流）為」とみえているが、これが田村麻呂の許へ帰降した直後の記事であることから、大墓公の姓は降服後国家により賜与されたものとみる見解もある（関口明『蝦夷と古代国家』、及川洵「アテルイは良字を朝廷から与えられている」）。しかしながら、結果として斬刑に処されたことからみても国家が帰服した彼にわざわざ姓を与えたとは考えがたく、また本来国家に従い姓をもっていた蝦夷族長が離反した際に姓を剥奪された例もいくつかみられることより、大墓公の姓は阿弖流為らの一族が官軍と戦うよりも前に国家から賜与されていたものと考えるべきであろう（今泉「三人の蝦夷」）。

とすれば、阿弖流為の出た大墓公一族は、国家と蝦夷社会との間で大戦争が勃発するよりも前の時代には、国家に従い姓を与えられていたということになる。また「公」のカバネは前章の二節で述べたように、和銅三年（七一〇）に「編戸民」に準ずる扱いを受けることとなった蝦夷族長らに対して与えられた「君」のカバネに由来するもので、それ以降本拠地の地名に「君」（天平宝字三＝七五九年以降は「公」）のカバネを付した姓を与えられた蝦夷たちは、律令国家によって最上位の蝦夷族長層に属する人々として認められることとなったのである。つまりこの姓は、大墓公一族がかつては律令国家との間にかなり良好な政治的関係を築いていたことを示す一つの重要な手がかりでもあるのである。

延暦八年の奇襲作戦

阿弖流為は延暦二十一年八月に斬刑に処されて死没したが、いったいその時点で彼が何歳であったかは一切所伝がなく、生年は不明である。確かな手がかりが何も遺っていないため、その点を明らかにすることは所詮不可能なのであるが、生い立ちやその時代的背景について知ることが史上の人物の生涯について考察を深めるためにはきわめて重要なのであり、ここでは無理を承知であえて彼の出生時期について考えてみたい。

阿弖流為の生年を考えるうえでまず私が注目したいのは、世人にもよく知られているところの延暦八年の合戦における彼の活躍である。同年の合戦に関する具体的な叙述は後に譲るが、『続日本紀』同年六月甲戌（三日）条によれば、彼はこのとき自らの本拠地である胆沢において六〇〇〇人の官軍を相手にその四分の一程度の少軍勢で迎え討ち、地の利を生かしたきわめて巧みな奇襲戦術によって大勝をおさめている。

（前略）賊帥《ぞくすい》夷《えみしの》阿弖流為が居《おるところ》に至る比《ころおい》、賊徒《ぞくと》三百許人《にんばかり》有りて迎へ逢ひて相戦ふ。官軍の勢《いきおい》強くして賊衆《ぞくしゅ》引き遁《に》ぐ。官軍且《か》つ戦ひ且つ焼きて、巣伏村《すふしむら》に至りて、将《まさ》に前軍と勢を合せむとす。而《しか》れども前軍、賊の為に拒《はば》まれて進み渡ること得ず。是《ここ》に賊衆八百許人、更に来りて拒き戦ふ。その力太《はなは》だ強くして、官軍稍《やや》く退くとき、賊徒直《ただち》に衝《つ》けり。更に賊徒四百許人有りて、東山《ひがしのやま》より出でて官軍の後を絶てり。前後に敵を受けたり。賊衆奮ひ撃ちて、官軍排《お》さる。（後略）

右に掲げたのは、衣川営《ころもがわのたむろ》（岩手県奥州市衣川区）より北へ向かって進軍した六〇〇〇人の官軍（北上川東岸に四〇〇〇人、西岸に二〇〇〇人）を阿弖流為率いる蝦夷軍が胆沢の地で迎撃したときの戦闘のありさまを伝える記述で、征夷軍の総大将であった征東大使《せいとうたいし》紀古佐美《きのこさみ》による中央政府への報告文書の一部分である。このとき蝦夷軍はまず、河東を北上する官軍を山地が河岸に迫った狭隘な場所へ巧みに誘導し、前方より八〇〇人ほどの強力な精鋭部隊によって猛攻を加えた。さらに東の山々より姿を現わした四〇〇人ほどの遊撃軍が官軍の後方を絶った。ここにさしもの六〇〇〇人の大軍も絶体絶命の危機に追い込まれ、総崩れを起こしたのである。

こうした阿弖流為主導による巧みな奇襲作戦には、豊かな狩猟文化を背景とする蝦夷の戦闘能力の高さが反映しているとする見解があり（熊谷公男『古代の蝦夷と城柵』）、私もそれに賛同したい。とくにこのときの蝦夷軍による鮮やかな陣形の展開は、まるで獲物となる動物の心理を読み取り追い込んで仕留める狩猟民の集団猟法を応用したもののような印象をつよく受ける。阿弖流為本人は胆沢平野（扇状地）に根を張る農耕民系の蝦夷族長であって純然たる狩猟民ではなかったとみられるが（とはいえ、特定の季節には周辺の山野で狩猟がおこなわれ、弓矢の腕を磨く機会はあったろう。武芸の心得も少なからずもっていたものと推測する）、おそらくこのとき彼の指揮下では山間部を生業の舞台とする狩猟民系の蝦夷らが数多く作戦に参加していたことが推察される。

阿弖流為の生年

さて以上のように考えれば、このときの彼の戦いぶりにはかなり成熟した戦術的手腕を垣間見ることができるように思われる。彼は奥羽山脈や北上山地で活動する狩猟民系蝦夷をも配下におさめるほどのかなり卓越した政治力をもっており、また自軍の数倍の軍勢による猛攻を前にしても少しも動ぜず、機を見て一気に攻勢に転じる冷静沈着な剛胆さを有していたのである。

作家の高橋克彦氏は『火怨——北の耀星アテルイ』において、阿弖流為の延暦八年時点での年齢を二七歳と想定しているが（宝亀十一＝七八〇年の時点で一八歳、延暦二十一＝八〇二年の死亡時で四〇歳）、それではあまりに若すぎよう。私はやはり、その時点において彼の年齢は、すでに人生経験豊かな壮年の域には達していたのではないかと考えたい。彼の戦いぶりには百戦錬磨の老練さすらうかがえるのであり、いまだ血気盛んな二〇代の青年指揮官のふるまいとはいささか考えがたいのである。

とはいえ史上には、後世の源氏・平氏のような専業的武人の中に若くして合戦上手の域に達していた青年武者が少なからずおり、それゆえ私の推察に異論がもたれる向きがあるかもしれない。しかしながら、阿弖流為は後述するように決して戦闘を専業とする人ではなかったのであり、たとえば源《みなもとの》義経《よしつね》のような幼少より高度な軍事的訓練を施されて育った中世の名門武家の若武者などと同日に論ずることはできないであろう。

あらためて阿弖流為の生年について考える。まずその上限であるが、奈良時代前期で最後の蝦夷反乱が起こった神亀元年（七二四）を仮に阿弖流為の生年と想定すると、延暦二十一年の死没時には数え年で七九歳となる。国家に降伏する直前まで精力的に奮戦を重ねた彼の軌跡を顧みるならば、やはりあまりにも老齢にすぎよう。ましてや養老年間（七一七—七二四）以前の生まれという可能性はまずありえないとみてよかろう。

そのように考えると、神亀に次ぐ天平年間（七二九―四九）あたりが、彼がこの世に生を享けた時期としてはそれなりに相応しいように思われてくる。とはいえ天平は元年より二十一年までの長きにわたり、あまりにも年代幅が広すぎるのであるが、ちなみに彼が天平元年（七二九）生まれだとすれば死没時には七四歳、同二十一年（七四九）生まれであれば五四歳であったことになる。延暦八年合戦時の年齢をみれば、前者で六一歳、後者で四一歳となる。

天平年間でも前半期は、阿弖流為の推定年齢がやや老齢になりすぎ、いささか早すぎるのかもしれない。そこで本書では、彼の生年の上限を天平十年（七三八）頃くらいに想定しておきたい。同年の出生だとすると、延暦八年合戦時で五二歳、延暦二十一年の死没時で六五歳となる。

次に下限であるが、天平に次ぐ天平感宝《かんぽう》（元＝七四九年のみ）・天平勝宝《しょうほう》（七四九―五七）年間の中にも彼の生年を想定しても不自然ではない年代はある。たとえば、天平勝宝五年（七五三）に生年を想定すると、それぞれ延暦八年合戦時には三七歳、同二十一年の死没時にはちょうど五〇歳となる。かなり〝若い阿弖流為〟の感を禁じえないが、おそらくこのあたりがぎりぎりの下限となるのではなかろうか。

戦争を知らない世代

以上推察したように、阿弖流為が天平十年（七三八）～天平勝宝五年（七五三）頃の生まれであったと考えられるならば、彼は実は国家との戦争を実体験として知らずに育った「戦争を知らない世代」の一人であったということにならざるをえない。また国家と蝦夷との大戦争時代が幕を開けた奈良時代後期の宝亀五年（七七四）の時点における彼の年齢は、前述の推定に従えば二二〜三七歳の間くらいであったとみられるから、彼は国家との戦争のない平和な時期に生まれ、育ち、またたぶん結婚して家庭を作り子供をもったくらいの頃までは、まだ彼の住む村の周囲で少なくとも大きな戦乱は全く発生していなかったのではないかと考えられるのである。

読者の方々の中には、阿弖流為といえば律令国家への敵愾心をあらわにして長期にわたって転戦した反骨の闘士といったイメージを脳裏に描かれる向きがあるかもしれない。正直にいえば、かつての私もそのような阿弖流為像を懐《いだ》いていた。彼の最期があまりにも悲劇的で激烈であっただけに、私たちは彼のことを徹頭徹尾「反国家」、反体制の立場に身を置いていた人のように思い描きがちなのであろう。しかしながらあらためて史実の考究を試みてみると、意外にも彼の少年・青年期は概ね蝦夷社会と国家との間に戦闘がなかったかなり平穏な時代にあたっていて、彼自身も大戦争時代の幕開け以前には国家を相手とした戦闘の経験は全く皆無であったように考えられるのである。おそらく少年・青年期の阿弖流為は、後半生における転戦時代とは全然異なった境遇の下で日々を送っており、律令国家に対する反発や不信の感情などもあまり懐いてはいなかったのではなかろうか。

以上の考察をもとに、次章以下で阿弖流為の人生の軌跡をたどるうえでの目安となる、主たる事件の年と各時点での阿弖流為の推定年齢について簡略にまとめておく。

○天平十〜天平勝宝五年（七三八—五三）に出生
○桃生《ものう》城・雄勝《おがち》城造営（天平宝字三＝七五九年）…七〜二一歳くらい
○伊治《これはり》城造営（神護景雲《じんごけいうん》元＝七六七年）…一五〜三〇歳くらい
○海道蝦夷による桃生城襲撃（宝亀五＝七七四年）…二二〜三七歳くらい
○官軍の胆沢侵攻（宝亀七＝七七六年）…二四〜三九歳くらい
○伊治公呰麻呂《これはりのきみあざまろ》の乱（宝亀十一＝七八〇年）…二八〜四三歳くらい
○延暦八年の合戦（延暦八＝七八九年）…三七〜五二歳くらい
○延暦十三年の合戦（延暦十三＝七九四年）…四二〜五七歳くらい
○延暦二十年の合戦（延暦二十＝八〇一年）…四九〜六四歳くらい
○斬刑に処され死没（延暦二十一＝八〇二年）…五〇〜六五歳くらい

この後の各章節をお読みいただくうえで、ここに記した推定年齢を適宜参照していただければありがたいと思う。先にも触れたように、それぞれの事件に遭遇した際に彼がどのくらいの年齢であったかを推定しておくことには、彼の生涯をめぐる考察を深めるうえでそれなりの重要な意味があるからである。

なお本書の末尾には、さらに詳細な年表風の「阿弖流為略年譜」を収載したので、それも併せて活用していただきたい。

2　阿弖流為の故郷

巣伏《すふし》村

阿弖流為が北上盆地南部の胆沢地方の蝦夷豪族に出自を有していたことは周知の事実であるが、当時の胆沢の地は後の胆沢・江刺二郡を中心とする北上盆地南部のかなり広大な領域を占めていたとみられており、彼の一族の本拠がその中のどのあたりに位置していたのかを正しく知っておく必要があろう。

先に引用した『続日本紀』延暦八年（七八九）六月甲戌条には、征東大使紀古佐美が同年の胆沢の合戦の戦況を伝えるべく朝廷に提出した報告文が引用されているが、そこには官軍側が「巣伏村」を攻撃目標に設定していたことが記されている。

すなわちこのとき四〇〇〇人の官軍（中・後軍）は阿弖流為の「居《おるところ》」（居宅）に狙いを定め、三〇〇人ほどの蝦夷軍と戦い周囲の村々を焼き払いながら「巣伏村」に向かって進軍していたとある。おそらく「巣伏村」に阿弖流為軍の本営があったのであろう。「賊帥阿弖流為が居」と「巣伏村」との正確な位置関係が文章上いまひとつ不明なのであるが、少なくとも後者が前者のほど近くに所在していたことはほぼ間違いなかろう。とすれば巣伏村は、彼の勢力圏の中枢部の範囲内に位置していた村であったとみてよいであろう。

この巣伏村については、岩手県奥州市水沢区佐倉河《さくらかわ》の北上川本流西岸の地に「四丑《しうし》」という地名が遺っており、古代の巣伏村の遺称地ではないかと考えられている。近世の四丑村もその地であり、茄《な》子川《すかわ》・瀬《せ》台野《だいの》両村とともに北上川の西岸に位置したが（『角川日本地名大辞典3　岩手県』）、延暦八年六月甲戌条の記事を読む限りは、巣伏村は北上川の東岸側にあったように解釈される。古代にはこのあたりの北上川の流路は今よりもかなり西に寄っていたとみられ、「四丑」の地が当時は川の東岸に位置していた可能性もある（『日本歴史地名大系3　岩手県の地名』）。なお現在は近世の四丑村があった奥州市水沢区佐倉河鐙田《あぶみだ》と対岸の同市江刺区愛宕《おだき》字金谷《かなや》とを四丑橋《しうしばし》が結んでおり、地元の人々の間では江刺側の愛宕の地に巣伏村があったと見る向きもある。

田茂山

次に阿弖流為の姓である大墓公《たものきみ》の中にみえる「大墓」という地名をもとに、彼ら一族の故地に関するいまひとつの考察を試みよう。

前にも指摘したように、律令国家が多くの蝦夷族長層の人々に対して与えた姓は、本拠地の地名に君（公）のカバネを付したものであった。和銅三年（七一〇）、陸奥国側の蝦夷族長らは君姓を与えられて「編戸民」＝公民に準ずる待遇を認められたが、このとき与えられた姓は、彼ら一族の本拠地名を冠し、その地を代々治めてきた権威ある譜代族長であることを示すものであったと推定される。『続日本紀』中にはそうした君（公）姓の有力な蝦夷族長として、前出の邑良志別君宇蘇弥奈《おらしべつのきみうそみな》（霊亀元年［七一五］十月丁丑条）・須賀君古麻比留《すかのきみこまひる》（同上）のほか、遠田君雄人《とおだのきみおひと》（天平九年［七三七］四月戊午［十四日］条）・和我君計安塁《わがのきみけあるい》（同上）・遠田君小捄《おふさ》（天平勝宝四年［七五二］六月壬辰［十七日］条）・遠田君金夜《かなよ》（同上）・宇漢迷公宇屈波宇《うかにめのきみうくつはう》（神護景雲四＝宝亀元年［七七〇］八月己亥［十日］条）・伊治公呰麻《これはりのきみあざま》

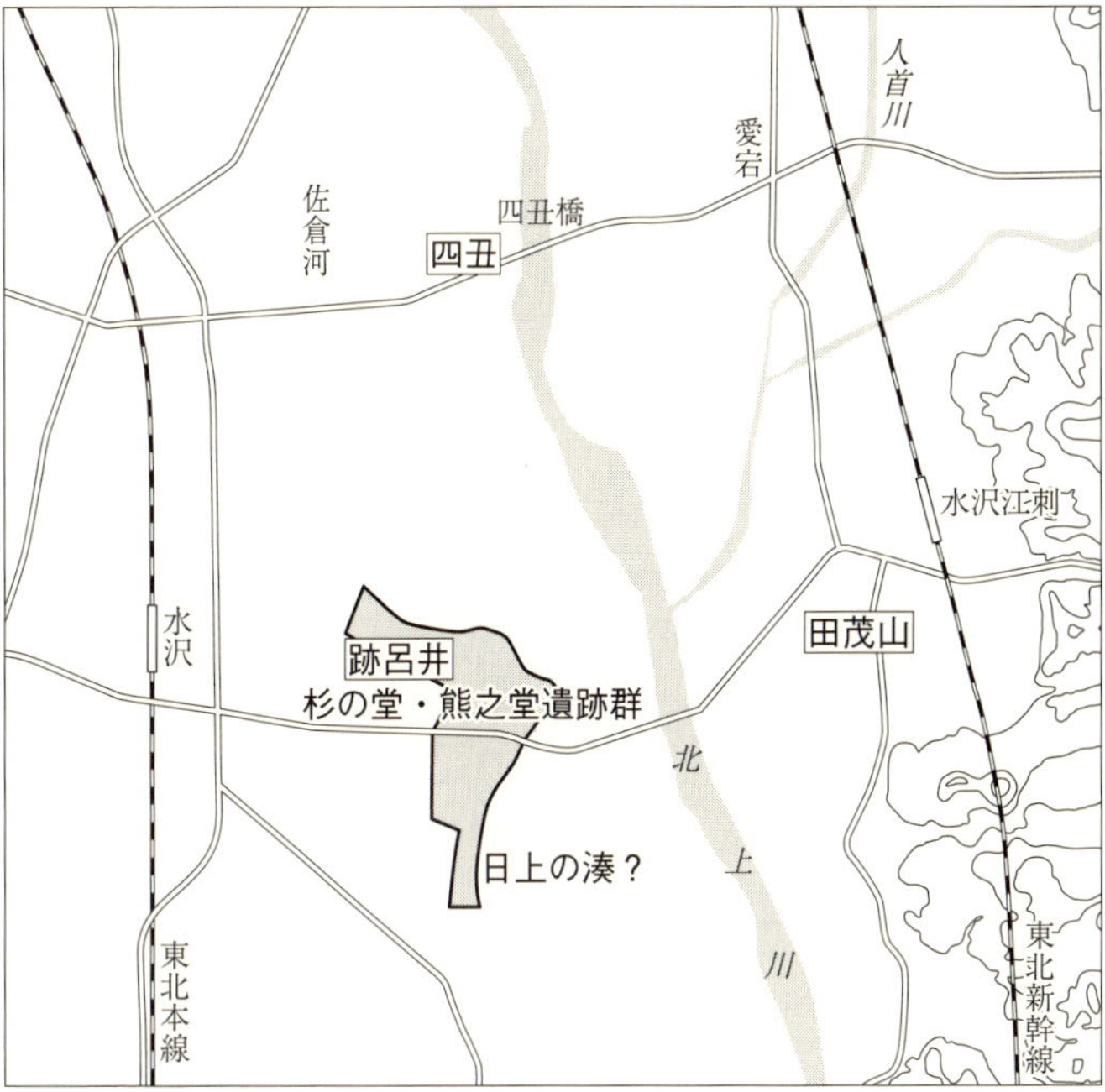

大墓公一族の本拠地

呂《ろ》（宝亀八年［七七七］十二月辛卯［十四日］・同九年［七七八］六月庚子［二十五日］・同十一年［七八〇］三月丁亥［二十二日］条）・遠田公押人《おしひと》（延暦九年［七九〇］五月庚午［五日］条）が見出せる。これらの例に照らして考えるならば、大墓公（君）一族とは、律令国家と蝦夷社会との大戦争時代の到来よりも前の時代には、国家側とかなり親密な関係をもっていた蝦夷族長家であった可能性が高いことになろう。

さて、阿弖流為らの一族が大墓公の姓を称していたということは、一族に姓が与えられた当時において、「大墓」こそがその本拠地におけるきわめて重要な地名であったことを示唆していると考えられる。その遺称地と推定されるのが、JR東北新幹線水沢江刺駅のやや南方の羽田《はた》丘陵（奥州市水沢区羽田）付近に字名として遺る「田茂山」である。近世にはこの地に南北二五町余、東西一〇町余の広大な地を占めた田茂山村があり（『角川日本地名大辞典3　岩手県』）、そのあたりの北上川東岸の低地一帯が古代の大墓の地の中核をなしていた可能性がある。あるいは大墓公一族の本拠地としての古代の大墓村の範囲は、北上川東岸のみに限られず、川の西畔に立地する杉の堂・熊之堂《くまのどう》両遺跡をも含む北上川本流の両岸に広がっていたのかもしれない。

延暦八年における胆沢の合戦の具体的な有様は第七章二・三節で詳述するが、ちょうど「田茂山」のあたりで阿弖流為配下の八〇〇人ほどの胆沢蝦夷軍が官軍に作戦を仕掛けたと想定すると、戦況の展開がたいへん理解しやすい。すなわち「田茂山」は先にみた「四丑」（巣伏村）の東南に近接する北上川東岸の地であり、四〇〇〇人の官軍が北上した同川東岸の進軍経路をたどっていくと、川と山地が接近した長い狭窄部を抜けたところに突如現われる河東の平野部にあたる。まさに同年の合戦の主戦場と目される場所なのである。なおこの「田茂山」については、気仙《けせん》郡田茂山（岩手県大船渡《おおふなと》市）から移動してきた地名と解する説も一部にあるが所伝の信憑性に問題があり、右に述べた理由からやはり阿弖流為に関連する地名と認めてもよいものと考えられる。

跡呂井《あとろい》

奥州市内にはさらにもう一つ阿弖流為の関連地名とみられるものがある。それは同市水沢区東部に遺存する字名「跡呂井」である。「跡呂井」はJR東北本線（在来線）水沢駅の東側の現在市街化された地域をも含む北上川西岸の地で、近世には安土呂井《あとろい》村があった。同村は四丑村の南、田茂山村の西にほぼ隣接し、南北一二町余、東西二一町余の広さをもち、江戸中期の享保《きょうほう》三年（一七一八）には安土呂井河岸《かし》と称される北上川の河港が置かれ、明治初年まで存続した（『日本歴史地名大系3　岩手県の地名』）。

「跡呂井（安土呂井）」は阿弖流為の名前と酷似しており、彼の名前に因んでつけられた地名とみる向きもある。他方で古代の蝦夷人名には、「齶田《あきた》蝦夷の恩荷《おが》」（『日本書紀』斉明四年［六五八］四月条）のように地名らしいもの（この場合は恩荷［男鹿《おが》］）が個人名の位置に記されている例もみられるので、あるいは逆に「阿弖流為」も本来は地名であり、阿弖流為が史料上でそう称されているのは居所などの地名にもとづく彼の通称にすぎず、本名は別にあったという可能性もあるのかもしれない。

また、近世の安土呂井村の南端付近に位置する杉の堂遺跡や、その南に隣接する熊之堂遺跡（近世の草井沼《くさいぬま》村の北端部に相当）などから成る杉の堂・熊之堂遺跡群の古代集落は、ちょうど阿弖流為が活躍した時代に存続・機能している。同遺跡群では、北側の杉の堂遺跡神明町《しんめいちょう》地区を中核に八世紀中頃より本格的な集落が形成され、次第に南側の熊之堂遺跡へと拡大していっており、八世紀後・末期頃に至って突如火災によって焼失していることが発掘調査によって確認されている。おそらく延暦年間の征夷戦の戦禍に遭ったものであろう。実際にこれらの集落が阿弖流為らの一族と深い関わりをもつ重要な村であった可能性は、かなり高いとみてよかろう。また後述するように、この杉の堂・熊之堂遺跡群は、奈良時代に北上川に向かって開かれた河港である「日上《ひかみ》の湊《みなと》」ともきわめて深い結びつきをもっていたようである。

以上のように、「四丑」「田茂山」「跡呂井」という阿弖流為と深い関わりをもつとみられる三つの地名はいずれも、奥州市水沢区東部から一部江刺区西部にかけての北上川本流を挟んださほど広くない範囲の中に見出せるのである。これらが阿弖流為の故郷である大墓公一族の本拠地の中の重要拠点であったことは、最早ほぼ疑いのないところであろう。

3 大墓公一族

胆沢地方の古代集落

これまでみてきたように、阿弖流為らの一族は北上川本流を擁した胆沢の地の東部を勢力下に収めていた蝦夷豪族であったと考えられるのであるが、最近の考古学方面からの調査・研究成果によれば、彼ら大墓公一族はどうやら伝統的に胆沢地方に君臨してきた譜代族長家ではなかったらしい。

胆沢地方における古代集落の展開については、現在までのところおおよそ次のようなことが知られている（伊藤博幸「河川流域の古代社会の変容――北上川中流域の場合」）。まず古墳時代四、五世紀の集落としては中半入《なかはんにゅう》遺跡・西大畑《にしおおばたけ》遺跡・高山遺跡・面塚《おもてづか》遺跡（いずれも奥州市水沢区）などがあり、とくに中半入遺跡では前にも触れたように大規模な五世紀代の集落遺構が確認されており、陶邑《すえむら》窯（大阪府堺市・和泉市・岸和田市・狭山市にわたる須恵器窯跡群）の生産品を含む大量の須恵器や、宮城県加美

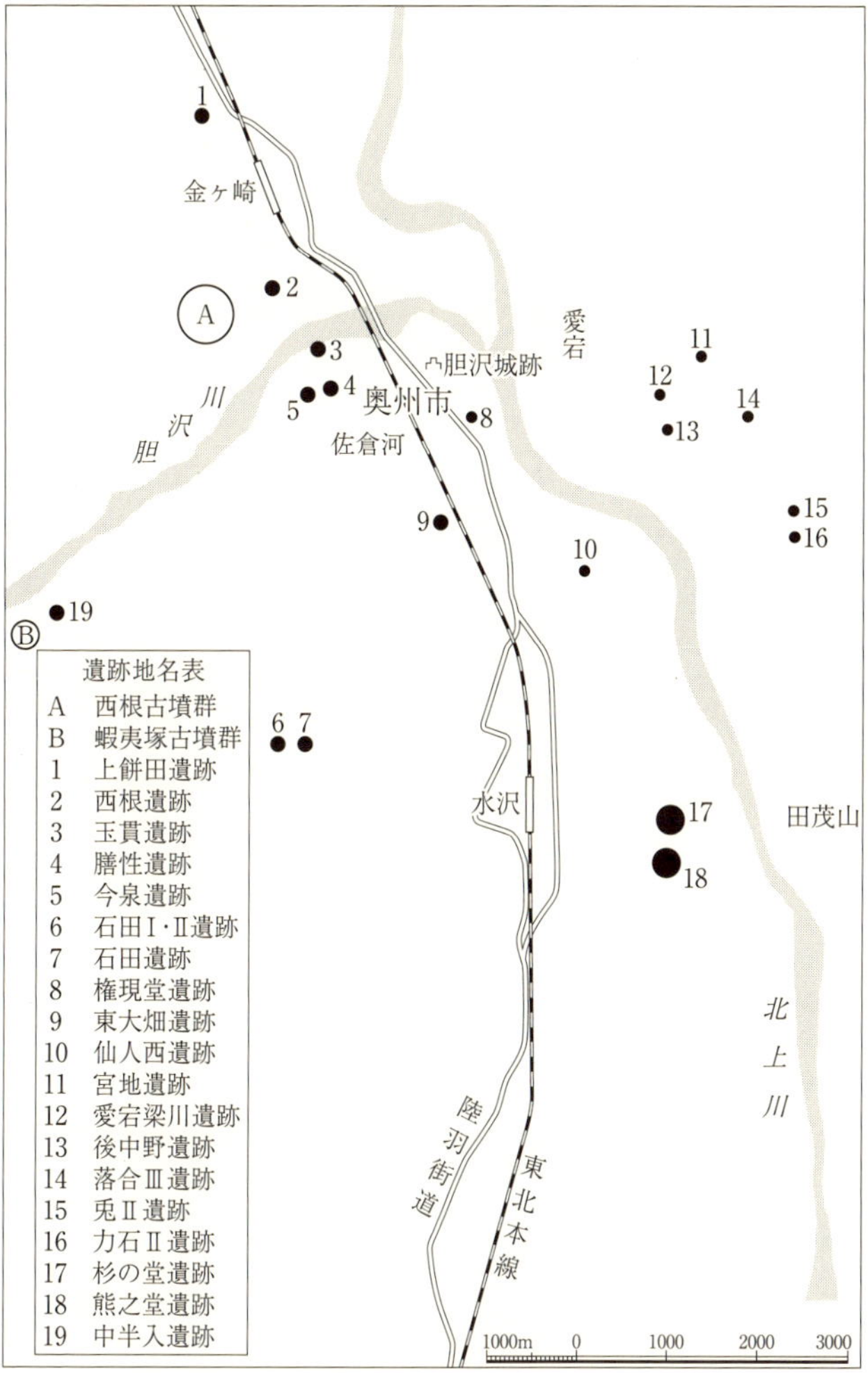

胆沢地方の古代集落

(伊藤博幸「河川流域の古代社会の変容——北上川中流域の場合」[『アジア流域文化論研究』Ⅰ，2005年] 所載の第2図を元に作成)

町湯ノ倉産の黒曜石を用いた石器（皮革のなめし具か）、岩手県久慈地方産の琥珀および琥珀製品加工用の工房跡、朝鮮半島から日本列島に渡来して間もない頃の馬の歯などが検出されていて、すでにその頃北上川中流域における物資の流通（生産）拠点をなしていたと推定される。また同遺跡の中心に位置する方形の濠をめぐらせた五世紀後半の豪族居館跡は、南へ二キロメートルの地点に所在する角塚古墳（奥州市胆沢区）を造営した人物の住処ではなかったかと考えられている。続く六世紀になると中半入の大集落は廃絶してしまい、胆沢地方全体でも数カ所で零細な集落が細々と営まれるだけになる（なお最近、角塚古墳にほど近い沢田遺跡、石田Ⅰ・Ⅱ遺跡［ともに奥州市胆沢区］において、五世紀後半～六世紀代の円墳・土坑墓や竪穴住居などの遺構が発見された）。

七世紀前半になると、北上川本流に奥羽山脈より東流する胆沢川の南岸に膳性《ぜんしょう》遺跡（奥州市水沢区）、北岸に上餅田《かみもちだ》遺跡（岩手県金ヶ崎町）・西根遺跡（同）が安定した集落を形成し繁栄をみせる。続く七世紀後半には膳性遺跡の西側に今泉遺跡（奥州市水沢区）が形成され、概して七世紀代には胆沢地方北部の胆沢川流域に集落が集中する様相がみられるのである。またそうした集落の存在に対応して、胆沢川の北岸に西根古墳群（金ヶ崎町）が営まれている。

続く八世紀代には集落の配置に大きな変化がみられる。すなわち八世紀初頭頃に膳性・上餅田・西根の三集落が急速に衰退し、それと入れ替わるかのように膳性遺跡の北側に玉貫《たまぬき》遺跡（奥州市水沢区）が、膳性遺跡の東南一・七キロメートルの地点に東大畑遺跡（同）が成立する。ところが両集落とも八世紀半ば頃までしか続かず、八世紀第2四半期頃に膳性遺跡より南へ四キロメートル離れた石田遺跡（奥州市水沢区）が急速に発展してきて、第3四半期以降は胆沢地方最大級の規模を誇るようになる。また一方で、八世紀第2四半期頃より、前述のように阿弖流為ときわめて関係が深い集落遺跡とみられる杉の堂・熊之堂遺跡群の集落が北上川本流西岸沿いの地に姿を現わし、第3四半期に入るとさらに竪穴住居の棟数を増していき、石田遺跡に肩を並べるほどにまで勢力を拡大させていくのである。

胆沢公と大墓公

文献史料によれば、胆沢地方には阿弖流為らの大墓公一族のほかに、「胆沢公《いさわのきみ》」姓を名のる蝦夷豪族が存在したことが知られる（『類聚国史《るいじゅこくし》』延暦十一年［七九二］正月丙寅［十一日］条に「胆沢公阿奴志己《あぬしこ》」の名がみえる）。おそらくは、(1)膳性・上餅田・西根→(2)玉貫・東大畑→(3)石田と拠点集落を移動させつつ、この地の生え抜きの譜代族長家として長く君臨してきたのがこの胆沢公（君）一族なのであろう。あるいは彼らは、角塚古墳や沢田遺跡の墳墓群を造営したところの、古墳時代中・後期以来この地を支配してきた伝統的族長家の系譜を継承した存在であったのかもしれない。

一方の阿弖流為ら大墓公一族はといえば、これまでの発掘調査所見によれば、だいたい八世紀中頃より台頭した新興勢力であった可能性が高いようである。ただし彼ら一族の姓の由来をなした田茂山周辺で古代集落遺跡が未発見なのでその点は確定的とはいえないが、杉の堂・熊之堂遺跡群の成立がおよそ八世紀第2四半期頃、しかもその本格的な発展は同第3四半期頃のことであるので、大墓公一族が本来胆沢公一族に比肩しうるような譜代豪族家であったとはかなり考えがたい。また、「大墓」

が広域地名である「胆沢」よりも数段格下の小地名にすぎないことを理由に、大墓公一族の本来の支配領域がわりあい狭小なものであったとみる論も出されており（今泉隆雄「三人の蝦夷」）、私も概ねそれに賛同したい。

おそらく阿弖流為らの大墓公（君）一族は、八世紀半ば頃にこの地の伝統的な譜代族長家であった胆沢公（君）一族より分出した支族であったのではなかろうか。本宗家の胆沢公（君）一族は和銅三年（七一〇）の時点で律令国家より君姓を与えられた蝦夷譜代族長氏の一つであった可能性があるが、阿弖流為の父か祖父の代にあたる八世紀中頃か後半頃のある時点で、彼らの一家は律令国家より新たに「大墓公（君）」の姓を賜って本宗家からの独立を果たしたのではなかったか。そしてその後急速に台頭していき、八世紀後半頃のある時点において本宗である胆沢公一族にも匹敵するほどの大きな勢力をもつ存在へ成長を遂げたと推察されるのである。

大墓公一族と北上川舟運

それではなぜ大墓公一族は、八世紀の中頃以降に胆沢の地において急速な台頭を果たすことができたのであろうか。まず注目されるのは、譜代族長家であった本宗の胆沢公一族が北上川支流の胆沢川流域で代々繁栄してきたのに対して、その支族とみられる大墓公一族は北上川本流を臨む要衝の地に杉の堂・熊之堂遺跡群の拠点集落を形成している点であろう。現在、杉の堂・熊之堂遺跡群は河道より西に四〇〇～五〇〇メートルほど離れているが、その南にはかつては川の東岸であったことの名残りともみられる奥州市水沢区羽田町の飛び地があり、おそらく古代の北上川は現在の河道よりも少し西に寄っていたと推測されるので、これらの集落遺跡は本来、河川交通の拠点となる重要な交通機能を担った村であったと考えられよう。

古代社会において、河川交通の掌握は周辺地域への政治的支配とも不可分であった。ましてや杉の堂・熊之堂遺跡群は、北上盆地における北上川の〝根元〟を扼《やく》する村といっても過言ではない好位置を占めており、しかも磐井郡西部を経て栗原郡方面へと南進する「山道」の陸路（概ね現在の国道四号線のルート）との結接点でもあった。そもそもそのような重要な交通・物流の拠点を、単なる新興の一蝦夷豪族が容易に手に入れられるものなのであろうか。

そのように考えるとき直ちに想起されるのは、『続日本紀』延暦八年（七八九）九月戊午（十九日）条に引用された桓武《かんむ》天皇の詔の文章中に所見する「日上の湊」のことである。

（前略）鎮守副将軍従五位下池田朝臣真枚《まひら》・外《げ》従五位下安倍《あべの》猨《さ》嶋臣《しまのおみ》墨縄《すみただ》等愚頑《かたくな》に畏拙《おじな》くして、進退度を失ひ軍《いくさ》の期《ちぎり》をも闕《か》き怠れり。今法を検《かんが》ふるに、墨縄は斬刑に当り、真枚は官を解き冠を取るべく在り。然れども墨縄は久しく辺戍《へんじゅ》を歴て仕え奉れる労《いさお》在るに縁りてなも、斬刑をば免し賜ひて官冠をのみ取り賜ひ、真枚は日上の湊にして溺るる軍を扶け拯《すく》へる労に縁りてなも冠を取る罪は免し賜ひて官をのみ解き賜ひ、（後略）

この史料によれば、延暦八年の合戦時に鎮守副将軍であった池田真枚は、帰京後の勘問において敗軍の責めを受けた際、阿弖流為の奇襲作戦によって北上川に落とされ溺れていた軍兵たちを「日上の湊」において救出した労があったことにより、本来は官職も位階もともに剝奪されるべきところを官職のみ解かれたことが知られる。「日上の湊」が北上川の河港であることは明白であるが、このときの戦況によれば、阿弖流為指揮下の蝦夷軍の奇襲を受け北上川に落とされたのは川の東側を進軍していた中・後軍であって、その現場は「田茂山」付近の北上川東岸ではなかったかと考えられる。そしてちょうどその対岸には、杉の堂・熊之堂遺跡群が位置している（四五頁地図参照）。とすれば、真枚らが川に溺れた兵士の救出活動をおこなった「日上の湊」とは、まさに杉の堂・熊之堂遺跡群の集落と一体のものとして設置されていた北上川の河港であったのではなかろうか。この「日上の湊」の位置については、すでに奥州市水沢区佐倉河常磐《ときわ》の四丑渡船場跡や、そのやや南方の安土呂井渡船場跡に比定する説も出されているが（『日本歴史地名大系3　岩手県の地名』）、いずれにせよその場所は「四丑」「田茂山」「跡呂井」を内に含んだ阿弖流為の本拠地の中に想定されるのである。

右の想定が正鵠を射ているならば、「日上の湊」はまさに大墓公一族の勢力圏の中に設置されていた河港であったとみられる。しかも桓武天皇自身が発した詔の文中においてもその名が明言されている点からすれば、律令国家側の社会にとってもその存在がよく知られていた港津であった可能性が高いであろう。

胆沢公一族と上京朝貢

ここで、大墓公一族からみて本宗家である譜代族長家の胆沢公一族の周辺に目を転じよう。胆沢公一族の墳墓群とみられるのは金ヶ崎町西根古墳群と奥州市水沢区蝦夷塚《えぞづか》古墳群であり、ともに丸みのある川原石を積んで石室を造営した八世紀前葉～後葉のいわゆる川原石積み石室タイプの小円墳より構成される。なお同時期の同タイプの古墳によって構成される古墳群にはほかに、盛岡市太田蝦夷森古墳群・花巻市熊堂《くまのどう》古墳群・北上市江釣子《えづりこ》古墳群があるが、いずれも雫石《しずくいし》川・豊沢《とよさわ》川・和賀《わが》川といった奥羽山系に水源をもち北上川本流に西方より合流する支流の沿岸に分布している。それらの古墳群からは和同開珎《わどうかいちん》・銙帯《かたい》金具（革ベルトに装着された飾り金具）・蕨手《わらびて》刀《とう》（刀身と柄が一体成形された鉄刀）・須恵器長頸瓶《ちょうけいへい》・玉類等の八世紀代に特有の豊富な副葬品が出土しており、平城京へ上京朝貢をおこなっていた北上盆地で最有力クラスの蝦夷族長層の墳墓群であったと推測されている（八木光則『古代蝦夷社会の成立』）。

ちなみに、豊沢川沿いの熊堂古墳群を墓域としたのが遠胆沢《とおいさわ》君（公）一族、和賀川沿いの江釣子古墳群に対応する集団が和我《わが》君（公）一族であったと推察され、遠胆沢公母志《もし》（『類聚国史』弘仁五年［八一四］二月戊子［十日］条）・和我君計安塁（『続日本紀』天平九年［七三七］四月戊午［十四日］条）の名が史上にみえる。雫石川沿いの太田蝦夷森古墳群の被葬者一族は未だ不明であるが、あるいは後にも触れるように宇漢米《うかにめ》（迷）君（公）一族か爾散南《にさな》君（公）一族がその地の最有力蝦夷族長であった可能性がある。

八世紀前葉以降、これら北上川の四支流沿いの蝦夷族長集団のみが川原石積みの堂々たる石室をもった古墳を作り続け、しかも直接上京して朝貢をおこなうことがあったとするならば、これら四地域の族長たちは、このタイプの古墳が廃絶する八世紀後葉頃までは北上盆地で最高位の蝦夷族長権を保持していたと考えられる。とすれば、大墓公一族が台頭を遂げた後も、胆沢地方の本来の譜代蝦夷族長家であった胆沢公一族がもっていた権威は、依然としてかなり大きなものであったとみるべきであろう。

なお、阿弖流為の出た大墓公一族の人々が死後に葬られた墓域とみられる遺跡は、現在までのところ見つかっていない。あるいは大墓公一族の人々も、本家筋の胆沢公一族の墓域である西根古墳群か蝦夷塚古墳群の中に葬られたのかもしれない。

南北間交易の現地管理者

これまでみてきたように、⑴大墓公一族は本来の譜代族長家である胆沢公（君）一族の支流として新興の豪族にすぎなかったにもかかわらず、北上盆地における交通・物流の大動脈である北上川本流の両岸に広がる枢要の地を扼しており、⑵その勢力圏内には、国家側勢力にとっても馴染みが深く、南北間の交易においてきわめて重要な機能を果たしていたとみられる湊津があった。ここまで考えてくれば、大墓公一族が八世紀中頃以降にこの地で急速に台頭することができたことの理由の一端が浮かび上がってくるように思われる。

先にも触れたように、胆沢地方は古墳時代中期の五世紀代から、南北の諸地域よりもたらされる物資が集積される交易拠点であった。そうした機能は、六世紀代の一時期に様相が不明な若干の空白期があるものの、その後の七、八世紀にも引き継がれたとみてよいと思われる。南北間交易を現地で管理する役割は、本来胆沢公（君）一族の父祖であるこの地の譜代族長家によって代々担われてきたと考えられるが、八世紀中頃から後半にかけての時期に、律令国家勢力は蝦夷社会側との対話を経て、南北間交易の拠点港として「日上の湊」を北上川西岸に設置し、その現地管理者に胆沢公一族の分家筋にあたる大墓公一族を登用したのであろう。すなわち阿弖流為の時代の「日上の湊」は、古墳時代の昔より胆沢の地の集団によって担われてきた南北間交易の中継機能を引き継いだ河港であったのであり、また大墓公一族はそれを足がかりとすることで、本家筋の伝統的譜代族長家である胆沢公一族に比肩するほどの実力を蓄えるに至ったものと解される。

また延暦八年の胆沢の合戦に関する『続日本紀』の記載を読むと、総大将である阿弖流為の指揮下には山民的生業をもった狩猟蝦夷や馬飼に長けた牧畜蝦夷などが少なからず従っていたのではないかと思われる節があり、そうした点もまた、彼が本来交易の管理者として様々な生業をもつ人々を広範に組織していたことを示唆しているようにうかがえる。彼が交易の管理者として、毛皮や馬など蝦夷社会から産出されるあらゆる品々の流通過程に深く関与する存在であったからこそ、戦時においても様々な生業をもつ各地の蝦夷社会の人々の力を結集させることができたと考えられるのではなかろうか。

少年・青年期の阿弖流為

本書では前述のように、阿弖流為の生年を天平十〜天平勝宝五年（七三八—五三）と想定しているので、大墓公（君）一族が本宗家より分立した頃には、生年を早くみた場合でも彼はまだせいぜい少年期にあったかと思われ、年齢想定によっては未だ出生していなかった可能性もある。その時点で大墓公（君）一族の当主の座にあったのは、おそらく阿弖流為の祖父か父であったろう。

その後、北上川の河港である「日上の湊」が設置され、大墓公（君）一族が急速に台頭したとみられる七五〇年代中頃の阿弖流為は、年長にみれば一〇代後半くらいの青少年であり、年少にみればまだ乳児か幼児にすぎなかったことになる。

さらに七五〇年代末から七六〇年代にかけては、次章で述べるように、天平宝字三年（七五九）に陸奥国桃生《ものう》城と出羽国雄勝《おがち》城が、神護景雲元年（七六七）には陸奥国伊治《これはり》城が、いずれも前章で触れた律令国家と蝦夷社会との間の「国境線」を北側に踏み越えた領域に造営された。その頃の阿弖流為がそうした政治的事件のもつ意味をどれだけ深く理解していたのかも、推定年齢に大きな幅があるためよくわからないのであるが、彼の年齢を最も若くみたとしても、伊治城が造営されたときにはもう一五、六歳には達しており、おおよその政治的・社会的情況に察しがつくほどには成熟していたように思われる。しかしまだその時点では、後に起こる国家と蝦夷社会との大戦争の勃発は全く予想できないものだったのではなかろうか。

伊治城造営の三年後の神護景雲四＝宝亀元年（七七〇）には、城柵（桃生城か伊治城とみられるが不明）の下で暮らしていた宇漢迷公宇屈波宇《うかにめのきみうくつはう》という蝦夷族長が、一家眷属《けんぞく》を率いて故郷の地に逃げ還ってしまうという事件が発生した。帰参をうながす使者に対して宇屈波宇は、「一、二の同族を率ゐて必ず城柵を侵さむ」と揚言したといい、にわかに緊迫した情勢へと暗転していったようであるが、それでもまだ戦端は開かれてはいない。実際の国家と蝦夷との間の戦乱勃発は、すでに触れたように宝亀五年（七七四）の海道蝦夷による桃生城襲撃事件を嚆矢とするものであった。その時点での阿弖流為の年齢は二二～三七歳くらいに達していたと推測される。

右のように開戦までの諸事件とそれぞれの時点での阿弖流為の年齢とを照らし合わせてみると、やはり本来阿弖流為は国家との戦争のない比較的平穏な時代に生まれ育った「平和の子」であったように考えられてくる。しかも彼は、国家の後ろ楯をえて台頭してきた新興の蝦夷族長家の御曹子《おんぞうし》として、かなり裕福で恵まれた環境の中で暮らしていたと推測されるのであり、おそらく結婚して独立し子供を儲けた頃までは、彼の故郷の胆沢はまだ戦禍に巻き込まれることなく、彼の一家はそこで穏やかで満ち足りた日々の生活を送っていたのであろう。もちろん彼自身、よもや自分が後半生に国家を相手とする戦争に身を投じ、その果てに命を落とすことになるなどとは夢想だにしなかったに違いない。

もしもその後律令国家と蝦夷社会との関係が決定的な不和に至ることがなく、以前どおりのそれなりに平和的な共存体制が維持されていったならば、阿弖流為は悲惨な戦争によって自らの身を滅ぼすことなく、十分に幸せな人生を全うすることができたのかもしれない。しかし現実の歴史は無情にも、彼から平穏な人生を奪い取ったばかりか、最終的には国家と蝦夷との激烈な戦争において一方の側の頂点に立つことを彼に強いたのである。

阿弖流為の運命は、いったい何によって変えられていったのであろうか。次章以下でその間の事情を詳しくみていきたいと思う。

第三章　平和の翳《かげ》り

1　出羽柵の移転と陸奥出羽連絡路の開削

出羽柵の移転

すでに第一章で述べたように、神亀元年（七二四）の蝦夷反乱が終結した後に、律令国家と蝦夷社会との間に「暗黙の諒解にもとづく国境線」が成立し、それ以降両者の間で戦乱のない比較的平和な時代が続くこととなった。そうした平穏な時代に翳りがさしてくるのが、陸奥国桃生・伊治・出羽国雄勝の三城の造営がなされた八世紀後半頃からのことであったことも先に指摘しておいたところであるが、実はそれら以前にも律令国家の側が「国境線」の北側に足を踏み入れ、積極的な活動を展開したことがあった。

まず、庄内平野にあった出羽柵の秋田平野への移転である。同柵は先にも触れたように、和銅元年（七〇八）以前の八世紀初期に庄内平野の地に造営されたが、天平五年（七三三）十二月にはそこからおよそ北方一〇〇キロメートルの秋田村高清水岡に遷し置かれている。現在秋田市寺内に所在する秋田城跡の地であり、同城跡南東部の鵜ノ木《うのき》地区からは、「天平六年月」の五文字を鉄釘で刻んだ木簡が出土している。なお高清水岡の新たな出羽柵はその後「秋田城」と改称されるが、その時期は移転より二五年くらい後の七五〇年代末頃のことと考えられている（今泉隆雄「秋田城の初歩的考察」）。

出羽柵の高清水岡への移転を伝える『続日本紀《しょくにほんぎ》』の記事には、「出羽柵を秋田村高清水の岡に遷し置く。また、雄勝村に郡を建てて民を居《お》く」とあり（天平五年十二月己未［二十六日］条）、同柵の北方移転は横手盆地南半の雄勝郡の建郡と一体のものとして実施されたように記されている。同書には、二五年余り後の天平宝字三年（七五九）九月に出羽国雄勝・平鹿《ひらか》両郡の建置記事があるので、このときは雄勝郡の建郡計画が策定されただけで終わったとする見解が比較的有力であるが（今泉隆雄「天平九年の奥羽連絡路開通計画について」）、あるいは現地の蝦夷族長に郡領《ぐんりょう》の肩書きを与え仮の郡（権郡《ごんぐん》）として建てられたものであったかもしれない（関口明「古代東北における建郡と城柵」）。また秋田県横手

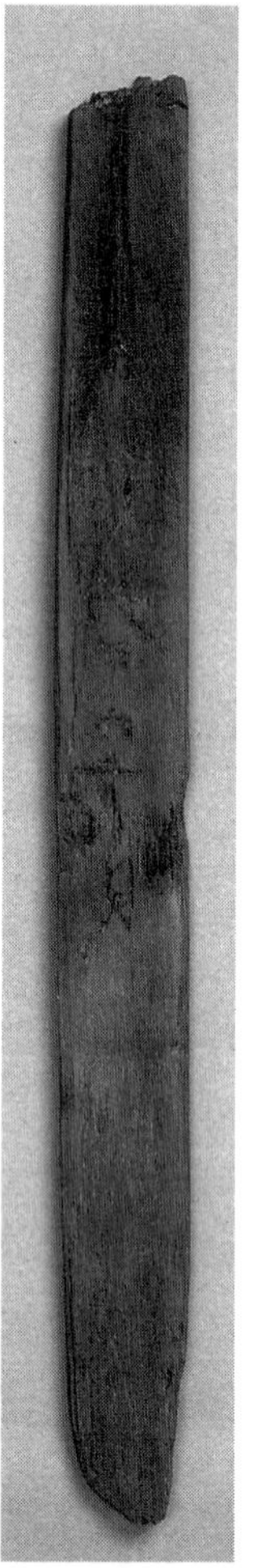

出羽柵（秋田城）跡出土釘書き木簡「天平六年月」（秋田市教育委員会提供）

市雄物川町の末舘窯跡《すえだてかまあと》は奈良時代前半~中頃の須恵器窯跡と考えられており、天平五年頃における国家側勢力の進出を背景として設置された可能性がある。

出羽柵の移転先である秋田村高清水岡は、確かに「国境線」を北へ遠く踏み越えた地であった。しかしその地での城柵造営が、現地の蝦夷社会に動揺や軍事的緊張をもたらしたような形跡はあまりみられない。おそらくその理由は、新たな出羽柵がもつ特別な性格にあったと推察される。高清水岡の出羽柵は、律令国家と北方蝦夷社会によって共用される交易推進のための施設としての性格をつよくもっていたと考えられるのであり、また国家の側でもこれを拠点として現地社会を面的に支配していこうとする意図はかなり希薄であったように思われるのである。

陸奥出羽連絡路の開削

天平九年(七三七)には、陸奥国府が置かれた多賀城と高清水岡の出羽柵とを結ぶ陸奥出羽連絡路の開削事業がおこなわれた。この事業において中心的な役割を果たしたのは陸奥出羽按察使の大野東人《おおののあずまひと》で、彼の進言によって持節大使藤原麻呂《まろ》・副使佐伯豊人《とよひと》・同坂本宇頭麻佐《うずまさ》ら官軍の指揮官が中央より派遣され、奥羽両国の現地指揮官や現地官軍と勢いを合わせて、同年二月、連絡路の建設が始められた。

そうしたところ、この計画を知った山道《さんどう》と海道《かいどう》の蝦夷らの間で疑いや恐れが広がっていたため、海道地方(宮城県大崎平野東部・牡鹿《おしか》・桃生方面より三陸沿岸南部にかけての地域)へは遠田《とおだ》郡の郡領を務めていた遠田君雄人《おひと》、山道地方(大崎平野西部から岩手県北上盆地にかけての地域)へは北上盆地中部の有力族長であった和我《わが》君計安塁《けあるい》の二名の蝦夷族長を遣わして、動揺を鎮めさせた。ついで、大使藤原麻呂以下の指揮官が多賀城をはじめとする六城柵を警固する中、大野東人は騎兵一九六人、鎮兵四九九人、陸奥国の兵五〇〇〇人、帰服狄俘《てきふ》（官軍に従った蝦夷兵）二四九人を率いて、奥羽山脈を横断する陸奥国賀美《かみ》郡（宮城県加美町）より出羽国最上《もがみ》郡玉野《たまの》（山形県尾花沢市）までの八〇里（四二・一キロメ

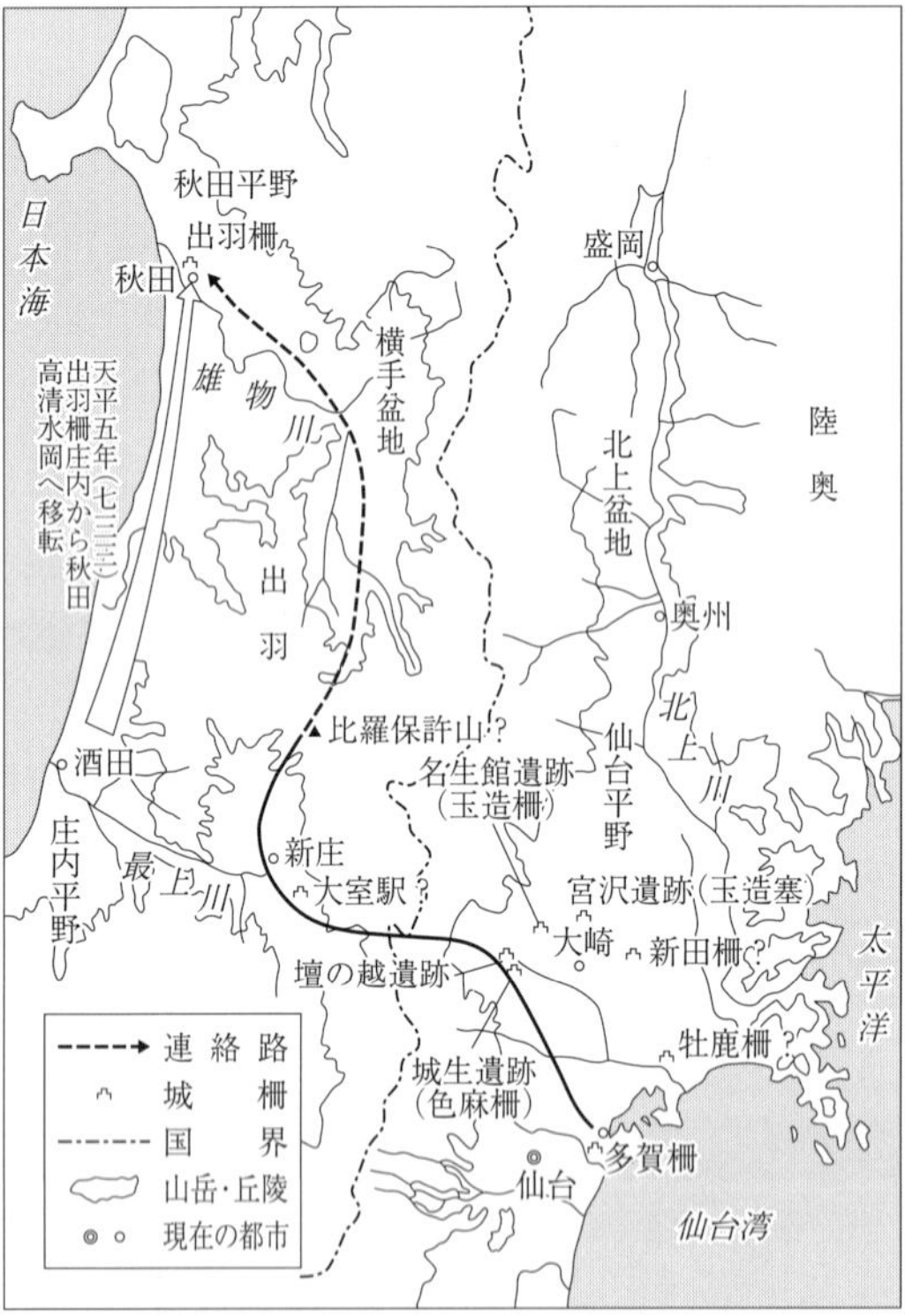

陸奥出羽連絡路計画図

（鈴木拓也『蝦夷と東北戦争』［吉川弘文館，2008年］図15を元に作成）

ートル）の山道を建設した。さらにその先の玉野から比羅保許山《ひらほこやま》までの八〇里の道をも開通させたが、その後出羽守の田辺難波《たなべのなにわ》の献策を容れ、比羅保許山から雄勝に至るまでの五〇里の道については結局未着工のまま撤退した。なお比羅保許山については山形・秋田県境の神室《かむろ》山とみる見解があるが、玉野から八〇里の距離にしてはやや遠い感もあり、秋田県真室川《まむろがわ》町か金山《かなやま》町内の里に近い小山を指すものかもしれない。結局このときの道路建設は、県境の雄勝峠を北へ越えることはなかったとみてよいであろう。

結果的には、同年の道路開削事業は「国境線」を北へ踏み越えることのない範囲に収まり、蝦夷社会との間で軍事的緊張が発生するようなことはほとんどなかったようである。そして横手盆地の雄勝・平鹿の地に実際に郡が建てられたのは、それより二〇年余りも後の天平宝字三年のことであった。なおその点に関しては近年、天平九年以後二〇年余におよぶ律令国家の北方への版図拡大の「中断」は、都における天然痘《てんねんとう》流行による社会の疲弊や、大仏造営・国分寺《こくぶんじ》建立に国力が傾注されたことなどに影響されたものとする説もおこなわれている（鈴木拓也「天平九年以後における版図拡大の中断とその背景」）。傾聴に値する見解であるが、私はそのような偶然的な阻害要因によって積極的な版図拡大路線が一時「中断」されたというよりは、当時の律令国家首脳部の間でも「国境線」のもつ意義がかなりつよく意識されており、それをあえて越境し蝦夷の地に直接足を踏み入れることには細心の慎重さが求められる情況にあったためであると考えておきたい。

2　桃生城と雄勝城の造営

天平宝字三年（七五九）、陸奥国桃生城と出羽国雄勝城がほぼ同時に造営された。「暗黙の諒解による国境線」を北に踏み越えるかたちでこれら二城柵が設置されたことと、その一五年後に律令国家と蝦夷社会との間に戦端が開かれるに至ったこととの間にはなんらかの因果関係があったのではないかということが、これまでにも研究者の間でしばしば指摘されてきた。次には、二城柵の造営完了について記した『続日本紀』の記事を掲げる。

桃生・雄勝両城の造営記事

勅《みことのり》して曰《のたま》はく、「命を尽して君に事《つか》ふるは、忠臣の至節なり。労に随ひて賞を酬ゆるは、聖主の格言なり。昔、先帝、数《しばしば》明詔《めいしょう》を降して雄勝城を造らしめたまへり。その事、成り難く、前将既に困《たしな》めり。然るに今、陸奥国按察使兼鎮守将軍正五位下藤原恵美朝臣朝獦《えみのあそんあさかり》ら、荒ぶる夷《えみし》を教へ導きて皇化に馴れ従はしめ、一戦を労せず、造り成すこと既に畢《おわ》りぬ。また、陸奥国牡鹿郡に於て大きなる河を跨《こ》え峻《たか》き嶺を淩《しの》き、桃生柵を作りて賊の肝胆《きも》を奪ふ。眷《かえり》み言《おも》ふに、惟績《いさお》あり。理《ことわり》、褒め昇《あ》ぐべし。朝獦を擢《ぬきい》でて特に従四位下を授くべし。陸奥介《すけ》兼鎮守副将軍従五位上百済《くだら》朝臣足人《たるひと》、出羽守従五位下小野朝臣竹良《つくら》、出羽介正六位上百済王三忠《くだらのこにきしさんちゅう》は並に一階を進む。鎮守軍監《ぐんげん》正六位上葛井連立足《ふじいのむらじたちたり》、出羽掾正六位上玉作金弓《たまつくりのかなゆみ》に並に外《げ》従五位下を授く。鎮守軍監従六位上大伴宿禰益立《ましたて》は、艱苦《かんく》を辞せず、自ら再征の労有り。鎮守軍曹《ぐんそう》従八位上韓袁哲《かんのおんてつ》は身を殺すを難しとせずして、已《すで》に先入の勇有り。並に三階を進む。自余《そのほか》の軍に従へる国郡司・軍毅《ぐんき》は並に二階を進む。但し正六位上には別に正税《しょうぜい》弐《に》仟束《せんぞく》を給ふ。その軍士、蝦夷・俘囚の功有る者は、按察使簡び定めて奏聞《そうもん》せよ」とのたまふ。

（『続日本紀』天平宝字四年［七六〇］正月丙寅［四日］条）

雄勝城

この記事によれば、雄勝城の造営は、孝謙《こうけん》太上《だじょう》天皇の父聖武《しょうむ》天皇によってしばしば命じられていたにもかかわらず、前の将軍（大野東人）がついに果たせずに終わった難事業であったが、陸奥出羽按察使兼鎮守将軍の朝猟（獦）（藤原仲麻呂［恵美押勝《えみのおしかつ》］の子）らが蝦夷を教導しつつ一戦も交えずにこれを完成させたとされている。

前述のように、すでに天平五年（七三三）に雄勝建郡がめざされたものの、せいぜい権郡が置かれたにとどまり、柵戸移住も十分には実現せぬまま終わったらしい。ついで天平九年（七三七）に陸奥出羽連絡路の開削事業がおこなわれた際にも、男（雄）勝村を征して城柵を置き直路を通すことが検討されたが、同村の三人の俘長《ふちょう》による嘆願の結果、比羅保許山以北の道路建設は見送られ、雄勝城の造営も一切着手されることがなかったのである。

それから二〇年ほど後の天平宝字年間（七五七―六五）に入ると、桃生・雄勝二城の造営事業がにわかに進展をみせてくる。天平勝宝九＝天平宝字元年（七五七）四月には礼法に従わない「不孝・不恭・不友・不順」な人々を陸奥国桃生・出羽国小（雄）勝に移すこととされ、同二年（七五八）十二月には坂東の騎兵・鎮兵・役夫や夷俘《いふ》（蝦夷と俘囚）が徴発され、桃生城・小勝柵（雄勝城）の造営工事が本格的に開始されている。次いで同三年（七五九）九月には、陸奥国桃生城と出羽国雄勝城の造営に動員された郡司・軍毅・鎮兵・馬子《まご》合わせて八一八〇人について同年の公出挙《くすいこ》（律令国家が経営する稲の利子付き貸与の制度）の元本と利息の返済が免除されるとともに、出羽国に雄勝・平鹿二郡が置かれ、玉野・避翼《さるはね》・平戈《ひらほこ》・横河・雄勝・助河《すけかわ》の五駅が設置されている。おそらくその時点において、両城はほぼ完成していたものと推測され、同時に天平九年に着手された陸奥出羽連絡路開削事業もこのときようやく完了したことがうかがい知られる。

雄勝城下には造営段階以降、坂東・北陸の一二カ国の浮浪人二〇〇〇人をはじめ、橘奈良麻呂《たちばなのならまろ》の謀反事件に連座した都人や、犯罪人、官奴婢《かんぬひ》といったかなり数多くの人々が柵戸《さくこ》とされ強制移住させられた。雄勝・平鹿二郡や横河・雄勝二駅も、彼ら柵戸を中心として編成されたものとみられる。

桃生城

他方の桃生城（前掲記事では「雄勝城」に対して「桃生柵」と記されているが、逆に「桃生城」「小勝柵」と記載する記事もあり、両字は区別なく混用されていたらしい）であるが、こちらは黒川以北十郡の一つである牡鹿郡の当時の領域より、大河北上川（宮城県石巻市を流れ仙台湾に注ぐ現在の旧北上川）を東へ越えた対岸の丘陵地上に築かれた城柵であった。なお近年の考古学方面の研究成果によれば、古代の北上川下流東岸の地域では東北北部の蝦夷社会に固有の特徴をもった末期古墳が造営されていたことが明らかにされており、古代国家領域側の墓制である横穴の玄室《げんしつ》を主体とする横穴墓群が展開していた西岸の地域とはまさに対照的な様相を呈していたことが知られている（佐藤敏幸

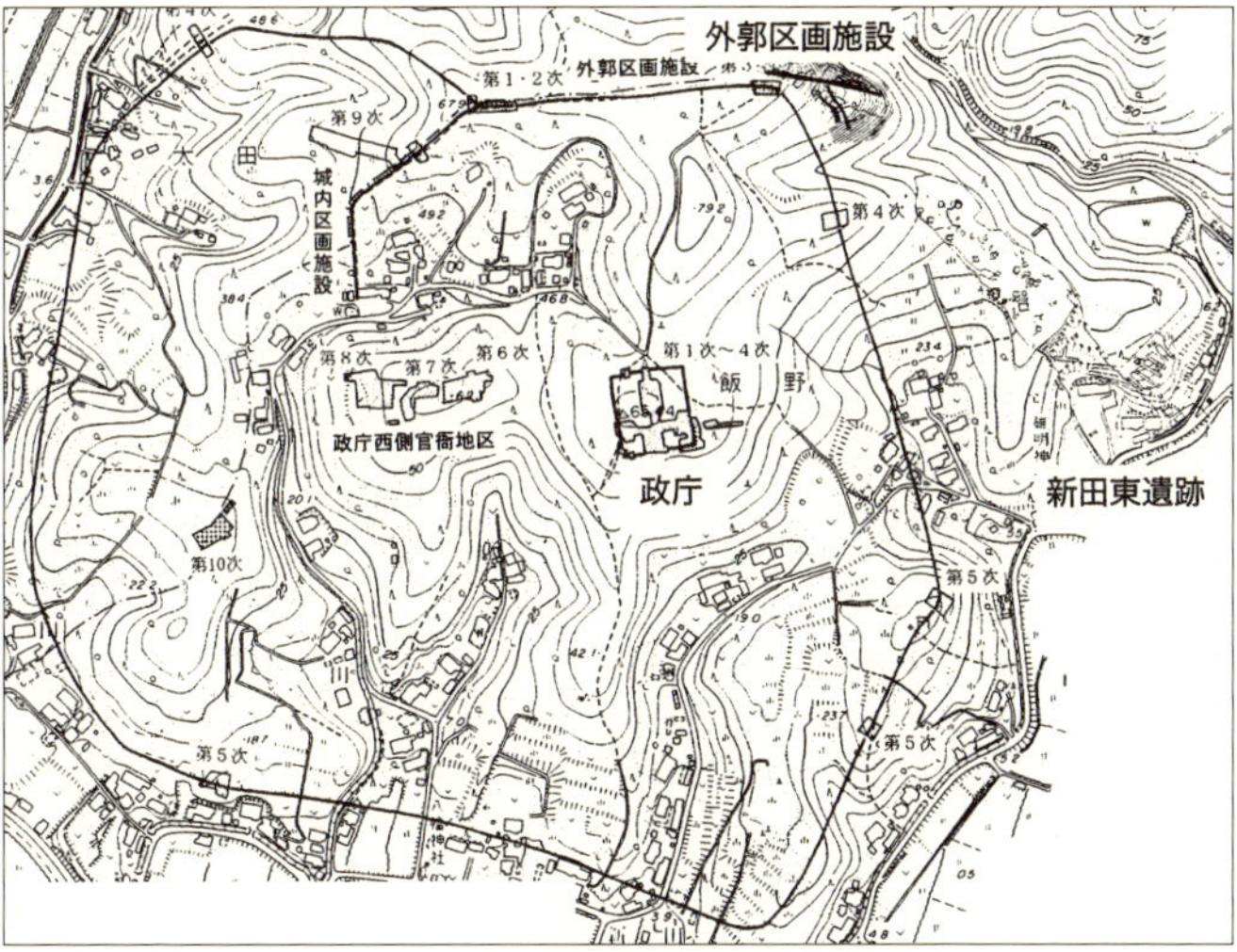

桃生城跡全体図
（村田晃一「三重構造城柵論」［『宮城考古学』 6，2004年］より）

「律令国家形成期の陸奥国牡鹿地方(2)」)。すなわち当時の牡鹿郡の東の境界は北上川と迫《はさま》川を結ぶラインであったと考えられ、桃生城はそれまで蝦夷の地との「国境線」でもあった北上川を東に踏み越え、対岸の蝦夷社会側の領分に造営された城柵であったことがうかがえるのである。

なお『続日本紀』天平宝字二年六月辛亥（十一日）条には次のようにみえ、桃生城の造営とも深く関わる記事のように推察される。

陸奥国言さく、「去年八月より以来《このかた》、帰降《まつろ》へる夷俘、男女惣《すべ》て一千六百九十余人なり。或は本土を去り離れて、皇化に帰慕し、或は身は戦場に渉りて、賊と怨を結ぶ。惣て是れ新《あらた》に来《まい》りて良《まこと》に安堵せず。亦《また》、夷の性は狼心《ろうしん》にして、猶予して疑多し。望み請はくは、天平十年閏七月十四日の勅に准《なずら》へて、種子を量り給ひ、田佃《つく》ること得しめて、永く王民として、辺軍に充てむことを」とまうす。これを許す。

陸奥国内では、天平宝字元年八月より一年足らずの間に一六九〇余人の蝦夷・俘囚が帰降してきており、このとき天平十年（七三八）閏七月十四日の勅（天平九年の陸奥出羽連絡路開削事業が進められた際に国家側に身を寄せてきた蝦夷・俘囚に対して発されたもの）に準じて、彼らに水田耕作を営ませて王民とし、辺境守備軍に充てることが定められている。記事中にはそれらの帰降夷俘について、「或は本土を去り離れて、皇化に帰慕し、或は身は戦場に渉りて、賊と怨を結ぶ」と述べられており、国家側社会と蝦夷社会との交通・物流の大動脈であり「国境線」でもあった北上川を踏み越えておこなわれた桃生城の造営が契機となって、蝦夷社会の内部に分裂や内紛の種子がもたらされていた可能性は大いに考えられる。国家の後ろ楯を頼みに近隣の集団よりも優位に立とうとする親国家的なグループと、同城造営を快く思わず、親国家的なグループに対してもつよく反発する反体制的なグループとの対立関係がにわかに形成されていったのかもしれない。この段階ではまだ局地的で小規模な小競り合いにすぎなかったようであるが、蝦夷集団同士の紛争もその間たびたび発生していたようである。

桃生城は、なぜか先に示した雄勝城の場合に比して柵戸の移配記事が少ない。天平宝字三年に一〇〇〇人の浮浪人が柵戸として桃生城下に移住させられたけれども、次節で説明するようにその多くは逃散してしまったようで、なかなか城下への定着が難しかったらしい。他方で一六九〇余人もの蝦夷・俘囚が陸奥国に帰降しているのをみれば、あるいは桃生城下にはこの頃、内国より移住した柵戸を上回るほどの蝦夷系住人が居住していたのかもしれない。

桃生城・雄勝城の遺跡

桃生城の遺跡は宮城県石巻市の旧河北町・旧桃生町の境界に跨る丘陵上にあり、約六五〇メートル四方の不整形の外郭線をもつ。外郭施設は築地塀《ついじべい》・材木列塀と土塁《どるい》で構成されており、その内側の東寄りに東西六六メートル、南北七二メートルの築地塀で囲まれた政庁が設けられている。また政庁跡の西側には城内を東西に二分する区画施設の痕跡がある。宝亀《ほうき》五年（七七四）の海道蝦夷による桃生城襲撃事件の際には反乱軍が「桃生城を侵してその西郭を敗《やぶ》」ったとみえているが（『続日本紀』同年七月庚申［二十三日］条）、発掘調査によれば政庁周辺や東西区画施設の西側区域の施設・建物の多くは八世紀後期頃に火災で焼失したことが確認されている。また被災後に復興されることはなかったらしい。

なお近年、外郭線東辺より東に張り出した区域において、桃生城と同時期に存在していたとみられる大規模な集落跡（新田東《しんでんひがし》遺跡）が発見されており、柵戸や鎮兵が居住した村ではなかったかと推測されている。興味深いことに、調査された竪穴住居の竈《かまど》の形状をみると、煙道《えんどう》（煙を屋外へ逃がすための設備）が長い在地蝦夷系のものが多く、関東系の特徴をもつものが少ない。この村の住民相を反映するものであろうか。またある竪穴住居からは須恵器焼成用の窯で焼かれたとみられる土製の三重小塔が出土しており、法隆寺《ほうりゅうじ》などに現存する陀羅尼経《だらにきょう》を納めた木製の百万塔《ひゃくまんとう》（天平宝字八＝七六四年の藤原仲麻呂［恵美押勝］の乱後、称徳天皇が戦死者の冥福を祈るために発願《ほつがん》・製作）に形状がやや似ている。仏教を篤信する人々も住んでいたのであろう。

他方の雄勝城については、残念ながら現時点では遺跡そのものは未発見である。しかし近年の考古学方面の研究成果によれば、八世紀中頃～後半に造営された在地蝦夷豪族の墳墓群である蝦夷塚《えぞづか》古墳群、七世紀後半～八世紀中頃の集落遺跡である釘貫《くぎぬき》遺跡、奈良時代の須恵器《すえき》や瓦を出土した十三塚《じゅうさんづか》遺跡などが所在する秋田県横手市雄物川町の雄物川東岸あたりに所在した可能性が指摘されている。

桃生・雄勝城と北上盆地

桃生・雄勝二城は併行して造営事業が進められほぼ同時に完成したが、両城の位置関係は何にもとづいて設定されたのであろうか。ともに「国境線」を蝦夷社会の領分側に踏み越えて造られたことは明らかであるが、なぜそれらの建設地が北上川下流域と横手盆地南半の雄物川上流域であったのか。おそらくその理由は、二城柵の造営地点がともに北上盆地との交通・物流に至便な要衝の地であったことに求められよう。

まず雄勝城の立地についてみてみれば、先述のように横手市雄物川町あたりに所在した可能性が高いとすると、そこは北上盆地との交通に至便であるうえ、雄物川の河川交通とも結接する要衝の地であった。東北地方北部において奥羽山脈越えが最も容易であったのが、国道一〇七号線・JR北上線沿いの横手市より岩手県北上市へと抜けるルートであったことはよく知られている。すでに天平九年（七三七）の陸奥出羽連絡路開削事業の際、和賀地方（北上市周辺）を本拠とする蝦夷豪族和我《わが》君一族の計安塁《けあるい》が広く山道《さんどう》蝦夷を鎮撫する役割を担わされたのも、彼がこのルートを通じて雄勝村方面の蝦夷集団と親密な交流をもっていたことが関係していたようにうかがわれる。なお雄勝城の造営予定地は、おそらく天平宝字年間の造営事業の直前に決められたものではなく、すでに天平五年（七三三）の雄勝建郡計画段階において概ね定められていたのであろう。

雄勝城には造営計画の当初より、北上盆地との交通機能がきわめて重要な役割として想定されていたとすれば、天平九年の奥羽連絡路建設や雄勝の地における城柵造営計画などに対して、陸奥国側の山道・海道地方に住む広範な蝦夷集団が不安や恐れを懐いたことは、それほど奇異なことではない。古墳時代以来南北間の交易拠点として発展してきた胆沢の地を擁する北上盆地は、東北北部各地よりもたらされた蝦夷社会の富＝交易物資の一大集散地だったのであり、道路建設や雄勝への城柵造営によって、蝦夷社会にとっての経済面での生命線が脅かされることになるかもしれないと警戒されたのであろう。

しかし和我君計安塁や遠田君雄人らによる山道・海道蝦夷への説得や、その後の奥羽両国司らによる根気強い懐柔工作が次第に功を奏していき、天平宝字元年頃までには雄勝城造営の準備がほぼ整えられた。そうしたところ、おりしもその頃都で専権を確立しつつあった藤原仲麻呂の周囲では、北上盆地に通じるもう一つの交通の要衝の地である北上川下流域に城柵を造営する計画も併せて浮上してきたのである。それが陸奥国桃生城造営計画であった。

桃生城は、石巻市街方面に南流する古代北上川本流の河口と、同城の南方を東流し追波《おっぱ》湾にそそぐもう一つの河口（現在の北上川本流［追波川］の河口）の二つの河口を抑え、まさに北上川河川交通の全体を制御下に置くかのような要衝の地に立地する。桃生城は後者の河口を介して太平洋沿岸地域の蝦夷社会に対する支配機能を担っていたが（同城は牡鹿柵より海道蝦夷に対する支配機能を引き継いだものとみられる）、同時に北上川中・上流域の蝦夷社会に対しても、地の利を十分に生かし重大な影響力を行使していたと考えられる。

ただし前述のように、桃生城造営の際には蝦夷集団同士の小規模な紛争なども周囲で発生しており、また城下への柵戸の定着度もかなり弱く、完成当初から城柵として十全な機能を果たしていたかはやや疑問の余地もある。おそらく桃生城下では、同城の完成後にも柵戸の確保や、懐柔政策による蝦夷豪族の取り込みなどの努力が続けられたとみてよいであろう。

ともあれ、以上のように桃生・雄勝両城は、それぞれ南方・西方より北上盆地への連絡が容易な交通の要衝に造営された。もちろん両城の立地の理由はただそれだけに留まるのではなく、桃生城の場合は海道蝦夷に支配をおよぼすうえでの利便性もあり、また雄勝城の場合は雄物川水上交通を介して秋田城への後方支援をおこなう意図も付随していた。しかしやはり、北上盆地の蝦夷集団に対する政治的支配の進展をめざす政策基調の下に、これら両城が互いに関連性をもちながら計画的に配置されたということはおそらく間違いないところであろう。

胆沢への影響

桃生・雄勝両城が完成した頃、阿弖流為の年齢は七〜一二歳くらいであったと推定される。ようやく物心がついたばかりの幼児にすぎなかったのかもしれないし、あるいは将来に志を懐く多感な青年であったかもしれない。彼が暮らしていた胆沢の地には、両城造営による影響はどのようなかたちでおよんでいたのであろうか。

桃生城造営の際には一部で蝦夷集団同士の紛争も発生したが、それらは同城の造営が雄勝城の場合とは異なり、周囲の地域の蝦夷社会に対して十分な政治的働きかけをおこなわないまま進められたことに起因していたようであり、おそらく阿弖流為が住む胆沢の地やその周辺において険しい蝦夷集団同士の戦闘や対立が惹き起こされたわけではなかったと思われる。むしろ逆に両城の造営は、胆沢・和我・志波村など北上盆地の多くの蝦夷村に対して、経済的繁栄などの活性化をもたらす作用をおよぼしていた可能性が高いであろう。

まず和賀地方の譜代族長家であった和我公（君）氏は、天平九年の陸奥出羽連絡路開削事業の段階より雄勝城造営を推進する立場にあり、天平宝字三年の雄勝城完成以後には、同城経由での国家側勢力との交流・交易においてきわめて重要な役割を果たすようになったと推察される。

また前章でみたとおり、考古学的知見によれば、阿弖流為ら大墓公一族の勢力が八世紀後半頃に全盛期を迎えていたと考えられることにも大いに注目される。桃生城が、北上川河川交通を国家側勢力が強力に掌握しようとする意図の下に造営されたことはまず間違いなく、他方で北上川舟運の交易港である「日上の湊」を擁した大墓公一族が同城造営以降の八世紀後半期に大いに繁栄していたということは、二つの事象の間に深い因果関係があったとみるのが自然である。すなわちそれらの出来事は互いに連動していて、桃生城の造営計画（天平勝宝八歳［七五六］頃にはすでに策定が進められていたと思われる）がきっかけとなって北上川中流西岸の地に拠点集落を有していた大墓公（君）一族の存在が律令国家側勢力の注視するところとなり、その地に「日上の湊」が設置されるとともに、大墓公（君）一族の族長であった阿弖流為の父か祖父に対してその河港を拠点とする南北間交易の現地管理が委ねられることになったのではなかろうか。それまでは胆沢の地の譜代蝦夷族長家であった胆沢公一族の支族として、北上川舟運を介した交易にそれなりの関わりをもっていたにすぎなかった大墓公（君）一族であったが、律令国家による登用を契機として一躍急成長を遂げることとなり、桃生城を中心拠点とした国家による北上川舟運機構の管理を部分的に代行する役割をも担わされることになったものと考えられる。

おそらく阿弖流為はこの頃、急速に台頭していく一家・同族の人々とともに豊かで満ち足りた生活を送っていたのであろう。当時の阿弖流為の精神的な成熟のありようが摑めないのが少し歯痒いところであるが、その頃の彼は、よもや自分たちの一族をも後に巻き込むことになる戦乱の時代が十数年後より始まるなどとは夢にも思わなかったに違いない。

3　伊治城《これはり》造営

伊治城の造営記事

桃生・雄勝の両城に遅れること八年、神護景雲《じんごけいうん》元年（七六七）十月には陸奥国の栗原地方に新たな城柵が造営された。伊治城である。まずは『続日本紀』中の造営記事を掲げる。

勅したまはく、「陸奥国の奏する所を見て、即ち伊治城作り了《おわ》れることを知りぬ。始《はじめ》より畢《おわり》に至るまで、三旬に満たず。朕甚だ嘉《よみ》す。夫《そ》れ危に臨み生を忘れて、忠勇乃《すなわ》ち見《あらわ》れ、綸を銜《ふく》み命を遂げて、功夫《くうふ》早《すみやか》に成る。但《ただ》城を築き外を制するのみに非ず、誠に戎《じゅ》を減し辺を安《やすみ》すべし。若《も》し裒《ほう》進《しん》せずは、何ぞ後徒《こうと》を勧めむ。酬賞を加へて式《もち》て匪躬《ひきゅう》を慰むべし。その従四位下田中朝臣多太麿《ただまろ》に正四位下を授く。正五位下石川朝臣名足《なたり》・大伴宿禰益立に正五位上。従五位下上毛野朝臣稲人《いなひと》・大野朝臣石本《いわもと》に従五位上。その外《げ》従五位下道嶋宿禰三山《みちしますくねみやま》は首《かみ》として斯《こ》の謀を建て、修成築造す。今その功を美《ほ》めて、特に従五位上を賜ふ。また、外従五位下吉弥侯部真麿《きみこべのまろ》、国に徇《したが》ひ先を争ひて、遂に馴服《じゅんふく》せしむ。狄徒《てきと》帰するが如し。進めて外正五位下を賜ふ。自余の諸軍の軍毅已上《いじょう》と、諸国の軍士、蝦夷・俘囚等との、事に臨みて効有り、叙位すべき者は、鎮守将軍、並に労に随ひて等第《とうだい》を簡《えら》び定めて奏聞すべし」とのたまふ。

（『続日本紀』神護景雲元年十月辛卯［十五日］条）

これによれば、伊治城は造営開始より完成までの所要期間が「三旬」（三十日）にも満たなかったという。異例の突貫工事であった。

また、「但城を築き外を制するのみに非ず、誠に戎を減し辺を安すべし」とみえる点にも注意を要する。城柵を築くことは確かに「外を制する」ためであるが、通常城柵の新設にはそれを守衛するための兵力配置を必要とするから、「戎を減」ずるどころか、逆に常備軍の増設すら必要になりそうなものである。

その疑問を解くカギは記事の後半にある。俘囚の有力者とみられる吉弥侯部真麻呂（真麿）という人物が国家の命を承けて懐柔をおこなったところ、蝦夷・俘囚らは先を争い自ら進んで馴服したというのである。また伊治城造営より約一年後の神護景雲三年（七六九）六月には栗原（伊治《これはり》・此治）郡が建てられたが、後に詳述するように、さらにそれより十年ほど後には同郡の大領《たいりょう》の地位に現地の蝦夷族長である伊治公呰麻呂《これはりのきみあざまろ》が就けられている。呰麻呂がすでに伊治城造営の頃から多大な貢献を果たしていたこともおそらく間違いなかろう。すなわち伊治城は、当初から多くの蝦夷豪族や蝦夷系有力者による貢献や支援を受けて造営された城柵だったと考えられるのであり、この城柵があまり陸奥国の正規軍の軍事力に依存しなかったらしい点も、あるいは蝦夷や俘囚らの保有する武力が数多くその常備軍に充当されていたためであった可能性がある。

伊治城の遺跡

伊治城の遺跡は宮城県栗原市築館町《つきだて》城生野《じょうの》の河岸段丘上の低地帯に立地し、東西約七〇〇メートル、南北約九〇〇メートルの北側が広がる帆立貝型の外郭線をもつ。外郭施設は南側のみが築地塀で、ほかの部分は土塁と大溝によって構成されている。外郭線で囲まれた敷地内部の南寄りに東西一八五メートル、南北二四五メートルの平行四辺形の平面形をもつ築地塀で囲まれた内郭があり、さらにその内側のほぼ中央に東西五四～五八メートル、南北六〇～六一メートルの築地塀で囲まれた政庁が置かれている。通常の城柵は外郭と政庁の二重構造によって成るが、伊治城はやや変則的な三重構造の城柵である。

また、敷地全体の三分の二もの面積を占める外郭内の北部（内郭の北側の部分）は竪穴住居を主体とした広大な住居域になっており、発掘調査によれば、その区域内における竪穴住居の竈《かまど》のタイプは煙《えん》道《どう》が長い在地蝦夷系が五二・九パーセント、関東系が四七・一パーセントの割合で構成されていた（村田晃一「三重構造城柵論」）。おそらくそこには柵戸や帰服した蝦夷系住人、伊治城を守衛する内国系・蝦夷系双方の兵士らが居住していたのであろう。そのようなこの区域における住民相の特徴は、同城が蝦夷系勢力による多大な貢献・支援を受けて成立・機能したとの先に述べた推察とも符合するものであり、たいへん興味深い。

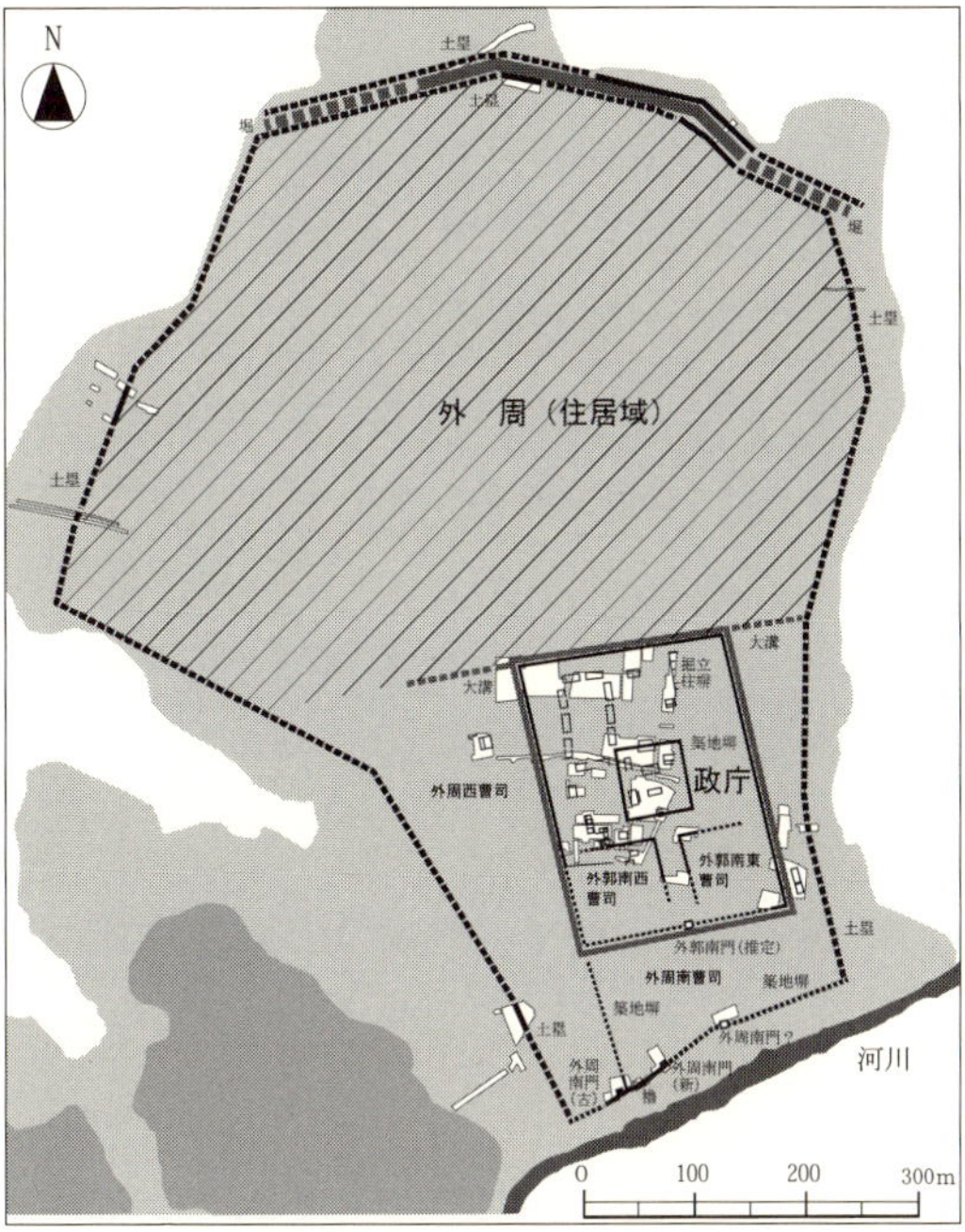

伊治城跡全体図（村田晃一氏作成）

伊治城の建物遺構には三時期の変遷がある。Ⅰ期は神護景雲元年の創建によるものであり、Ⅱ期はその後改築されたもので、宝亀十一年（七八〇）の伊治公呰麻呂の乱の際の火災で焼失している。Ⅲ期はその後復興されたものであり、その終末は明確ではないが概ね九世紀初頭頃には廃絶したと考えられている。

最終期のⅢ期には官衙的な掘立柱《ほったてばしら》建物の数がかなり減り、それとは逆に竪穴住居の数が激増している。伊治城跡は、律令国家と蝦夷社会との大戦争の前後における城柵内の様相の変化を如実に伝えている点で、たいへん貴重な城柵遺跡であるといえよう。

伊治城もまた、先にみた桃生・雄勝両城と同様にその立地に重要な意味が見出される。その地は陸奥国府多賀城より北へ五二キロメートルに位置し、北を二迫《にのはさま》川に、南から東にかけてを迫《はさま》川に、西を北より入り込む大きな沢によってそれぞれ画された独立丘陵上に構築されており、迫川の流路を介して北上川本流と連絡が容易なうえに、現在の国道四号線に相当する古代の官道（東山道の延長路＝「山道」陸路）がごく付近を縦走していたとみられている。まさに水・陸二道の要衝と称するにふさわしい立地だったのである。

論功行賞

再び伊治城の造営記事に注目しよう。そこには論功行賞の叙位を受けた七人の名が連ねられている。これらの人名には肩書きが付されていないが、従四位下から正四位下に叙された田中多太麻呂《ただまろ》（多太麿）はこのとき陸奥守兼鎮守将軍、正五位下から正五位上に叙された石川名足・大伴益立はそれぞれ鎮守副将軍・陸奥介であったことが知られており、以上の三人はいずれも伊治城完成時において陸奥国・鎮守府を領導する立場にあった。ただし名足については、鎮守副将軍への任官は伊治城完成よりわずか三カ月前の天平神護三＝神護景雲元年七月十日のことであり、しかも備前《びぜん》守との兼任であるので、同城の造営に実質的な功績がどれだけあったのかという点にはやや疑問が残る。

従五位下より従五位上に叙された上毛野稲人と大野石本の二人は、ともに同年一月に正六位上より従五位下へ進んだことがみえ、わずか一年足らずのうちに通貴《つうき》（四位・五位）への壁を越え二級も昇進している。陸奥国の掾（大掾・少掾）か鎮守府の軍監《ぐんげん》の任にあった可能性もあるが、定かではない。

なお上毛野氏には、八世紀前期に陸奥国で活躍した人物に小足《おたり》（和銅元年［七〇八］一月に陸奥守となる。時に従四位下）・安麻呂《やすまろ》（和銅二年［七〇九］七月に陸奥守となる。時に従五位上）・広人（養老四年［七二〇］九月に陸奥国の蝦夷反乱に遭い死亡。時に陸奥出羽按察使正五位上）らがおり、大野氏にも、神亀（七二四―二九）・天平（七二九―四九）年間に陸奥国で顕著な功績を挙げたことで有名な東人（神亀元年に鎮守将軍の任にあり、天平九年［七三七］一月には陸奥出羽按察使兼鎮守将軍従四位上、天平十二年［七四〇］頃まで按察使の任に留まる。極官・最高位は参議《さんぎ》従三位）がいる。上毛野・大野両氏ともに北関東の上野国にルーツをもつ氏族で、あるいは伊治城の造営においては稲人や石本ら上毛野・大野両氏の活動を介して、北関東方面より人的・物的支援が盛んにおこなわれていたのかもしれない。

その後にみえる道嶋三山こそは、「首として斯の謀を建て、修成築造す」と明記されているように、伊治城造営の実質的な推進主体であり最大の功労者であった。彼はこのときいわゆる外位《げい》である外従五位下より内位（通常の位階）の従五位上に叙されたが、従五位上は通貴と称される中央貴族官僚並みの高位である。すなわち三山は、道嶋氏という陸奥国牡鹿郡を本貫《ほんがん》（本籍地）とする地方豪族の出でありながら、このとき中央貴族官僚と同等の厚遇を与えられることとなったのである。

また最後に名が挙がっている吉弥侯部真麻呂は俘囚出身の人物であり、道嶋三山に協力して広く蝦夷・俘囚らに働きかけ、造営事業への協力や伊治城下への移住などをうながし、大きな成果を挙げたものと考えられる。なおこの真麻呂はその後に幾度か政治的立場を変じたようで、宝亀十一年（七八〇）の伊治公呰麻呂の乱の後には反乱した蝦夷の側について位階を剝奪されたが、延暦十一年（七九二）十月には再び「外虜《がいりょ》を懐《なず》」けた功によって外従五位下に復した。だが彼はそのような反覆定まらぬ行動により、次第に周囲の一部の俘囚らより憎悪の念すら懐かれるようになっていき、ついには延暦十四年（七九五）に大伴部阿弖良《おおともべのあてら》という名の俘囚の手にかかり殺害され生涯を閉じている。

前掲の伊治城の造営記事中でその功績が讃えられている道嶋三山は、二年前の天平神護元年（七六五）十二月に従六位下より外従五位下に昇進し、同城完成の三カ月前の天平神護三＝神護景雲元年七月には陸奥少掾に任じられている。後にみるように、道嶋宿禰一族は阿弖流為ら大墓公一族とも深い関わり合いがあったように推察されるので、どのような性格の氏族であったのかについて少し説明しておきたい。

道嶋宿禰一族

道嶋宿禰氏といえば、ちょうどその頃中央政界で栄進を重ねていた嶋足《しまたり》が最も有名である。同氏は元々は丸子《まろこ》氏で、天平勝宝五年（七五三）六月に外従六位下丸子牛麻呂・正七位上丸子豊嶋《とよしま》ら二四人が牡鹿連《むらじ》の姓を与えられ、次いで同年八月に大初位《だいそい》上の位階をもっていた嶋足にも同じ姓が与えられた。その後、天平勝宝九＝天平宝字元年（七五七）に平城京で起こった橘 奈良麻呂《たちばなのならまろ》の変の際に、牡鹿嶋足は、坂上苅田麻呂《さかのうえのかりたまろ》（征夷副将軍・征夷大将軍を務めた田村麻呂の父）らとともに藤原仲麻呂方の勇者として奈良麻呂方から大いに警戒されていたことが知られているが、その政争に勝利し権勢を誇った仲麻呂が一転して逆賊として討たれた天平宝字八年（七六四）の藤原仲麻呂（恵美押勝）の乱では、今度は孝謙《こうけん》太上《だじょう》天皇《てんのう》方につき、孝謙女帝側の掌中にあった鈴印《れいいん》（駅馬の利用許可のしるしである駅《えき》鈴《れい》と天皇御璽《ぎょじ》の内印《ないいん》）を奪って逃走した仲麻呂の子息訓儒麻呂《くずまろ》らを苅田麻呂とともに射殺する戦功を挙げた。嶋足は乱後に、称徳《しょうとく》天皇（孝謙太上天皇が重祚《ちょうそ》）と道鏡《どうきょう》によって従七位上より従四位下へと抜擢され、牡鹿宿禰の新姓を与えられた。その後彼は授刀少将《じゅとうのしょうしょう》・相模守に任じられ、天平神護元年（七六五）一月には勲二等を授かり、翌月には近衛員外中将《このえのいんげのちゅうじょう》となり、その後道嶋宿禰の新姓を与えられた。さらに翌天平神護二年（七六六）二月には正四位下に、同年十月には正四位上に進んでいる。

牡鹿郡の地方豪族であった丸子氏は天平勝宝五年以降、牡鹿連→牡鹿宿禰→道嶋宿禰と姓を改められ、急速にその政治的地位を高めていったが、それはこの一族が在地社会の中で自ら築いた実力の故であったというよりは、嶋足が都に出仕して以後、時の運にもめぐまれながら官人として作り上げてきた高い身分の故に実現したことであった（井上光貞「陸奥の族長、道嶋宿禰について」）。嶋足の同族であった三山が、神護景雲元年に地方豪族としては異例の陸奥少掾に任じられたことなどももちろん、中央政界における嶋足の栄達に負うところが大きかったのである。そしてこの時期の道嶋氏は、中央政界で嶋足が、陸奥国内で三山がそれぞれ一族を代表して中央・地方の政治に積極的に関与することを通じて、大いにその勢力を増大させていたのである。

また伊治城造営において三山が中心的な役割を果たしたことについては、律令国家が陸奥国内における道嶋氏の権威を蝦夷支配のために利用し、道嶋氏の側もそうした要請に応えることでさらに一族の中央・地方での政治的地位の強化を図るといった、双方の思惑の合致を背景としていたと考えることもできよう。

道嶋氏の起源

道嶋氏の祖である丸子氏については、本来上総地方（千葉県房総半島南部）の住人であり、七世紀中頃になって牡鹿地方へ移住してきたものであることが近年明らかにされた。『古屋家家譜《ふるやけかふ》』（山梨県笛吹《ふえふき》市一宮町の一宮浅間《いちのみやあさま》神社宮司の古屋家に伝来した系図）の記載中に、丸子連氏の祖である頬垂連公《つらたりのむらじのきみ》について「上総の伊甚屯倉《いじみのみやけ》を掌る」との注記があり、道嶋氏の前身の丸子氏は、元来丸子連氏の配下にあった伊甚屯倉（屯倉とはヤマト王権が地方を支配する拠点として置いた施設）の耕作民であったと推測されている。また道嶋一族の墓所と目される矢本横穴群《やもとよこあなぐん》（宮城県東松島市矢本町）の中に、房総半島南部のものと同形式の玄室《げんしつ》（横穴墓の主室で遺体を納める空間）をもつ横穴墓がいくつか見出されており、道嶋氏の祖が上総地方より移住してきたことを裏付けるものと考えられている（熊谷公男「道嶋氏の起源とその発展」）。矢本横穴群の造営は七世紀前半から中葉頃のあたりより始まったとみられており、おそらく丸子氏の移住開始もその頃のことであったと推定される。

なお七世紀代には、仙台平野や大崎平野においても坂東方面からの移民が数多く流入してきたことが知られている。やや横道にそれるが、道嶋氏という氏族の歴史的性格にも深く関わるところであるので若干触れておきたい。

仙台平野・大崎平野などの宮城県域では、七世紀代のいわゆる関東系土師器《はじき》（関東地方で製作された土師器の搬入品と関東地方系の技術の模倣によって現地で製作された土師器を併せた総称）が大量に見出され

矢本横穴群29号横穴（東松島市教育委員会提供）

ている。その中で最古のものは、仙台市太白区郡山遺跡のI期官衙成立前の集落や、同じく南小泉《みなみこいずみ》遺跡で出土した須恵器坏《つき》を模倣した土師器で、七世紀の早い時期のものである。なおこの時期の関東系土師器は千葉県北部の印旛沼《いんばぬま》周辺で出土する土師器と共通する特徴をもつ。

七世紀後半〜末頃では、大和《たいわ》町の一里塚遺跡や大崎市古川の権現山《ごんげんやま》遺跡・南小林《みなみおばやし》遺跡といった大崎地方の集落遺跡や、加美町色麻《しかま》の色麻古墳群などの横穴式石室をもつ終末期古墳群より多量の関東系土師器が出土しており、こちらは埼玉県北部から群馬県南部にかけての地域の土師器と類似している。なおこれらの関東系土師器を出土する集落には周囲に区画溝と材木列をめぐらした「囲郭《いかく》集落」が多く、関東地方からの移民集団を主体として形成された村であったと考えられている（村田晃一「飛鳥・奈良時代の陸奥北辺」）。

こうした坂東から宮城県域への移民という現象は七世紀以降に現われ、しかもそれが城柵の造営の前提をなしていたとみられることから、中央政権による政策的主導の下におこなわれた可能性も指摘されている（熊谷公男『古代の蝦夷と城柵』）。しかし他方では、「囲郭集落」には国家側社会と蝦夷社会との間の交易拠点としての役割が付随していたとも考えられ、坂東からの移民集団もただ単に国家の政策に従って強制的に移住させられたというよりは、蝦夷を相手とする交易の利を求めて進んで陸奥へ移り住んだという一面をももっていたと考えるべきであろう。道嶋氏の祖である丸子氏の場合も、やはり蝦夷との交易への欲求が牡鹿地方への移住の重要な契機をなしていたのではなかろうか。

伊治城造営の意義

伊治城造営直後の神護景雲元年十二月には、正四位上の嶋足が陸奥国大国造《だいこくぞう》に、同城造営の功によって外従五位下より従五位上に叙された三山が陸奥国国造にそれぞれ任じられている。一般に国造といえば、大化前代において各地域の有力豪族を任じて人の支配や物資の収取、部民《べみん》や屯倉《みやけ》の管理・経営などを担わせたものを指すが、ここで三山が任じられたのは、律令制下に一国一人ずつ置かれた祭祀を掌る神職の一種としてのいわゆる律令国造であったと一般に考えられている。一方嶋足が任じられた陸奥国大国造については他国に類例がなくその性格はほとんど明らかではないが、どうやら嶋足個人に対して、陸奥出羽按察使や陸奥守に比肩しうるような陸奥国全体におよぶ政治的権威を終身的に付与するために作り出された官職であったらしい。とすれば、三山の陸奥国国造への任命の方も、嶋足の大国造と一体のものであるからには、単に律令国造としての役割を付与されただけではなく、伊治・桃生両城を拠り所とした彼の陸奥国内における政治的権能を保障する一面をともなっていたと推察される。嶋足・三山が揃って大国造・国造に任じられたこの時点において、道嶋氏の隆盛は最盛期を迎えたといってもよい。

神護景雲二年（七六八）二月、すでに少掾より大掾に昇進していた三山は鎮守軍監を兼ね、翌三年

（七六九）二月には陸奥員外介《いんげのすけ》に任じられた。正員でない員外官とはいえ、陸奥国の在地豪族が国司の次官に抜擢されるという異例の人事であることには違いない。ちなみに当時三山の上席にあった陸奥介兼鎮守副将軍の田口安麻呂《たぐちのやすまろ》の位階は、三山よりも一階下の従五位下であった。また同年八月には陸奥守が正四位下の田中多太麻呂から正五位上の石川名足に交替したが、名足は伊治城完成のわずか三カ月前に鎮守副将軍となった人物で、あまり陸奥国での執政経験が豊かではなかった。要するに、三山の上席にあった守・介の両名はほとんど彼に掣肘《せいちゅう》を加えうるほどの実力をもってはおらず、事実上は員外介の三山こそが国政の実権を掌握していたといっても過言ではないような情況であった。さらにその上には大国造たる嶋足の重い権威が安座していたのであるから、まさに陸奥国政はひとり道嶋氏の掌中に帰していたと言ってもよかろう。

なおこうした道嶋氏の劇的な栄達については、嶋足が称徳天皇・道鏡より受けていた個人的な厚遇に起因するとみられる節がある。天平神護二年（七六六）十月に平城京にある隅寺《すみでら》（海竜王寺《かいりゅうおうじ》）の毘《び》沙門天《しゃもんてん》像の前で仏舎利《ぶっしゃり》が発見され、それを喜んだ称徳天皇が、仏道にもとづく道鏡の教導や善政を褒め、彼に法皇《ほうおう》の位を授けた。この仏舎利発見劇は山階寺《やましなでら》（興福寺《こうふくじ》）の僧基真《きしん》による詐偽であったことが二年後の神護景雲二年十二月に発覚するのだが、嶋足は仏舎利が発見された際、称徳天皇の詔により、道鏡をはじめ藤原永手《ながて》・吉備真備《きびのまきび》や道鏡の弟弓削浄人《ゆげのきよひと》らとともに褒賞にあずかり、正四位下より正四位上に昇叙されている。嶋足が称徳女帝と道鏡に重く用いられていたことを端的に物語るものであろう（新野直吉『東北古代史の基礎的研究』）。

なお伊治城よりも八年前に造営された桃生城は本来道嶋氏の本拠地である牡鹿郡に属し（後に牡鹿郡より桃生郡が分出）、また同氏はかつてより牡鹿郡の郡領氏族であったと考えられるから、桃生城がもともと道嶋氏の政治的影響下にあったであろうことはまず間違いない。つまり道嶋氏は神護景雲元年の段階で、桃生城だけでなく、北上盆地方面へ通じる「山道」の陸路を抑える伊治城の造営に主導的役割を果たし、それをも掌中に収めたのであった。言い換えるならば道嶋氏は、北上盆地の一大交易拠点である胆沢の地に通じる川の道と陸の道の両方を掌握することで、北方の蝦夷に対する律令国家の諸政策の策定・執行を推進する現地機関として自らを位置付けることに成功したのである。

道嶋氏と胆沢

伊治城造営が成った頃、阿弖流為の年齢は一五〜三〇歳くらいであった。最も若くみたとしても、その出来事がもつ意味についてそれなりに冷静かつ客観的に考えられるくらいの知性・理性は備えていたことであろう。すでに結婚して子どもを儲け、一家の家長として家族を守ることに意を注ぐ働き盛りの世代となっていた可能性も決して低くはない。

前述のように、この頃道嶋氏は川と陸の二つの道を介して、胆沢の地に対する影響力を飛躍的に増大させていったものと推察される。また第二章三節で説明したように、阿弖流為ら大墓公一族の本拠地の南端に位置する「日上の湊」の周辺地域こそは、まさに北上川水運の道と「山道」の陸路との合流地点と称するにふさわしい場所であった。

道嶋氏の掌握下にあった両城柵と胆沢の地とのそうした交通上のきわめて密接なつながりに注目するならば、伊治城の造営後より、道嶋宿禰一族と大墓公一族との間には、上司と下僚のようなある種の政治的支配・従属の関係が形成されていったと考えるのがそれなりに自然なのではなかろうか。すなわち、以前より国家側社会と蝦夷社会との交易の現地管理者としての役割を担わされてきた大墓公一族は、道嶋氏の本格的台頭をきっかけにそれまで以上に国家に重用されるようになり、同氏の下僚的存在としてその政治的傘下に組み入れられて、蝦夷政策の遂行を最前線においてサポートする役割をも与えられることになったのではあるまいか。

そうした情況の下で阿弖流為ら大墓公一族は、道嶋氏と利害をともにする部分では共同歩調をとりつつ、律令国家の支配秩序の枠内での平和共存の道を選択したものと考えられる。もちろんのこと当時の大墓公一族の中にはまだ、律令国家の政治的支配からの離脱を図ろうとするような動きはなかった。それどころか、道嶋氏からの庇護や支援によって、彼ら自身の蝦夷社会内部における政治的地歩が一段と強化されるという恩恵にも与《あずか》っていたように推察されるのである。おそらく当時の大墓公一族は、あらゆる蝦夷系豪族の中でも最も律令国家寄りの政治的スタンスをとる一群に属していたとみてよいと思われる。

4　建郡と移民

栗原建郡

神護景雲三年（七六九）六月、陸奥国に栗原郡が設置された（平川南「古代における東北の城柵について」）。『続日本紀』は「陸奥国に栗原郡を置く。本《もと》是れ伊治城なり」との短い記事を掲げるのみであるが（神護景雲元年十一月乙巳〔二十三日〕条。実は同三年六月乙巳〔九日〕の記事の錯簡《さっかん》）、この文章自体も一見簡潔なようできわめて難解であり、これまで研究者を大いに悩ませてきた。素直に読むかぎりはこのとき伊治城が栗原郡になったと解釈するほかないが、郡とは一定の領域をともなった地方行政区画の基本単位であるのに対して、城柵は蝦夷支配を目的として設置された施設を意味するから、伊治城が栗原郡になったということの意味そのものが整合的に理解しがたい。

それではこの不可思議な記事をいったいどのように解釈すべきか。実は「郡」の字には、地方行政区画を指す用法のほかに郡の拠点施設となる官衙（郡家）を指示する用法があり、後者の用法とみれば、城柵としての伊治城が神護景雲三年の栗原建郡の際に郡家とされたことを示すものと解釈することができる。ただそのように解釈した場合にも問題は残り、栗原郡家とされた後にも「伊治城」の名称が史料上にたびたびみえることの理由についての説明が必要になってくる。

その点については以下のように考えたい。すなわち伊治城は本来桃生城とともに、郡制支配をともなわない純然たる蝦夷支配のための城柵として造営されたが、完成後二年余を経てにわかに政策が変更され、新たに城内に栗原郡家が付設されるとともに、城下に栗原（伊治・此治）郡が建てられることとなったのであろう。しかし郡家が城内に付設された後にも、蝦夷支配のための城柵という本来の機能は廃絶されることなくかえって発展を遂げていったために、伊治城という名称自体はそのまま存続したのではなかろうか。

伊治・桃生両城下への移民

伊治城造営の翌年の神護景雲二年（七六八）十二月、称徳天皇の勅によって伊治・桃生両城に移住を願う者の課役《かえき》（律令制下の税目のうち、成年男子に賦課される調《ちょう》・庸《よう》・雑徭《ぞうよう》の総称）を免除することが決定された。注目すべきは、その勅の中で、陸奥国内のみならず、他国からの両城への移住もつよく奨励されていることである。本来律令の規定では、国の領域内での住民の移住については国司の処分に一任されていたが、国の境界を越えての移住については、本国の国司を通じていちいち中央の太政官に申請し許可を得なければならなかった（戸令居狭条《こりょうきょきょうじょう》）。このときの勅は、両城への移住の場合に限ってそうした規定を撤廃し、百姓の移住に関する規制を緩和したものと理解される（鈴木拓也「古代東北の城柵と移民政策」）。なお国内・国外から両城下への移住者には、次に掲げる賦役令在狭郷条《ぶやくりょうざいきょうごうじょう》に従って、「復《ふく》」（一定期間の課役免除）が与えられた。

凡《およ》そ人狭き郷に在り、寛《ゆたか》なるに遷り就かむと楽《ねが》はば、本居を去れる路程、十日以上ならば、復三年。五日以上ならば、復二年。二日以上ならば、復一年。一たび遷りて後、更に移ること得ず。

次いで翌神護景雲三年一月、農桑の利を求め桃生・伊治に移住しようとする者に対して、右の賦役令に定める給復規定を上回る「優復」を与えるよう、法令が改正された。

陸奥国言さく、「（中略）また、天平宝字三年の符を被《こうむ》りて、浮浪一千人を差《つかわ》して桃生の柵戸に配

律令制下の郡の等級

郡の等級	郷の数
大郡	16～20郷
上郡	12～15郷
中郡	8～11郷
下郡	4～7郷
小郡	2～3郷

す。本是れ情に規避《きひ》せむことを抱きて、萍《うきくさ》のごとく漂ひ蓬《よもぎ》のごとく転《まろ》び、城の下に至らむとして復《また》逃亡す。国司の所見の如くは、比国《ひこく》三丁《てい》已上の戸二百烟《えん》を募りて城郭に安置し、永く辺戍《へんじゅ》とせむ。その安堵せし以後、稍《やや》く鎮兵を省かむ」とまうす。官議して奏して曰はく、「夫《そ》れ土《くに》を懐《おも》ひ遷ることを重《はばか》ることは、俗人の常の情なり。今罪無き民を徙《うつ》して辺域の戍に配せば、物情穏にあらず。逃亡已《や》むこと無けむ。若し進み趁《おもむ》く人有りて、自ら二城の沃壌《おくじょう》に就きて、三農の利益を求むることを願はば、伏して乞はくは、当国・他国を論《あげつら》はず、便《たより》の任《まにま》に安置し、法の外《ほか》に復を給ひ、人をして遷ることを楽はしめて辺の守《まもり》とせむことを」といふ。奏するに可としたまふ。

（『続日本紀』神護景雲三年正月己亥［三十日］条）

勅したまはく、「陸奥国桃生・伊治の二城は、営造已に畢りぬ。厥《そ》の土沃壌にして、その毛豊饒《ほうじょう》なり。坂東の八国をして各《おのおの》部下の百姓に募り、如し情に農桑を好みて彼の地利に就く者有らば、則ち願の任に移徙《いし》し、便の随《まにま》に安置せしむべし。法の外に優復《ゆうふく》して、民をして遷ることを楽はしめよ」とのたまふ。

（同、同年二月丙辰［十七日］条）

右の二史料によれば、賦役令の給復規定（もとの居地より移住地までの路程が十日以上ならば三年分、五

～九日ならば二年分、二～四日ならば一年分の課役を免じる）以上の復（優復）を与えることで、桃生・伊治両城下への移民をつよく促していることが知られる。

次いで同年六月九日には、前述のように陸奥国栗原郡が置かれており、その二日後の十一日には「浮宕《ふとう》百姓二千五百余人」が「陸奥国伊治村」に移住させられている（『続日本紀』同年六月丁未［十一日］条）。建郡記事よりも「伊治村」への移民記事が若干遅れていることが少々気になるけれども、二五〇〇余人もの数多くの移民が定着することを見込んで、この頃に栗原郡が建てられたのであろう。なお二五〇〇人はだいたい二・五郷分ほどに相当する人口規模であり、律令の規定によれば二、三郷で小郡《しょうぐん》を、四～七郷で下郡《げぐん》を建てられることになっていたから（戸令定郡《ていぐん》条）、おそらく成立当初の栗原郡は二、三郷から成る小郡であった可能性が高いように思われる。

以上、栗原建郡をめぐる様相についてみてきたが、史料的な明証を欠くものの、ほぼ同時期に桃生城下にも桃生郡が建郡されたものと推測される。

桃生建郡

すでにみたように桃生城の造営は天平宝字三年（七五九）のことであったが、「陸奥国牡鹿郡に於て大きなる河を跨《こ》え峻《たか》き嶺を凌《しの》き、桃生柵を作りて賊の肝胆《きも》を奪ふ」といわれていたように、その時点では桃生城は牡鹿郡内に所在していた。一方桃生郡の初見史料は、『続日本紀』宝亀二年（七七一）十一月癸巳（十一日）条の「陸奥国桃生郡の人外従七位下牡鹿連猪手《いて》に姓を道嶋宿禰と賜ふ」という記事であり、桃生建郡の時期はその間に絞られる。

桃生城下の様相については二節でも触れたように、同城完成の前後に陸奥国内の浮浪人（「浮宕の徒」）や都で殺人を犯した僧らを柵戸に充てたことなども所見するが、同時期に造営された雄勝城に比べて柵戸移配記事が少ない。また雄勝城の場合、その完成とほぼ同時に雄勝・平鹿二郡が建置されているが、桃生城の方は完成当初はまだ牡鹿郡に属しており、城柵造営後の時点で独自に建郡がおこなわれていない点でも相違があった。

さらに先に掲げた『続日本紀』神護景雲三年正月己亥条によれば、桃生城では造営年である天平宝字三年に浮浪人一〇〇〇人を置いて柵戸としたにもかかわらず、逃亡者が続出し十分な定着をみなかったために、このとき陸奥国司は近隣諸国の協力によって、三丁以上の課丁をもつ二〇〇戸を桃生城下に移住させることを太政官に要請したことが知られる。それが果たしてどの程度の実現をみたのかはよくわからないが、もしほぼ要請どおりに実現したとすれば四郷分の人口規模となり、桃生城の周辺に下郡を建てることも可能となる。あるいはそこまでの成果の達成は無理であったとしても、坂東八国など他国からの支援をえることで、比較的短期間のうちに栗原郡と同様の小郡を建てることはできたのではなかろうか。

とすれば、桃生城を中心とした地域が牡鹿郡より分かれて桃生郡とされた時期は、やはり先にみた栗原郡の新置と同様に、桃生・伊治両城下への柵戸の移配が積極的に奨励された神護景雲三年頃であったと考えるのが最も穏当なところであろう。

栗原・桃生郡の郷

律令国家の地方行政制度では一般に、郡の下には郷（本来の名称は里。霊亀三・養老元＝七一七年に郷に改称）が置かれる。『和名類聚抄《わみょうるいじゅしょう》』（郡郷部《ぐんごうぶ》）によれば、栗原郡には栗原・清水・仲村・会津の四郷があったことが知られており、同郡にも郷制が布かれたことが確認できる。ここで注目されるのは会津郷であり、東北地方の古代郷名には移民の出身地名に因んだものが多いことが知られているから、栗原郡会津郷も陸奥国南部の会津郡からの移民を主体として置かれたと考えられる。なお『和名類聚抄』の一写本である名古屋市博物館所蔵本には「会津駅家」と記されており、会津郷に駅家《うまや》（駅路に置かれた駅使通行・宿泊のための施設）が付設されていた可能性をもうかがわせる。神護景雲三年六月に伊治城下に編附された「浮宕百姓二千五百余人」の中に会津郡出身者が数多く含まれていて、彼らを中心に編成して成ったのが会津郷であるという可能性は比較的高いように思われる。

一方の桃生郡には、同じく『和名類聚抄』によると、桃生・磐城・磐越《いわこし》（名古屋市博物館所蔵本では「般《（船カ）》越」）・余戸《あまるべ》の四郷があり、磐城郷は陸奥国南部の磐城郡からの移民に因んだ郷名とみられる。伊治城下の栗原郡に陸奥国内陸部で最南に位置する会津郡からの移民がみられたのに対して、桃生城下の桃生郡へは同国太平洋沿岸部で最南に位置する磐城郡から移民が送られていたことが確認されるのはきわめて興味深い。なお最後に挙げられている余戸郷とは、五〇戸を単位として郷を設置していく過程で最後に残された五〇戸未満の戸数で編成された郷のことである。

なお、右に紹介した『和名類聚抄』所載の郷名は、だいたい九世紀前半頃の状態を反映するものとみられている（池邊彌『和名類聚抄郡郷里驛名考證』）。つまりそれらの郷名の中には、両郡の成立段階には存在せず後にできたものも含まれている可能性がある点には注意しておきたい。

ところで、栗原郡の郷名と同じものが、黒川以北十郡やそれ以北の郡の中にも見出せる。まず栗原郡の東に接する新田郡と、同じく北に接する磐井郡（延暦十四＝七九五年頃の建郡か）には栗原郡と同じく仲村郷があり、田夷《でんい》身分の遠田公《とおだのきみ》（君）氏が郡領を務めた遠田郡にはやはり栗原郡と同じく清水郷がある（なお遠田郡は清水郷と余戸郷の二郷のみから成る）。新田郡の仲村郷については、木戸《きど》瓦窯跡《かわらがまあと》群《ぐん》（宮城県大崎市田尻）から「□□《（新田カ）》郡仲村郷他辺《おさべ》里長　二百長丈部呰人《はせつかべのあざひと》」とヘラ書きされた多賀城創建期の文字瓦が発見されているので、栗原郡の仲村郷もやはり同様に内国からの移民を主体とした郷だったのではなかろうか。また延暦十五年（七九六）十一月に相模・武蔵・上総・常陸・上野・下野・出羽・越後諸国から合わせて九〇〇〇人におよぶ民が伊治城に遷されたことが知られており、あるいは栗原郡仲村郷の成立はその頃で、その後同郡仲村郷の分村のようなかたちで磐井郡仲村郷ができたものかもしれない。他方で栗原郡の清水郷は、遠田郡の清水郷と名称が共通する点に注目すれば、あるいは少なからぬ田夷身分の蝦夷系住人をも包摂して編成された郷であった可能性も考えられる。

陸奥国は神護景雲年間に、国境を越えた移住に対する規制の緩和と税制上の優遇措置によって伊治・桃生両城下への柵戸移配を奨励し、その成果として栗原・桃生両郡の建郡を達成することができたとみられる。なお後の宝亀三年（七七二）十月には、前掲の神護景雲三年二月丙辰条の勅を理由に下野国の百姓八七〇人が同国に無許可で陸奥国へ移住したことを、下野国が課役逃れの違法行為として太政官に訴えたことが知られている（『続日本紀』宝亀三年十月戊午［十一日］条）。おそらく伊治・桃生両城下や周辺地域の人口は、その後次第に増加していったものと思われる。またそうした事象の背後では、やはり両城に対して多大な影響力をもっていた陸奥国の実力者道嶋宿禰一族の動向が強い影響を与えていたとみるべきであろう。

5　陸奥国内の有力者への一括賜姓

神護景雲三年（七六九）三月、陸奥国大国造道嶋嶋足《しまたり》の朝廷への働きかけにより、陸奥国内諸郡の住人計六四人に新たな姓が与えられた。やや長文であるが、次にその読み下し文を掲げる。

一括賜姓記事

イ陸奥国白河郡の人外正七位上丈部子老《はせつかべのこおゆ》、賀美《かみ》郡の人丈部国益《くにます》、標葉《しわ》郡の人正六位上丈部賀例努《かれの》ら十人に姓を阿倍陸奥《あべのみちのおくの》臣と賜ふ。安積《あさか》郡の人外従七位下丈部直継足《はせつかべのあたいつぐたり》には阿倍安積臣。信夫《しのぶ》郡の人外正六位上丈部大庭《おおにわ》らには阿倍信夫臣。柴田郡の人外正六位上丈部嶋足には安倍《あべ》柴田臣。ロ会津郡の人外正八位下丈部庭虫《にわむし》ら二人には阿倍会津臣。ハ磐城郡の人外正六位上丈部山際《やまぎわ》には於保磐城《おおのいわきの》臣。牡鹿郡の人外正八位下春日部奥麻呂《おきまろ》ら三人には武射《むざ》臣。曰理《わたり》郡の人外従七位上宗何部池守《そがべのいけもり》ら三人には湯坐曰理《ゆえのわたりの》連。ニ白河郡の人外正七位下靫大伴部継人《ゆきのおおともべのつぐひと》、黒川郡の人外従六位下靫大伴部弟虫《おとむし》ら八人には靫大伴《ゆきのおおともの》連。行方《なめかた》郡の人外正六位下大伴部三田《みた》ら四人には大伴行方連。苅田《かった》郡の人外正六位上大伴部人足《ひとたり》には大伴苅田臣。柴田郡の人外従八位下大伴部福麻呂《ふくまろ》には大伴柴田臣。ホ磐瀬郡の人外正六位上吉弥侯部《きみこべ》人上《ひとかみ》には磐瀬朝臣。宇多郡の人外正六位下吉弥侯部文知《ふみち》には上毛野陸奥公《かみつけののみちのおくのきみ》。名《ヘ》取郡の人外正七位下吉弥侯部老人《おきな》、賀美郡の人外正七位下吉弥侯部大成《おおなり》ら九人には上毛野名取朝臣。信夫郡の人外従八位下吉弥侯部足山守《たるやまもり》ら七人には上毛野鍬山公《くわやまの》。新田郡の人外大初位上吉弥侯部豊庭《とよにわ》には上毛野中村公《なかむらの》。信《ト》夫郡の人外少初位上吉弥侯部広国《ひろくに》には下毛野静戸公《しもつけののしずへの》。玉《チ》造郡の人外正七位上吉弥侯部念丸《おしまろ》ら七人には下毛野俯見公《ふしみの》。並に是れ大国造道嶋宿禰嶋足が請ふ所なり。

（『続日本紀』神護景雲三年三月辛巳［十三日］条）

このとき新姓を賜ったのは、丈部・春日部・宗何部・靫大伴部・大伴部・吉弥侯部といったいわゆる部姓《べせい》の人々がほとんどである。

賜姓された人々の地域分布をみてみると、白河・賀美・標葉三郡に住む丈部姓者がともに阿倍陸奥臣となり（傍線部イ）、白河・黒川二郡に住む靫大伴部姓者がともに靫大伴連となり（傍線部ニ）、名取・賀美二郡に住む吉弥侯部姓者がともに上毛野名取朝臣となる（傍線部ヘ）など、別郡に住む同姓者が一括されて新姓を与えられている例がめだつ。

なお傍線部ニについては、『和名類聚抄』には白河・黒川両郡に白川郷があり、両郡の靫大伴部氏はいずれも白川郷に居住していた可能性がある。また傍線部ハでは磐城郡の人である丈部山際が於保磐城臣の新姓を賜っているが（あるいは同郡磐城郷の住人であったか）、磐城郡と同名の磐城郷は名取・宮城・桃生三郡にもみえ、山際の一家の勢力がそれらの郡の丈部姓集団におよんでいた可能性もあろう。とすれば、桃生城下の柵戸集団に対して、山際が少なからぬ影響力をもっていたということも十分に考えられるように思われる。同様にして、傍線部ロで阿倍会津臣の新姓を賜った丈部庭虫らも、栗原郡に会津郷が存在したことから、伊治城下の柵戸集団と深い関わりをもっていた可能性が想定できるのではなかろうか。

また傍線部ホで磐瀬郡の住人である吉弥侯部人上が磐瀬朝臣の新姓を与えられているが（あるいは彼らの本拠は同郡磐瀬郷であったか）、磐瀬郡と同名の磐瀬郷が標葉・賀美両郡にもあり、人上はこれら両郡の吉弥侯部姓集団に対しても影響力をもっていた可能性がある。さらに傍線部トで下毛野静戸公の新姓を賜った吉弥侯部広国は信夫郡静戸郷の住人だったとみられるが、同名の静戸郷は伊具郡にもあるので、あるいは広国は伊具郡の吉弥侯部姓集団とも親密な関係をもっていたようにも推察される。

陸奥国内のネットワーク

一括賜姓記事の内容と右の考察をもとに整理してみると、(1)阿倍陸奥臣を賜った丈部姓のグループは白河・賀美・標葉の三郡、(2)阿倍〇〇（郡名）臣を賜った丈部姓のグループは安積・信夫・柴田・会津・栗原（伊治城下）の五郡、(3)於保磐城臣を賜った丈部山際の一家は磐城・名取・宮城・桃生（桃生城下）の四郡、(4)靫大伴連を賜った靫大伴部姓のグループは白河・黒川両郡、(5)磐瀬朝臣を賜った吉弥侯部人上の一家は磐瀬・標葉・賀美の三郡、(6)上毛野名取朝臣を賜った吉弥侯部姓のグループは名取・賀美両郡、(7)上（下）毛野〇〇（郷名）公姓を賜った吉弥侯部姓のグループは信夫・新田・玉造・伊具の四郡に（上毛野陸奥公を賜った宇多郡の住人吉弥侯部文知の一家はそれらの上位に位置していたか）、それぞれ近親や同族らを配してネットワークを形成していたと考えられる。それらのネットワーク全体の規模は、このときの賜姓者に関係する郡を数えれば全部で二二郡に達し、とくに名取郡以南の陸奥国南部には一五郡中一四郡とほぼ満遍なくおよんでいる（菊多郡のみがみえない）。

またここで注意されるのは、いずれのグループのネットワークも黒川以北十郡（賀美・玉造・新田・牡鹿の四郡）や桃生・伊治両郡といった辺境諸郡の在住者を含んでいる点である。いうまでもなく桃生・伊治両郡には桃生・伊治両城が置かれており、黒川以北十郡に属する賀美・玉造・新田・牡鹿の四郡には、玉造郡には玉造柵（大崎市古川の名生館《みょうだて》官衙遺跡）が、新田郡には新田《にいだ》柵（大崎市田尻町の大《おお》嶺八幡《みねはちまん》遺跡）が、牡鹿郡には牡鹿柵（東松島市矢本町の赤井遺跡）が、また賀美郡には城柵並みの築地塀の外郭施設をもった加美町宮崎の東山《ひがしやま》官衙遺跡がそれぞれ所在している点もかなり重要であろう。

このときの一括賜姓は栗原建郡の三カ月前のことであり、ちょうど桃生・伊治両城下への移民奨励政策が盛んにおこなわれていた時期にあたっている。栗原郡が成立した同年六月には、前述のように陸奥国内の「浮宕百姓二千五百余人」が伊治城下の伊治村に遷されているが、そうした両城下への柵戸移配政策においても、このとき新姓を賜った陸奥国内諸郡に本貫をもつ有力豪族たちが大きな貢献をなした可能性は少なからずあるように思われる。

黒川以北十郡の城柵

ここで、宮城県大崎平野を中心とする黒川以北十郡地域にこの頃所在したと考えられる城柵について触れておきたい。奈良時代中頃に同地域に存在した城柵の名のいくつかを伝えているのは、天平九年（七三七）の陸奥出羽連絡路開削事業に関わる『続日本紀』同年四月戊午（十四日）条である。

> 遣陸奥持節大使《けんりくおうじせつたいし》従三位藤原朝臣麻呂ら言さく、「去りぬる二月十九日を以て、陸奥国多賀柵[a]に到れり。鎮守将軍従四位上大野朝臣東人と共に平章《むけととの》ふ。且《ま》た、常陸・上総・下総・武蔵・上野・下野等の六国の騎兵、惣《すべ》て一千人を追《め》せり。（中略）仍《より》て、勇しく健《たけ》き一百九十六人を抽《ぬ》きて、将軍東人に委ぬ。四百五十九人を玉造らの五柵[b]に分け配る。麻呂ら余れる三百卌五人を帥《ひき》ゐて、多賀柵を鎮む。副使従五位上坂本朝臣宇頭麻佐《うづまさ》を遣して、玉造柵[c]を鎮めしむ。判官正六位上大伴宿禰美濃麻呂をして新田柵[d]を鎮めしむ。国大掾正七位下日下部宿禰大麻呂をして牡鹿柵[e]を鎮めしむ。自余の諸の柵[f]は旧に依りて鎮め守らしむ。廿五日、将軍東人、多賀柵より発つ。四月一日、使下《しげ》の判官従七位上紀《きの》朝臣武良士《むらじ》らと、委ねらるる騎兵一百九十六人と、鎮兵四百九十九人、当国の兵五千人、帰服《まつろ》へる狄俘二百卌九人とを帥ゐて、部内色麻柵[g]より発つ。（中略）」（後略）

右の史料中には、(1)多賀柵（傍線部a）、(2)玉造柵（傍線部c）、(3)新田柵（傍線部d）、(4)牡鹿柵（傍線部e）、(5)色麻柵（傍線部g）の五柵の名が所見している。他方で「玉造らの五柵」（傍線部b）という表現もみられるが、坂東六国の騎兵一〇〇〇人のうち「玉造らの五柵」に四五九人、多賀柵（＝多賀城）に三四五人が配置されたとあることから明確にうかがえるように、「玉造らの五柵」の中には

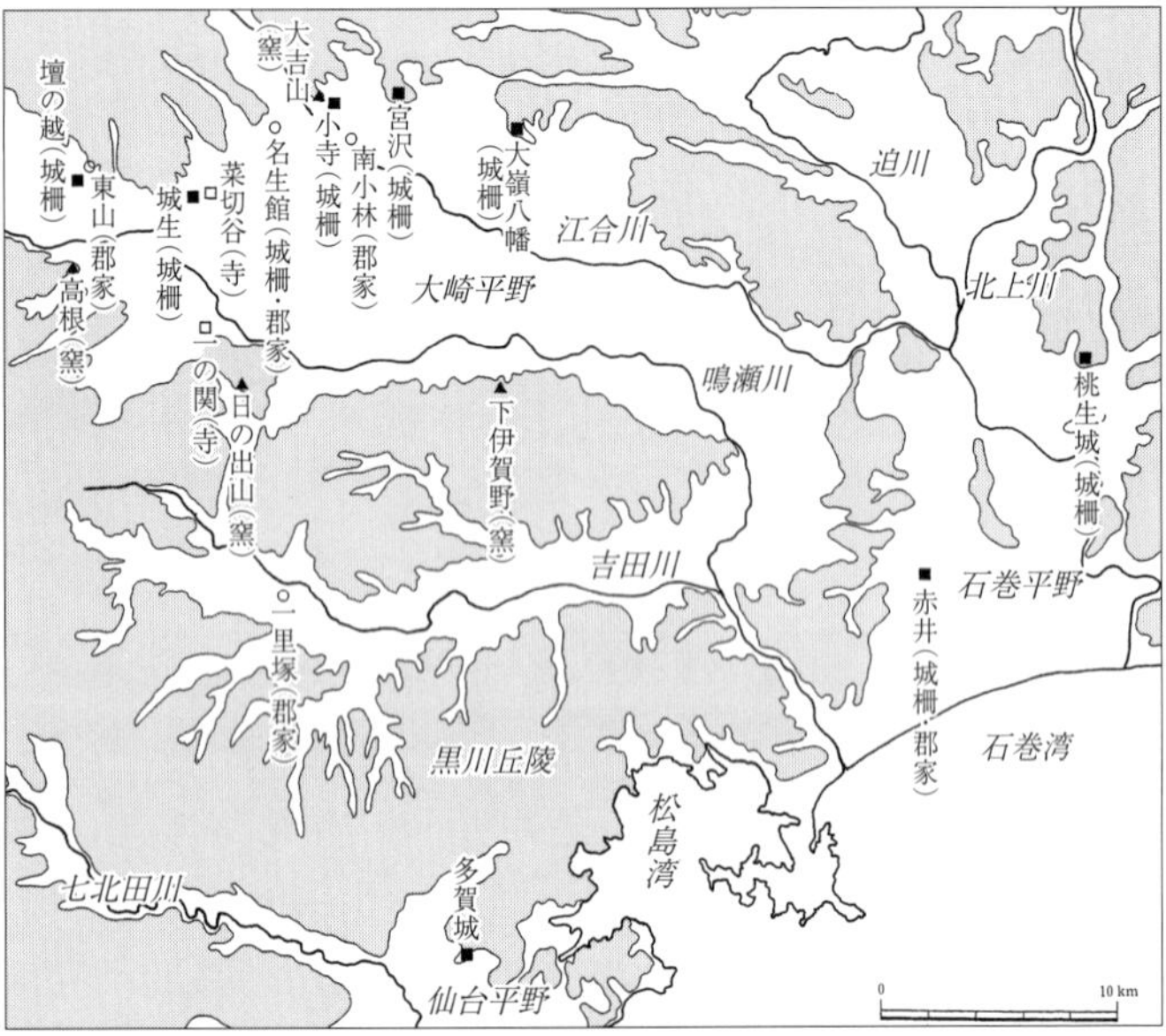

大崎・石巻平野の城柵と関連遺跡

（八木光則「城柵の再編」[『日本考古学』12，2001年] より）

陸奥国府所在城柵である⑴多賀柵は含まれていないと考えられる。また文脈上、「玉造らの五柵」に⑵〜⑷が含まれることは間違いないが、⑸色麻柵のみは唯一日付の異なるところにみえていて、「自余の諸の柵」（傍線部f）の中に含まれるものかどうかも判然としない。とすれば、「玉造らの五柵」とは、⑵玉造柵、⑶新田柵、⑷牡鹿柵、⑸色麻柵と名称不明の残り一柵から成るか、⑵玉造柵、⑶新田柵、⑷牡鹿柵と名称不明の二柵から成るかのどちらかということになり、天平九年の時点では黒川以北十郡の地には五、六以上の城柵が存在したものと考えられる。

「玉造らの五柵」に確実に該当す

るとみられる玉造・新田・牡鹿の三柵については、それぞれ名生館官衙遺跡・大嶺八幡遺跡・赤井遺跡という有力な遺跡擬定地がある（玉造柵の所在地をめぐっては、八世紀前期に大崎市古川の名生館官衙遺跡の地に造営され、宝亀十一＝七八〇年の伊治公呰麻呂の乱後に東北方六キロメートルの宮沢遺跡の地に移ったとする見解が有力視されている。柳澤和明「「玉造柵」から「玉造塞」への名称変更とその比定遺跡」）。また色麻柵についても、宮城県色麻町の城生柵跡《じょうのさくあと》が有力な遺跡擬定地として知られている。なお以上の四柵の擬定地と東山官衙遺跡は大崎平野の北縁に弧を描くように配置されており、これらの城柵群が黒川以北十郡の北縁を守護する防衛ラインをなしていたのではないかとも推測されている（八木光則「城柵の再編」）。

壇の越遺跡　前掲の一括賜姓記事において賜姓された者のうち玉造・新田・牡鹿三郡の住人としてみえる人々は、玉造柵・新田柵・牡鹿柵の城下かその近在に居住していたと推測される。たとえば傍線部チにみえる下毛野俯見公姓を与えられた吉弥侯部念丸《おしまろ》という人物は、玉造柵の擬定地である名生館官衙遺跡より一キロメートルほど南に位置する伏見廃寺《ふしみはいじ》（七世紀末〜八世紀初頭頃の創建）の付近を本拠としていたらしい。

また丈部国益（阿倍陸奥臣を賜姓）や吉弥侯部大成（上毛野名取朝臣を賜姓）らは賀美郡に居住しており、磐瀬朝臣を賜姓された磐瀬郡在住の吉弥侯部人上も前述のように賀美郡に活動拠点をもっていた可能性がうかがえる。

古代の賀美郡域に所在する東山官衙遺跡（宮城県加美町）は、築地塀で構成された外郭施設と、東

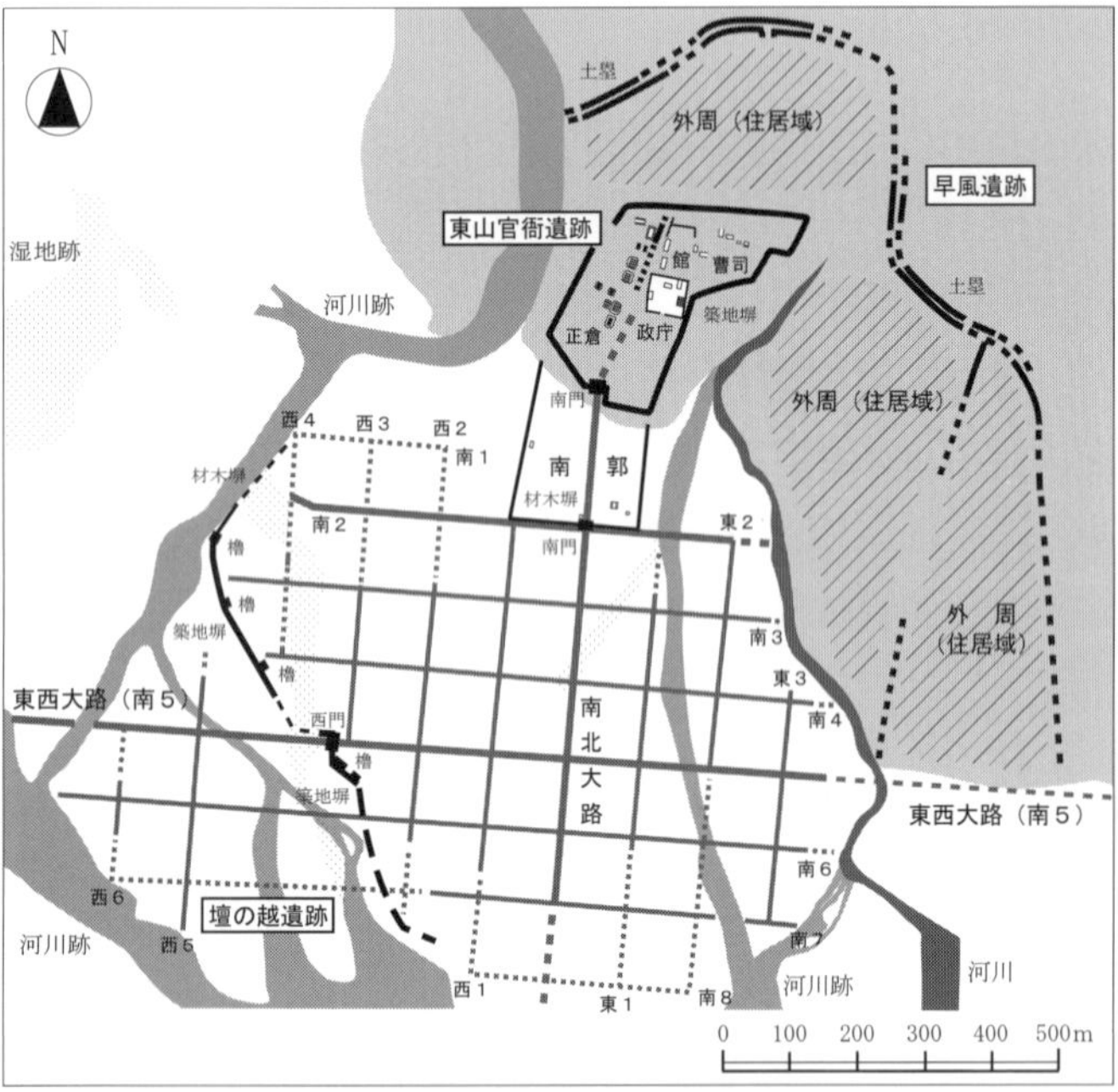

東山官衙遺跡と壇の越遺跡
（村田晃一氏作成）

西五四～六〇メートル、南北五〇～五一メートルの掘立柱塀で囲まれた政庁を有しており、近年の考古学研究の成果によれば、賀美郡家としての機能を併せもった城柵の遺跡であると考えられている。また近年、同遺跡が立地する丘陵の南麓にあたる平坦な段丘面に、壇《だん》の越《こし》遺跡と称される方格地割をもった街区状を呈する東西一・二キロメートル、南北〇・九キロメートル以上の広大な遺跡があることが判明し、奈良～平安初期の東北古代史を考える上できわめて貴重な新知見として現在注目を集めている（村田晃一「陸奥北辺の城柵と郡家」）。

これまでの発掘調査成果によれば、丘陵上の官衙遺跡の創建と南麓の方格地割の施行は同時期であるとされ、その年代は八世紀中葉～後半頃と推定されている。また官衙の外郭南門より南に伸びた「南北大路」が街区の基準線をなしており、一一本の南北路とそれらに直交する七本の東西路によって方格地割が形成されている。さらに「東西大路」と仮称されている北より五条目の東西路は、天平九年に建設された陸奥出羽連絡路の一部分であったとも推測されている。

なお陸奥国内では、国府多賀城の南側に広がる低地帯にも、同様の方格地割をともなう街区の遺跡が存在するが、その建設時期は九世紀に入ってからとみられており、驚くことに壇の越遺跡の方格地割の方が、陸奥国の中枢というべき多賀城地区におけるそれよりも半世紀以上も古いということになるのである。

方形地割の街区内での発掘調査例はまだあまり多くないが、敷地を材木塀で囲繞され、前庭を囲むかたちで主屋・副屋・竈屋・小型倉庫などの掘立柱建物が配置された宅跡もいくつかみつかっている。

丘陵上の東山官衙遺跡の外郭内西半部において数多くの礎石建物や掘立柱建物の倉庫群が軒を連ねて建ち並んでいたこと、街区の南西には物資の運搬に利用可能な河川が流れていたことなどを併せ考えるならば、この地の官衙・街区ともに物資の集積や流通に関わるなんらかの重要な役割を担っていたのではないかと推察される。

一括賜姓の際に阿倍陸奥臣姓を賜った丈部国益、上毛野名取朝臣姓を賜った吉弥侯部大成ら賀美郡に本貫をもっていた人々が、壇の越遺跡の街区の住人であった可能性はかなり高いように思われる。また街区内には、磐瀬朝臣を賜姓された吉弥侯部人上の別宅もあったのかもしれない。

一括賜姓の意味

以上の諸点をふまえてあらためて一括賜姓の意味について考えよう。おそらくその背景には、陸奥国内において東山道と東海道（常陸国より多賀城方面への延長路）を基軸とする南北間交通・流通の担い手としての役割を、これら各地の新興有力豪族の同族集団に割り当て委託するという政策的意図が伏在していたと考えることができる。そして賜姓され、その政治的・経済的実力を認められた豪族たちは、陸奥国内における交通・流通機能をなお一層発展させるとともに、また城柵を拠点とした律令国家の辺境経営においても、様々な実務に従事することを通じて大きく貢献したのではなかろうか。

彼らが果たした具体的な役割としては、まず柵戸として移住する百姓らを率いて伊治・桃生両城下へ赴いたり、中央と陸奥国とを結ぶ駅伝制《えきでんせい》の機能を補強するなどの交通面での働きがあったと思われる。しかしおそらくそれら以上に重要だったのは、後述するように国家側社会と蝦夷社会との南北間交易に関わる物資輸送や仲介などの多様な業務ではなかったかと推測される。

6　俘囚の公民への編入

陸奥国内の有力豪族への一括賜姓がなされたのと同年の神護景雲三年十一月、牡鹿郡の俘囚であった大伴部押人が「俘囚」身分を免じられ、一般の公民身分に編入された。押人は俘囚ながら外少初位上《げしょうそいのじょう》・勲七等の位階・勲位をもったいわゆる有位者であった。

大伴部押人《おしひと》

陸奥国牡鹿郡の俘囚外少初位上勲七等大伴部押人言さく、「伝へ聞かくは、『押人らは本是れ紀伊《き》国名草《なくさ》郡片岡里の人なり。昔者《むかし》、先祖大伴部直《おおともべのあたい》、夷《えみし》を征ちし時、小田《おだ》郡嶋田《しまた》村に到りて居りき。その後、子孫、夷の為に虜にせられて、代《よ》を歴《へ》て俘と為れり』ときく。幸に聖朝運を撫《ぶ》し、神武辺を威すに頼《よ》りて、彼の虜庭《りょてい》を抜けて、久しく化民《けみん》と為る。望み請はくは、俘囚の名を除きて調庸の民と為らむことを」とまうす。これを許す。（『続日本紀』神護景雲三年十一月己丑［二十五日］条）

押人の弁によれば、彼の一族はもともと紀伊国名草郡片岡里の出身で、先祖の大伴部直が征夷に従軍した際に小田郡嶋田村の地に居住したが、その後子孫は蝦夷によって「虜」にされてしまい、その結果代々俘囚として扱われるようになった。幸いに国家の武威が辺境におよぶ時代となったので、押人らは蝦夷の地を去り牡鹿郡に移住して化民となった。すでに化民となって久しいので、俘囚の名を除き「調庸の民」（＝公民）にしてほしいというのである。

大伴部直が征夷に従軍し大崎平野の小田地方に移住した時代については言及がないが、おそらく関東地方などの諸地域より移民が大崎平野へ流入してきた七世紀代のことではなかったか。とすれば、大伴部直が移住してきた頃より押人の代までの間に、およそ百年くらいは経過していたことになる。

また押人らが牡鹿郡に移住したのは、たぶん桃生城が造営された頃のことであると推察される。すでに二節で引用した『続日本紀』天平宝字二年（七五八）六月辛亥（十一日）条（六九～七〇頁に掲出）には、「去年八月より以来、帰降《まつろ》へる夷俘、男女惣て一千六百九十余人なり。或は本土を去り離れて、皇化に帰慕し、或は身は戦場に渉りて、賊と怨を結ぶ」とあり、桃生城が造営されていた最中に蝦夷社会側において内紛が発生していたことがうかがい知られるからである。もしそうであれば、押人が「久しく化民と為」っていた期間はだいたい十年間くらいであったとみられる。

押人の先祖の大伴部直が本当に紀伊からやってきた移民であったかどうかを検証する確実な手がかりはないが、近年の研究ではその点は概ね事実であろうと考えられている（平川南「古代における地域支配と河川」）。彼の証言にそれなりの信憑性が認められるならば、七世紀代に他地域より大崎平野へ移住してきた人々の多くは、次第に現地の蝦夷社会の人々と同化していき（「夷の為に虜にせられ」との表現はある種のレトリックであろう）、それゆえたとえ彼らが内国民（＝王民）に父系出自をもつ人々であっても、国家側社会からは蝦夷と同類の人々とみなされるようになっていたのではないかと推測されよう。おそらく八世紀代に俘囚と呼ばれていた人々の中には、押人と同じように内国民の血統を引く人々もかなり多く含まれていたのではなかろうか。

なお押人が当時道嶋氏の本拠でもある牡鹿郡の住人であったこと、彼の先祖の地が道嶋氏の故郷である上総国夷灊《いじみ》郡と同じく、太平洋を活動の舞台とする海民集団が居住した紀伊国名草郡であったことの二点よりみて、このときの押人による請願行動もまた、陸奥国内有力豪族への一括賜姓の場合と同様に、道嶋氏の支援を背景におこなわれたものと考えることができよう。

黒川以北十郡の俘囚　押人が請願どおりに公民身分に編入されてから四カ月ほど後に、黒川以北十郡の地に居住する三九二〇人の俘囚が押人と同様の請願をおこない、その結果全員が「俘囚」身分を免じられて公民とされた。

陸奥国黒川・賀美等一十郡の俘囚三千九百廿人言して曰はく、「己らが父祖は本是れ王民なり。而《しか》れども夷の為に略せられて、遂に賤隷と成る。今既に敵を殺して帰降《まいりしたが》ひて、子孫蕃息《ばんそく》す。伏して願はくは、俘囚の名を除きて調庸の貢《みつき》を輸《いだ》さむことを」といふ。これを許す。

（『続日本紀』宝亀元年［七七〇］四月朔［一日］条）

『続日本紀』の写本の中には冒頭部分が「陸奥国黒川・賀美等十一郡」となっているものもあるが、「一十郡」の方が本来の文字とみられ、すなわち黒川以北十郡のことを指していると解される。今度は押人のような一個人ではなく、四〇〇〇人近くもの大勢の俘囚が、自分たちも王民の子孫であると主張し、「俘囚」身分からの解放を願い出てきたのである。

三九二〇人の俘囚というのは請願行動の主体となった戸や世帯の代表者の男子であった可能性が高く、するとその背後には彼らの家族である老若男女がいたことになるから、実際にこのとき「俘囚」身分を免じられて公民としての処遇を受けるようになった人々は、おそらく万単位の人数にも上ったことが考えられる。黒川以北十郡を構成する諸郡は、基本的に五〇戸＝郷に編成された内国出身の公民を主体とした郡であり、少なくともこの時点までは俘囚などの蝦夷系住人は正式なかたちで郡に属してはいなかったと考えられる（熊谷公男「黒川以北十郡の成立」）。当時黒川以北十郡の地にどれほどの人数の蝦夷系住人が居住していたのかは手がかりがなく不明であるが、万単位にもおよぶとみられる俘囚がこのときことごとく公民身分とされたことによって、この地では「俘囚」身分が事実上消滅したものと考えてもよいと思われる（他方で、本拠地名に公のカバネを合わせた姓をもつ「蝦夷」身分の蝦夷族長層は、その後も公民身分に編入されぬまま残されたものと推測される）。

もちろんこれほどの人数の俘囚が、事実として一人残らずすべて内国から移住してきた王民の子孫であったとはいかにも考えがたく、中には王民の血統を引かない純然たる蝦夷系住人もいたことであろう。しかしながら、七世紀代に内国から夥しい数の移民集団がこの地に流入してきて以来一世紀余りを経過して、蝦夷系の人々と移民系の人々との融合が婚姻や雑居を契機に急速に進行していて、王民の子孫とそうでないものとを明確に見分けることがきわめて困難となっていた可能性も否めない。

また「夷の為に略せられて、遂に賤隷と成る。今既に敵を殺して帰降ひて、子孫蕃息す」という説明も、彼らの真実の歴史とはかけ離れた単なる修辞にすぎないのではないかと疑われる点もあるけれども、しかし彼らの主張のすべてが嘘であると言い切れない面もあろう。ともあれ、こうした論理を掲げた俘囚たちの主張が律令国家に認められたことにより、黒川以北十郡内に住む「俘囚」身分の人々はことごとく公民身分に編入され、その結果この地に俘囚はほとんどいなくなったのである。

押人の一件が呼び水となってこの出来事が生じたであろうことは、まず疑いない。また押人の請願行動の裏で道嶋氏が糸を繰っていたとみられることも、前述の通りである。あるいは道嶋氏の真の意図は、そもそも黒川以北十郡の地に住むすべての俘囚を公民化させることにあり、最初に押人に請願行動をおこなわせたのは、そのための突破口を開けさせるためであったのかもしれない。

7　調庸制の改正

一〇年一回京進制

陸奥国は『延喜式《えんぎしき》』（律令の施行細則である式を集大成した法典。延長《えんちょう》五＝九二七年完成）の民部《みんぶ》式で近国・中国・遠国《おんごく》の三等級のうちの遠国に定められ、同じく主計《しゅけい》式によれば都への行程が上りで五〇日、下りで二五日と規定されるほどの僻遠に位置していた。

しかし大宝律令施行を契機に調庸制を中核とする律令的租税制度が実施された後は、何度か減免や京進停止はあったものの、基本的にはほかの諸国と同様に毎年調庸物を都へ送っていた（鈴木拓也「陸奥・出羽の調庸と蝦夷の饗給」)。ところが神護景雲二年(七六八)に至って、同国の調庸物はそれ以後一〇年に一度だけ京進する制度に改められた。

陸奥国言さく、「(中略)また、この地は祁寒《きかん》にして積雪消え難く、僅に初夏に入りて調を運びて上道《じょうどう》す。山に梯《かけはし》し海に帆《ほをか》けて艱辛《かんしん》備《つぶさ》に至れり。季秋《きしゅう》の月に乃《すなわ》ち本郷に還る。民の産《なりわい》を妨ぐること、此より過ぎたるは莫《な》し。望み請はくは、輸《いだ》せる調・庸は国に収め置き、十年に一度、京庫に進《たてまつ》り納めむことを」とまうす。これを許す。(『続日本紀』神護景雲二年九月壬辰[二十二日]条)

この記事によれば、厳寒で雪が多く僻遠の地に住む陸奥国内の百姓は、常に初夏(四月)に調を京進し、季秋(九月)に本郷に帰らざるをえず、それゆえ彼らの生業が甚だしく妨げられているとして、陸奥国は百姓より徴収した調庸物をいったん国に留め置き、一〇年に一度だけ京進したい旨を中央政府へ要望し、許されたことが知られる。しかしながらこれまでの研究でも指摘されているように、その後陸奥国が一〇年に一回調庸を都へ送った事実は全く確認できず、実質的にはこのときの陸奥国による要望が、奥羽両国の調庸物京進停止の端緒をなしたものである可能性が高い(寺崎保広「陸奥・出羽の貢進物」)。そしてそれ以後は奥羽両国の調庸物はすべて現地で消費されることとなり、「凡そ諸国の調庸を貢《みつ》くは、(中略)其の陸奥・出羽両国は、便《すなわ》ち当国へ納めよ」という『延喜式』の民部式にみえる法規定として定着したものと理解されている。

ところで、このとき陸奥国の調庸物の京進が一〇年に一回とされたというのは、具体的にはどういうことなのであろうか。一つの考え方として、過去一〇年分の調庸物を当該年に全部まとめて京進するという意味であるとの解釈がありうる。だが一〇年分の調庸物は相当膨大な量におよぶであろうし、元来調庸物は負担者が担いで陸路で都へ送り届けるのが原則であり、一部海路による輸送が認められていたとしても（右の『続日本紀』神護景雲二年九月壬辰条には「山に梯し海に帆けて艱辛備に至れり」の一節がみえる）、一〇年分もの膨大な調庸物を一度に京進せねばならない年には国内の民の生活は全く立ち行かなくなってしまうことが予想される。

もう一つの考え方は、一〇年のうち九年は調庸物を京進せずに自国内での用途に充て、一年だけその年の分の調庸物を京進することを指すとの解釈である。そちらの方がはるかに穏当なようであり、私はその可能性をつよく推したい。そうだとすれば、一〇年一回京進制とは大雑把にいえば、陸奥国の調庸物の九割を自国での消費に充て、残る一割を京進するというシステムであったことになる。すなわちこの制度は、陸奥国が自国の調庸物をできるかぎり多く国衙《こくが》財政の財源に組み入れられるようにすることを意図したものであったと解されるのである。

調庸制の変容

なお陸奥国の調庸物は元来他国ととくに変わりはなく、一般的な調布《ちょうふ》（調の麻織物。令制では一端＝長さ五丈二尺・幅二尺四寸。養老元＝七一七年の規格改定後は一端＝長さ四丈二尺・幅二尺四寸）や様々な特産物（たとえば天平勝宝四＝七五二年には同国北半の諸郡の調に黄金が指定された）が収取されていたのであるが、ある時点から蝦夷に対する夷禄《いろく》（給与）として支給される狭《せば》布《ぬの》や蝦夷への饗宴で消費される米穀へと品目が替えられていったとみられる。その調庸制の変容の時期について、蝦夷の上京朝貢が停止され国家と蝦夷との間に戦端が開かれた宝亀五年（七七四）頃に求める説もあるが（鈴木拓也「陸奥・出羽の調庸と蝦夷の饗給」）、すでに神護景雲二年の段階より陸奥国では調庸物の国内消費への転換が始まっていたらしいことからすれば、おそらくその頃を画期に調の麻織物の規格の変更や調米《ちょうまい》制（調として米穀を徴収する制度）の施行がなされた可能性が高いものと考えられる。

四節と六節ですでに述べたように、神護景雲年間には伊治・桃生両城下に数多くの柵戸が送り込まれ、また黒川以北十郡の地に居住していた俘囚のほとんどすべてが公民身分に編入されるなどのことがあり、調・庸を負担する課丁《かちょう》の人口が増加したものと推定される。すなわちこの時期陸奥国では、課丁増加政策とともに、本来都へ進上すべき租税であった調庸物を国内財源化する政策が同時並行的に進められていたことになる。

そして国内財源化された大量の調・庸の狭布と米穀は、どちらも律令国家に帰順した蝦夷への支給物としての用途をもった品であった。そうした点に注目するならば、神護景雲年間の陸奥国では、国内の蝦夷系住人に対して最大限の懐柔政策を進めることで、彼らを国家体制側につよく惹き付け、蝦夷支配の安定化をはかることに大きな力が注がれていたということになるであろう。

交易雑物制

それでは国内の公民より調・庸として徴収された物資が現地で消費されるようになった結果、陸奥国より産出される品々は一切都へ送られなくなったのであろうか。答えは否である。律令制下には正税《しょうぜい》（諸国の郡家の倉庫に蓄えられた官稲）を出挙《すいこ》して得た利稲《りとう》を財源として様々な品々を都へ送る交易雑物《きょうやくぞうもつ》と称される制度があり、陸奥国はそれによって自国の特産物を相当大量に京進していたとみられるからである。次には『延喜式』の民部式に規定されている陸奥・出羽両国の交易雑物の品目を掲げる。

陸奥国　葦鹿《あしか》皮・独犴《どっかん》皮の数は得るに随《したが》へよ。砂金三百五十両。昆布六百斤。索昆布六百斤。細昆布一千斤。

出羽国　熊皮廿張。葦鹿皮・独犴皮の数は得るに随へよ。

（『延喜式』巻二十三民部下交易雑物条）

奥羽両国とも、葦鹿（現在絶滅種のニホンアシカ）の皮や独犴（『和名類聚抄』によれば「胡地の野犬」。北方に生息する狐や狼の類か）の皮などの毛皮類が最も主要な品目に設定されており、陸奥国ではほかに砂金や三種の昆布（「昆布」はマコンブ、「索昆布」はミツイシコンブ、「細昆布」はホソメコンブに相当するか）が挙げられている。毛皮類の主たる生産地は、『類聚三代格《るいじゅさんだいきゃく》』巻十九所収延暦二十一年（八〇二）六月二十四日太政官符《だじょうかんぷ》によって「渡嶋狄《わたりしまのえみし》」（北海道に居住する蝦夷集団）が「方物《ほうもつ》」として「雑皮《くさぐさのかわ》」を貢進していた事実が知られることから、渡島（北海道）ではなかったかと推察される。陸奥国が貢進していた昆布はおそらく青森・岩手・宮城三県の三陸地方産を主とするとみられるが、北海道

陸奥国名取郡進上の昆布の荷札木簡（奈良文化財研究所提供）

噴火湾《ふんかわん》～太平洋沿岸産のものも含まれていた可能性がある（簑島栄紀「古代の「昆布」と北方社会」）。また砂金は宮城・岩手県域の内陸部や、三陸南部の気仙地方などが主産地かと思われる。これらの品々が奥羽両国の正税利稲を対価とした交易によって調達され、都へ送られていたのである。

なお近年、過去の発掘調査で平城宮跡より出土していた木簡の中から、陸奥国より都へ送られた昆布の荷に付けられていたとみられる一枚の荷札が発見された。墨書の文字は肉眼ではきわめて確認が困難で、赤外線テレビによる撮影で解読に成功したものである。

陸奥国名取郡□□（昆カ）布御贄壱籠□□　天平元年十一月十五日

（奈良文化財研究所編『地下の正倉院展――コトバと木簡』）

天平元年（七二九）十一月に陸奥国名取郡より都へ贄《にえ》として進上された昆布（「名取郡」のすぐ下の釈読不明の一字は「細」「広」「索」などのコンブの種別を表す文字であろう）の荷に取り付けられていた荷札

の木簡であるが、現在宮城県名取市周辺の海には昆布類は生息していない。第一章二節ですでに紹介したように、霊亀元年（七一五）以前より岩手県閉伊《へい》地方の蝦夷族長である須賀君古麻比留《すかのきみこまひる》が昆布を国家に献上していたことが知られているので、おそらく三陸地方の蝦夷が地元の海で収穫した昆布を、名取郡が正税利稲で買い上げて京進したものであろう。なお贄とは律令制下の税目の一種で、天皇に献上される供御《くご》の食料品の貢進制度であり、とくに稀少で上質な品の場合、正税利稲による交易で調達・京進されることが多かった（樋口知志「律令制下の贄について」）。

この荷札木簡が示すように、蝦夷の地の特産物を陸奥国の正税利稲による交易で調達・進上する制度は、すでに奈良時代の前期頃から存在していたと考えられるのであるが、神護景雲二年に陸奥国の調庸物の京進が一〇年に一回とされたことを一つの契機として、同国の特産物を都へ進上する交易雑物制の大規模な拡充・強化が図られたのではなかったかとも推察される。それが法文としてさらに整備されて定着をみたのが、前に掲げた『延喜式』中の交易雑物の規定なのであろう。

馬と鷹

『延喜式』の交易雑物の品目にみえる毛皮類・砂金・昆布は陸奥の辺境の蝦夷の地より貢進される代表的な品々であったが、それら以外にも蝦夷の地の特産物はいくつかあった。中でもとくに重要なのは、蝦夷系住人によって飼養された馬と鷹であろう。

時代は少し降るが、菅原道真《すがわらのみちざね》が、陸奥守在任中に死去した旧友藤原滋実《しげざね》を悼んで延喜元年（九〇一）に詠んだ漢詩「奥州《おうしゅう》藤使君《とうしくん》を哭《こく》す」の中に、次のような一節がある。

兼金《けんきん》また重裘《ちょうきゅう》　鷹・馬相共に市《か》ふ　何れの処にか市ふこと得たる　多くはこれ辺鄙より出でたり
（中略）　分寸《ふんすん》も平商《へいしょう》に背けば　野心勃然《ぼつぜん》として起る　古《いにしえ》より夷《えみし》の民の変　交関《こうかん》に不軌を成すなり　邂逅《たまさか》に事無きときに当りては　贏《かが》を兼《ま》すこと　意《こころ》の指すが如し　（『菅家後集』）

この詩は、九世紀末頃の陸奥辺境の情勢を伝える史料として貴重なものであるが、そこには兼金（上質で高価な黄金）や重裘（毛皮を重ねて作った衣類）とともに鷹と馬が、交易によって蝦夷から入手される品として挙げられている。そうした交易では、少しでも公平さを欠けば相手の蝦夷の野心が勃然として起こり、古来より蝦夷反乱の多くは交易上の紛争に起因していたともされている。

また『藤原保則伝《ふじわらのやすのりでん》』（文章博士《もんじょうはかせ》三善清行《みよしのきよゆき》が延喜七＝九〇七年に記した保則の伝記）にも、都の権門の従者らが毎年のように「善き馬」「良き鷹」を求め辺境に雲のように集まり、愚朴な辺民（蝦夷）を相手に不公正な交易を強いたことが、元慶《がんきょう》の乱（元慶二＝八七八年に出羽国で発生した大規模な蝦夷反乱）の遠因をなしたとの記述がある。

以上はともに九世紀末頃の奥羽の政治・社会状況を伝える史料であるが、馬については、国家と蝦夷との大戦争の最中である延暦六年（七八七）頃に王臣家《おうしんけ》・国司らが蝦夷より馬や俘《ふ》の奴婢《ぬひ》を競って買っていたことが知られ（『類聚三代格』巻十九所収延暦六年正月二十一日太政官符）、また弘仁《こうにん》六年（八一五）には、「権貴之家《ごんきのいえ》・富豪之輩《ふごうのやから》」が使者を辺邑に通わせ多くの馬を蝦夷から買っているために兵馬が欠乏しているとして、奥羽両国の馬の私的交易が厳禁されており（同、弘仁六年三月二十日太政官符）、蝦夷の地での馬交易が奈良時代の後期頃にはすでに盛んにおこなわれていた可能性がうかがえる。他方の鷹交易については、残念ながら史料的制約から、奈良時代後期にもおこなわれていたことを示す有力な証拠は得られていない。

馬や鷹は、調庸制や交易雑物制とは別の収取システムによって蝦夷社会から国家側社会へもたらされていたと考えられる。それらはおそらく、主として城柵・地方官衙でおこなわれた朝貢儀礼の場において、蝦夷族長による貢納のかたちで国家へ納められていたのであろう。なお朝貢儀礼においては、蝦夷族長による服属の証としての貢納物（「調」と称された）献上に対する反対給付として、国家より禄としての狭布や米、様々な威信財《いしんざい》などが下賜された。つまり馬や鷹については、国家が陸奥国内の公民より徴収した調・庸の狭布や米などを主たる財源として、蝦夷族長より朝貢儀礼を介した公的な交易を通じて調達・入手するシステムがとられていたと理解することができよう。

神護景雲二年制の意義

以上述べてきたように、神護景雲二年には、陸奥国の調庸制が本来の都への貢進制度から、夷禄や食料米といった蝦夷に対する支給物を調達するための制度に作り替えられはじめるとともに、蝦夷の地の特産物を、正税利稲を対価とする交易雑物制や調庸物を財源とする朝貢制によって大量に入手・貢進するシステムが、端緒的に成立したものと考えることができる。つまり調庸物や正税利稲といった公民の手になる生産物を、毛皮・昆布・金・馬・鷹などの蝦夷社会の生産物に変換して収取する体制がここに創出されたのである。

なお本章四節では伊治・桃生建郡と両城周辺への移民政策について、六節では黒川以北十郡地域の俘囚の公民化政策についてみたが、両者は陸奥国内における公民の増益（＝調庸・正税利稲収入の増加）を志向する点では軌を一にするものであった。これらの政策は、蝦夷の生産物を入手するための支払い手段となる財貨の増収をはかろうとする意図の下に実施されたとみることができよう。また五節では陸奥国内の諸郡に住む在地有力豪族らへの一括賜姓についてみたが、その政策が目的とするところも、蝦夷の生産物を以前より大量に入手するための資本調達の体制が整ったことを前提に、調庸運脚に替わる新たな京進物資の輸送システムを構築すべく、豪族層に対して交通・運輸面での一層の貢献・尽力を求めようとすることにあったと考えられる。

8　蝦夷の上京朝貢

『続日本紀』神護景雲三年（七六九）正月辛未（二日）条には、元日朝賀《ちょうが》の儀に陸奥の蝦夷が参列し拝賀したことがみえる。

神護景雲三年の朝貢

大極殿《だいごくでん》に御《おわ》しまして朝を受けたまふ。文武の百官と陸奥の蝦夷と、各儀に依りて拝賀《みかどおがみ》す。（後略）

その五日後の一月七日には、時の権勢者であった道鏡の居所である法王宮《ほうおうのみや》において五位以上の官人が参列する宴《うたげ》がおこなわれたが、そこにも蝦夷が招かれ、道鏡より一人一領ずつ緋袍《ひのほう》（あけ色の上衣）を与えられている。

法王宮に御《おわ》しまして、五位已上《いじょう》を宴したまふ。道鏡、五位已上に摺衣《すりごろも》人ごとに一領を与ふ。蝦夷には緋袍《ひのほう》人ごとに一領。左右大臣には綿《わた》各《おのおの》一千屯を賜ふ。大納言已下も亦差《またしな》有り。

（『続日本紀』同年同月丙子［七日］条）

さらに同月十七日には、平城宮の朝堂《ちょうどう》で文武百官の主典《さかん》以上の官人と陸奥の蝦夷に対して饗宴がおこなわれ、蝦夷には叙位と賜物がなされている。

（前略）文武の百官の主典已上と陸奥の蝦夷とを朝堂に饗《みあえ》す。蝦夷に爵《しゃく》と物とを賜ふこと各差有り。

（同、同年同月丙戌［十七日］条）

こうした蝦夷の上京朝貢について、通説ではすでに七世紀後半からこの頃まで毎年おこなわれていたとされているが（今泉隆雄「蝦夷の朝貢と饗給」）、現存史料によるかぎり神護景雲三年よりも前に確認できる上京朝貢の記事は半世紀以上も前の養老二年（七一八）まで遡ってしまい（『扶桑略記《ふそうりゃっき》』養老二年八月乙亥［十四日］条）、少なからず疑問の余地がある。『続日本紀』という歴史書は、前半の二〇巻（文武元年［六九七］八月～天平宝字二年［七五八］七月）と後半の二〇巻（天平宝字二年八月～延暦十年

〔七九一〕十二月）とで成立事情や編纂方針が異なっているので、各記事を扱う際には注意を要するが、後半二〇巻の中でも右に掲げた神護景雲三年正月辛未・丙子・丙戌条以前には、一切蝦夷の上京朝貢を伝える記事はみられない。しかしそれ以降には、三年後の宝亀三年（七七二）一月より同五年（七七四）一月まで三カ年連続で蝦夷の正月上京朝貢の記事が続き、宝亀五年正月庚申（二十日）条の「詔《みことのり》して、蝦夷・俘囚の入朝《みかどまいり》することを停む」という記事を最後に、蝦夷の上京朝貢は一切停止されているのである。蝦夷の上京朝貢の実施を伝える記事が全く存在しない養老三年（七一九）〜神護景雲二年（七六八）の約五〇年間にも毎年朝貢がおこなわれていたとの想定には、史料解釈のうえでかなりの無理があるのではないだろうか。

他方で奈良時代の初めには、和銅三年（七一〇）と和銅八＝霊亀元年（七一五）の元日朝賀に蝦夷が参列したことが『続日本紀』に明記されており、元日朝賀や正月節日に合わせた蝦夷の上京朝貢が実際におこなわれていたことが確認される。おそらくそうした蝦夷の正月儀礼参列のための上京朝貢は、第一章二節でみた養老四年（七二〇）と神亀元年（七二四）の二度の蝦夷反乱をきっかけとしていったん廃絶し、その後四〇年余りの長い空白期を経て神護景雲三年に至って復活したと理解するのが最も自然な解釈であるように思われる。

上京朝貢の復活　再び神護景雲三年の上京朝貢記事を見なおすと、まず法王宮において道鏡が蝦夷へ賜物をおこなっていることが、いかにも異例である。このときの蝦夷の上京朝貢に、称徳天皇・道鏡政権の特殊な政治的意図が付随していたことをつよくうかがわせる。

また前述のように、前年の神護景雲二年には、調庸制の改定を契機として陸奥国における諸産物の収取・貢進システムが大きく改変されるとともに、蝦夷への支給物の総量も著しく増加したと考えられる。おそらくそのことによって、陸奥国の蝦夷が城柵・官衙における朝貢・饗給儀礼に参加する機会・回数も急激に増大することとなったのではなかろうか。とすれば、蝦夷社会の中でもかなり高い権威を誇った大物クラスの譜代蝦夷族長たちが、ほかの多くの蝦夷たちとは異なるより一層高い格付けや厚い処遇を国家に対して求めてくるのは、それなりに当然の成り行きであると思われる。上京朝貢は、そうした大物蝦夷族長らによる積極的な要望に後押しされて、神護景雲三年一月に復活したのではなかったか。

さらに、ちょうどこの時期が、称徳天皇・道鏡政権より重く用いられていた道嶋宿禰氏の全盛期にあたっている点に注目したい。先にも触れたように、道嶋嶋足は天平神護二年（七六六）十月に正四位下より正四位上に叙され、神護景雲元年（七六七）十二月には陸奥国大国造となっていた。また陸奥国在住の道嶋氏のトップの地位にあった三山は、天平神護三＝神護景雲元年七月に陸奥少掾となり、同年十月に伊治城造営の功によって外従五位下より従五位上に叙され、十二月には陸奥国国造に任じられ、翌二年（七六八）二月には陸奥大掾と鎮守軍監を兼官している。さらに三山は、蝦夷の上京朝貢が復活した神護景雲三年一月の翌月の二月五日に陸奥員外介に昇任しているが、それもあるいは陸奥蝦夷を率いて上京し、元日朝賀や正月節日の儀式に蝦夷を参列させたことへの賞賜の意が込められた人事であったのかもしれない。

以上の諸点に注目するならば、神護景雲三年一月に蝦夷の上京朝貢が復活した理由について、次のような推察が可能となる。まず陸奥国内で高い権威をもっていた蝦夷の大族長らが、ほかの蝦夷とは異なる厚遇、すなわち上京して元日朝賀などの正月儀礼に参列する栄誉を与えられることを、嶋足や三山を頼んで朝廷へ要求しようとし、それに応じた嶋足・三山が正月儀礼参列を目的とした上京朝貢の復活を中央政府へ働きかけた。そうした動きに対して称徳天皇と道鏡は、蝦夷を正月儀礼に参列させることが天皇権威の発揚と政権基盤の強化に大きく寄与すると考え、約半世紀ぶりに蝦夷の正月上京朝貢を復活させたのではなかろうか。

なお前述のとおり、『続日本紀』には神護景雲三年一月の後、宝亀三・四・五年の一月に三年続けて蝦夷の上京朝貢の記事がみえる。蝦夷の上京朝貢が神護景雲三年一月を起点に毎年おこなわれるようになったか、あるいは神護景雲三年一月のものは単発の出来事で、宝亀三年一月以降に上京朝貢が毎年おこなわれるようになったかのいずれかであると思われるが、私は前者の可能性を推したい。史上に記録を欠くが、称徳天皇・道鏡政権における最後の蝦夷上京朝貢は、神護景雲四＝宝亀元年（七七〇）の一月におこなわれたのであろう。

9　みちのくの覇者道嶋宿禰氏

道嶋氏のリーダーシップ

以上のように、神護景雲三年における蝦夷の正月上京朝貢の復活は道嶋氏による働きかけによって実現したものと考えられ、その点では前に取り上げた、(1)栗原・桃生建郡と伊治・桃生両城下への移民政策、(2)陸奥国内の在地豪族への一括賜姓、(3)黒川以北十郡地域の俘囚の公民化政策、(4)調庸制改定を中心とした陸奥国内の収取・貢進システムの改変といった諸政策とも軌を一にするものであった。神護景雲年間における陸奥国の国政改革は、まさに道嶋氏の独壇場であったと称しても決して過言ではないのである。

中でも蝦夷の正月上京朝貢の復活は、道嶋氏が、陸奥の蝦夷族長らを自己のヒエラルヒーの下に統率する政治的権能を律令国家より公認されたことを示す点でとりわけ重要であろう。言い換えるならば道嶋氏はこのとき、すべての陸奥の蝦夷の上に君臨する巨大な族長権を樹立したのである。また嶋足と三山にすでに与えられていた陸奥国大国造・陸奥国国造の称号も、国・郡・郷の支配系列を通じて主に公民の統治を担う国司に対して、公民系・蝦夷系双方のすべての住人の統治を併せておこなうことができる特殊な政治的地位を含意するところがあったのではなかろうか。

称徳天皇・道鏡政権下の神護景雲年間、陸奥国の道嶋宿禰一族は辺境における城柵造営や建郡に中心的役割を演じただけではなく、非蝦夷（公民）系の在地豪族たちに対しては新姓賜与の仲介役となり、黒川以北十郡地域の俘囚たちに対しては公民化に主導的役割を果たし、さらに陸奥の蝦夷族長たちに対しては自らのもつ巨大な族長権によって彼らを麾下に編成することで、陸奥国内に揺るぎない鞏固な政治的基盤を築いていったのである。その結果出来上がった道嶋氏による陸奥国内の支配体制は、わずか数年の任期によって都より赴任する国司によるそれをはるかに凌ぐ盤石の堅固さを誇るものであったといえよう。道嶋宿禰一族はこのときまさにみちのくの覇者の座に上り詰めたのである。

阿弖流為の身辺

阿弖流為ら大墓公一族が、神護景雲元年（七六七）の伊治城造営の後に道嶋氏に下僚的存在として起用され、その政治的傘下に組み入れられたのではないかという推察を、すでに三節の末尾で述べておいた。道嶋氏を水先案内人として律令国家の辺境統治政策が大きく進められた同二、三年頃の阿弖流為は、だいたい一六、七〜三一、二歳くらいの年齢であったとみられる。陸奥の蝦夷族長らを道嶋氏の麾下に従えるための政治的活動は主に牡鹿郡在住の三山を中心に進められたものと思われるが、北上川水運の河港である「日上の湊」の現地管理をおこない南北間交易の要をなしていた大墓公一族が、その頃なお一層重く用いられるようになったであろうことは想像にかたくない。

神護景雲三年一月に再開された蝦夷の正月上京朝貢においても、大墓公一族の長はほぼ毎年平城宮での朝賀などの正月儀礼に参列を果たしたことであろう。なおその頃阿弖流為の年齢は前述のようにやや若かったかと推察されるので、一族の長として朝賀などの正月儀礼に参列したのは彼の父であった可能性がわりあい高いように思われるが、そうした場合でも阿弖流為本人が父に従って幾度か上京した可能性は十分考えられてよい。また彼の年齢を少し高めに見積もるならば、彼自身が大墓公一族の若き族長としてそれらに参列した可能性もありうるのかもしれない。

おそらく阿弖流為は、嶋足や三山の顔や人となりをある程度は識っていたことであろう。自分たち一族の上司筋にあたるだけでなく、今やみちのくの覇者として絶頂をきわめていた道嶋宿禰氏の嶋足や三山の姿は、あるいは彼の眼にはまるで光り輝く太陽のように眩《まばゆ》く映っていたのかもしれない。

宇漢迷公《うかにめのきみ》宇屈波宇《うくつはう》の逃走

だが阿弖流為ら大墓公一族をはじめ、大多数の蝦夷豪族が道嶋宿禰氏に帰服しその麾下に編成されていた一方で、なんらかのトラブルに遭遇したことをきっかけに律令国家の辺境統治政策に強い不満を懐き、自ら下《げ》野《や》の道を選択する蝦夷族長もいた。

蝦夷宇漢迷公宇屈波宇ら、忽《にわか》に徒族《とぞく》を率ゐて賊地に逃げ還る。使《つかわ》を差して喚《め》せども、来帰《かえりきた》るを肯《がえ》にす。言して曰はく、「一、二の同族を率ゐて必ず城柵を侵さむ」といふ。是《ここ》に正四位上近衛中《このえのちゅう》将《じょう》兼相模守《さがみのかみ》勲二等道嶋宿禰嶋足らを差して、虚実を検問せしむ。

（『続日本紀』宝亀元年［七七〇］八月己亥［十日］条）

宇漢迷公宇屈波宇という名のかなり奥地の出身と思われる蝦夷族長が、突然徒族を率いて本拠地に逃げ帰ってしまった。陸奥国は直ちに使者を送って帰参をうながしたけれども、本人は憤激のあまりそれに応じないばかりか、「一、二の同族を率いて必ず城柵を攻撃してやるぞ」と揚言したというのである。事態の報告を受けた中央政府は、道嶋嶋足を遣わして事実関係の調査を命じたという。

この事件の結末がどうなったのかはよくわかっていない。一説には、宇屈波宇は桃生城下に住んでいた海道地方に本拠をもつ蝦夷族長で、宝亀五年（七七四）七月の海道蝦夷による同城襲撃事件は彼が煽動して引き起こしたものだったなどとされることもある。しかしその間には約四年もの長い空白の年月があり、この後しばらく『続日本紀』中に蝦夷社会における異変や軍事的緊張などを伝える記事が全くみえないことからすれば、この出来事が直接的原因となってその後深刻な事態にまで発展したとはかなり考えにくい。おそらく陸奥国内で絶大な政治的権威を誇っていた嶋足の仲裁によって、とりあえず事件それじたいは至極穏便に収拾されたのではなかろうか。

ところで、宇屈波宇が突然憤激した理由とは何であったのか。一つには、前年の冬頃より同年の春頃にかけて黒川以北十郡地域に住む俘囚たちのほとんどが公民身分に編入されるという動きがあり（六節参照）、それをきっかけに宇屈波宇のような「蝦夷」身分の蝦夷系住人の多くが被差別意識をつよく懐くようになったということが、この事件となんらか関係していた可能性がある（武廣亮平「八世紀の「蝦夷」認識とその変遷」）。

あるいは道嶋氏の主導下で前述の諸政策が推進された結果、非蝦夷系の有力豪族や、新たに公民とされた黒川以北十郡の俘囚系有力者などが急激に台頭していき、蝦夷族長である彼がそれまでもっていた既得権が侵害されるような事態が発生しつつあったという可能性も少なからず考えられる。とくにそれらの人々の多くが南北間交易に新規参入してきたことにより、交易における国家側社会と蝦夷社会との力関係に変化が現われ、宇屈波宇ら蝦夷族長の権益が大きく減少したり、不公正な取り引きがおこなわれ蝦夷社会の側に少なからぬ損害がおよぶなどのことが発生しはじめていた可能性は否定しがたい。

また、神護景雲年間より宝亀のはじめ頃にかけてのこの時期に、南北間交易をめぐるトラブルに起因する小規模な騒擾などが、慢性的とはいわないまでも各地でときおり発生していたであろうことも想像にかたくない。それらはもちろん、八世紀前期の多賀城創建期に成立した「暗黙の諒解にもとづく国境線」を律令国家が北に踏み越えて桃生・雄勝・伊治の三城柵を造営したことや、その後に国家側勢力が積極的な辺境統治政策を展開したことを原因としていたのであり、いわば桃生・雄勝両城の造営期にはじまる「平和の翳り」の時代的雰囲気に根をもつ現象であった。

しかしながら、他方では陸奥国内で道嶋宿禰氏が圧倒的な政治的権威を誇り、非蝦夷系豪族や蝦夷族長、俘囚系有力者などをことごとく自らの政治的傘下に収め、盤石の安定感をもつ鞏固な支配体制を構築していた。その下でときおり小規模な小競り合いや騒擾が発生したところで、道嶋氏の絶大な権威や政治的実力をもってすれば事態の収拾などさして困難なことではなかったであろう。ましてや、養老四年（七二〇）や神亀元年（七二四）に起こった蝦夷反乱のような深刻な大事件などが起きるはずもない。おそらく当時の陸奥国の住人の多くはそのように考えていたのではなかろうか。

第四章　戦乱勃発

1　道嶋氏の凋落《ちょうらく》

政変の影響

神護景雲四＝宝亀元年（七七〇）八月四日、称徳女帝はついに皇嗣を定めぬまま病没した。『続日本紀』同年八月癸巳（四日）条によれば、天皇が死去した直後に左大臣藤原永手《ながて》、右大臣吉備真備《きびのまきび》、参議《さんぎ》兵部卿《ひょうぶきょう》藤原宿奈麻呂《すくなまろ》、参議民部《みんぶ》卿藤原縄麻呂《なわまろ》、参議式部《しきぶ》卿石上宅嗣《いそのかみのやかつぐ》、近衛大将《このえのたいしょう》藤原蔵下麻呂《くらじまろ》の六人が急遽宮中で会談し、白壁王《しらかべおう》を皇太子に立てたとされる。白壁王は天智天皇の第七皇子施基皇子《しきのみこ》を父とする天智系の皇族であり、皇太子に立てられたときすでに六十二歳の老齢であった。なお『日本紀略《にほんきりゃく》』の同日条に引用された「藤原百川《ももかわ》伝」（同書自体は現存しない）の文章や『水鏡《みずかがみ》』の伝えるところによれば、白壁王擁立劇の真の仕掛け人は当時内豎大輔《ないじゅのたいふ》・左《さ》中弁《ちゅうべん》・右衛門督《うえもんのかみ》・河内職大夫《かわちしきのたいふ》の任にあった藤原雄田麻呂《おだまろ》（後に百川と改名）であり、天武天皇の孫である文室浄三《ふんやのきよみ》・大市《おおいち》兄弟を皇太子候補に推していた吉備真備らを抑えるため、彼が宣命の偽造までおこなって白壁王を皇太子に立てたのだという。

白壁王は同年十月、平城宮の大極殿で即位した。光仁《こうにん》天皇である。称徳女帝の後ろ楯を失った道鏡は、すでに八月二十一日に皇太子白壁王の令旨《りょうじ》によって造下野国薬師寺別当《ぞうしもつけのくにやくしじべっとう》（下野国薬師寺の管理を掌る官司の長官）に左遷されていた。弟の弓削浄人《ゆげのきよひと》やその子息たちも土佐《とさ》国へ流され、道鏡と彼の一族・関係者は政界から一掃されたのである。

都における政変劇は、道嶋氏の前途にも暗い影を落とした。第三章三節ですでにみたように、嶋足は称徳天皇や道鏡より並々ならぬ厚遇を受けていたと考えられる。光仁天皇に代替わりした新政権の下で、道嶋氏に対して処分や咎め立てがなされた明確な形跡はないものの、光仁朝には嶋足・三山の両人とも一切位階の昇進がみられない。

嶋足は、宇漢迷公宇屈波宇の一件が生じた神護景雲四＝宝亀元年八月の時点で正四位上近衛中将兼相模守勲二等であったが、その後しばらく官位異動の記事がなく、同九年（七七八）二月に正四位上近衛中将のままで下総守を兼ね、同十一年（七八〇）三月に正四位上近衛中将・内厩頭《うちのうまやのかみ》で播磨守を兼ねたことが知られるのみである。『続日本紀』延暦二年（七八三）正月乙酉（八日）条の彼の卒伝《そつでん》にも、それら以外の官職を歴任した旨の記述はみえず、死去時には正四位上のままでしかも散位《さんに》（位階をもつが官職に就いていない者を指す称）であった。すなわち嶋足は、正四位上近衛中将に達した後には全く政治的地位が上昇していないことがわかる。

また一方の三山に至っては、称徳天皇・道鏡政権末期の神護景雲三年（七六九）二月に従五位上で陸奥員外介《いんげのすけ》に任じられて以後は、全く史上に登場しなくなってしまうのである。

しかも称徳朝末期にあれほど著しかった陸奥国内での政治刷新の動きも、光仁朝にはほとんど途絶えてしまっている。やはり道嶋氏の権勢は、絶頂期を過ぎて急激な下降線を描くようになったとみるほかない。道嶋宿禰一族はこれ以降、凋落の一途をたどることとなるのである。

鎮守将軍坂上苅田麻呂

光仁天皇即位直前の宝亀元年九月、坂上苅田麻呂《さかのうえのかりたまろ》が鎮守将軍に任じられた。

苅田麻呂といえば第三章三節でも触れたように、藤原仲麻呂（恵美押勝）の乱において嶋足とともに武勲を挙げた人物で、後に登場する田村麻呂の父である。仲麻呂の乱の後に嶋足とともに従四位下に叙されたが、その後の昇進は嶋足よりも遅く、神護景雲二年（七六八）十月に従四位上に進み、道鏡失脚後の神護景雲四＝宝亀元年八月に道鏡の「姦計《かんけい》」を密告した功績によって正四位下を授けられている。

かつては盟友同士であったと思われる嶋足と苅田麻呂の間柄も、政局のめまぐるしい変転の中でいつしか陰険な対立関係へと変化していた。嶋足ら道嶋氏を背後で支援していた道鏡を失脚させるための役回りを苅田麻呂が演じたというのは、まさに皮肉な因縁というほかない。その苅田麻呂が鎮守将軍として、道嶋宿禰一族の本拠地である陸奥国に赴任してきたのである。

しかし苅田麻呂の将軍在任期間はわずか六カ月ほどしかなく、翌宝亀二年（七七一）閏三月には中《ちゅう》衛中将《えのちゅうじょう》兼安芸《あき》守に転出し、後任の鎮守将軍には佐伯美濃《みの》が陸奥守との兼官で任じられている。現地では依然として道嶋一族の勢力が強いうえ、まだ三山が現職の陸奥員外介兼鎮守軍監であって、さらにともに政変前から在任していた陸奥守の石川名足《なたり》と陸奥介兼鎮守副将軍の田口安麻呂も相変わらず道嶋氏に迎合的な姿勢をとっていたとみられるから、苅田麻呂が鎮守府の軍政から実質的に排除されていた可能性すらあるようにうかがわれる。

結局苅田麻呂は、鎮守将軍としてはなんらの功績も残さぬまま帰京したとみられる。しかし中央政界と陸奥国政界との間のそうした捻れ現象が、そのまま放置されるはずもなかった。光仁朝の中央政権は、道嶋氏による陸奥国内支配体制に対して、次第に抑圧・介入の動きを強めていくことになるのである。

大伴駿河麻呂の起用

宝亀三年（七七二）九月、大伴駿河麻呂《するがまろ》が陸奥出羽按察使に任じられた（陸奥守任命もほぼ同時か）。駿河麻呂は壬申の乱における功将として知られる御行《みゆき》の孫とみられ、古くより軍事的職掌をもって王権に仕えた雄族の名に恥じない武勇の人物として、光仁天皇の厚い信任を得ていた。

（前略）従四位下大伴宿禰駿河麻呂を陸奥按察使。仍《よ》て勅したまはく、「今聞かくは、汝駿河麻呂宿禰、辞《ことわりもう》して、『年老い身衰へて仕へ奉るに堪へず』とまうせりときく。然れども此の国は、元来《もとより》、人を択《えら》びてその任《つかさ》を授けり。汝駿河麻呂宿禰、唯《ひと》り朕が心に称《かな》へり。是を以て任じて按察使とす。これを知るべし」とのたまふ。即日《そのひ》に正四位下を授く。

(『続日本紀』宝亀三年九月丙午［二十八日］条)

光仁天皇は駿河麻呂に按察使拝任を命じたが、駿河麻呂は老衰を理由に辞退を申し出た。それに対して天皇は、按察使の務めを任せられるのは汝一人を措いてほかにないと駿河麻呂を説得し、その日のうちに正四位下を授けたという。

駿河麻呂の経歴をみてみると、天平十五年(七四三)五月に従五位下に叙され、越前守を務めた後、天平勝宝九＝天平宝字元年(七五七)八月 橘奈良麻呂《たちばなのならまろ》の謀反に同族の古麻呂《こまろ》・古慈斐《こしび》らとともに加わった罪により、除名《じょみょう》(実刑を科したうえ官位を剝奪し、六年を経なければ再叙しない)の処分を受けたらしい。その後従五位下に復し、神護景雲四＝宝亀元年(七七〇)五月には従五位上で出雲《いずも》守に任じられた。光仁天皇即位時の同年十月には正五位下に叙された後、肥後《ひご》守として同国より白亀を献じた功によってさらに正五位上に進み、翌宝亀二年(七七一)十一月には従四位下に叙されている。つまり光仁天皇即位よりわずか二年ほどの間に五階も昇進していることになる。

急激な昇叙の理由は不詳であるが、やはり光仁天皇と彼との間に深い人格的な信頼関係があったためではなかろうか。「汝駿河麻呂宿禰、唯り朕が心に称へり」という天皇の言葉には、並々ならぬ熱い期待が込められているようにもうかがえる。また駿河麻呂の方としても、天皇より老体の身に過分の期待を蒙ったことに対していたく感激するとともに、身を挺して辺境の守りに当たることを決意し、胸中で天皇への至誠を固く誓ったことであろう。

ところで、駿河麻呂が按察使に任じられるよりもやや前の宝亀二年から翌三年の夏にかけての頃に、陸奥国司の陣容が大きく変化しつつあった。二年閏三月には佐伯美濃が守となり鎮守将軍を兼ね、七月には笠道引《かさのちびき》が介となり、ついで三年四月には粟田鷹主《あわたのたかぬし》が員外介となっている。道嶋氏寄りであったとみられる前守石川名足と前介田口安麻呂の二人もほどなく都へ帰還したとみられ、また道嶋三山も鷹主と入れ替わりで員外介の任を退いた。

陸奥国政への影響

陸奥国府内での道嶋氏の影響力が大きく減退させられた印象は否めない。とはいえ三山も、国司・鎮官の現任ではなくなったとはいえ依然として陸奥国国造の任にあり、都では陸奥国大国造の嶋足が按察使駿河麻呂を上回る正四位上の高位を誇っていて、やはり道嶋宿禰一族が陸奥国内において未だ隠然たる政治的権威を保持していたことには変わりはなかった。

按察使駿河麻呂にとって、自分より高位の嶋足を一族の氏上《うじのかみ》とする道嶋氏の存在はきわめて目障りだったことであろう。そして光仁天皇もまた、称徳天皇と道鏡を頂点としていた旧体制下で陸奥国をさながら私領のように統治していた道嶋宿禰一族に掣肘を加えることで、東北の地に自らの王権を主体とする新たな支配秩序を築き上げることをつよく念願していたものとみられる。

宝亀四年（七七三）七月、駿河麻呂は鎮守将軍を兼ね、按察使・陸奥守・鎮守将軍の三官を兼帯した。鎮守府の軍政機構をも掌握した彼は、光仁天皇の期待どおりに道嶋氏を追い落とすべく、自ら積極的に動きはじめた。

上京朝貢の停止

宝亀五年（七七四）一月二十日、蝦夷の上京朝貢が停止された。『続日本紀』はそのことについて、「詔して、蝦夷・俘囚の入朝《みかどまいり》することを停む」との簡単な記述のみで済ませている（同年正月庚申［二十日］条）。

なお同年一月にも元日朝賀などの正月儀礼参列のための蝦夷の入朝があったが、実際に上京していたのは出羽の蝦夷だけであったようで、しかも元日朝賀への参列はおこなわれず、十六日に朝堂で出羽の蝦夷・俘囚に対する饗宴や叙位・賜禄の儀があったのみであった（『続日本紀』同年正月丙辰［十六日］条）。この一見唐突な出来事はいったい何を意味するのであろうか。

第三章八節で述べたように、神護景雲三年（七六九）一月より再開された蝦夷の正月上京朝貢は、陸奥のすべての蝦夷族長の上に君臨する道嶋氏の巨大な族長権を象徴する儀礼としての一面をもっていた。称徳天皇・道鏡政権が崩壊し、光仁天皇に代替わりした宝亀二年以降も正月上京朝貢はなおも存続したが、おそらくは傍系の出自で血統的な権威の低い光仁天皇にカリスマを付与するために、朝賀などの正月儀礼に蝦夷族長を参列させることがそれなりに有効であると考えられたためであろう。その際、道嶋氏のはたらきはある程度制限されたようにも推測されるが、しかし儀礼に参列する蝦夷族長の統率・指揮といった同氏の基本的な役割は否定のしようがなかった。これらの朝貢儀礼が存続するかぎり、陸奥の蝦夷族長たちを統べる道嶋氏の強大な族長権に掣肘を加えることはきわめて困難だったのである。

蝦夷の上京朝貢の停止は、おそらく光仁天皇の意より出たものであったろう。そして天皇の意を奉じた駿河麻呂は、鎮守将軍として鎮守府軍政機構の頂点に立つやいなや、陸奥の蝦夷たちの上京朝貢をおこなわせない方針を固めたものとみられる。おそらくそのためであろう。宝亀五年一月に上京していたのはひとり出羽の蝦夷族長たちであった。また同年の元日朝賀に蝦夷参列の儀がなかったのは、北狄《ほくてき》たる出羽の蝦夷だけで東夷《とうい》たる陸奥の蝦夷族長たちを欠いていては儀式として成り立たなかったからではなかろうか。このときひとり上京した出羽の蝦夷は、節日の十六日に賜饗・叙位・賜禄を受けた後に帰郷したと考えられる。

そして出羽の蝦夷の帰郷後の一月二十日、光仁天皇の詔によって蝦夷の上京朝貢の停止が宣言されたのであった。都では道嶋宿禰一族の氏上である嶋足が近衛中将の顕職に在任中であったが、先の政権において称徳天皇や道鏡より厚遇を受けた過去をもつ彼は、中央政界で生き延びたいという自己保身の念もあってか、そうした動きに対してあえてあらがおうとはしなかったようである。あるいは彼は、陸奥に巨大な族長権を打ち立てたみちのくの覇者の当主としての道ではなく、在京の一貴族として生きぬいていく道の方を選び取ったのかもしれない。

一方陸奥国在住の三山の方は、光仁天皇に代替わりして以降全く正史に姿をみせていない。栗田鷹主に替わられる宝亀三年四月までは陸奥員外介の座にあったと推測されるが、その後はおそらく国内の要職よりことごとく疎外され、孤立の道を歩むことになったのであろう。なお宝亀二年十一月に桃生郡の住人の外従七位下牡鹿連《おしかのむらじ》猪手《いて》に道嶋宿禰姓が与えられているが、あるいはこの猪手こそは、没落しつつあった三山に替えて新たな陸奥国道嶋氏の本宗《ほんそう》に取り立てられたものではなかったかとも臆測される。後に現われる大楯《おおだて》・御楯《みたて》（おそらく二人は兄弟であろう）の両名は、同じく陸奥国の道嶋氏でありながら明らかに三山とは政治的傾向が大きく異なっており、彼らはもしかするとこの猪手の近親者であったのかもしれない。

2　桃生城襲撃事件

蝦夷の騒擾

蝦夷の上京朝貢が停止されてから半年ほど後の宝亀五年（七七四）七月頃、海道地方の蝦夷らの間で不穏な動きが発生し、騒擾状態となった。陸奥出羽按察使・陸奥守・鎮守将軍の駿河麻呂はそうした事態に対処するため都に奏状を呈し、征夷をおこなうべきか否かについて光仁天皇に勅断を求めている。

河内守従五位上紀朝臣広純《ひろずみ》を兼鎮守副将軍とす。陸奥按察使兼守鎮守将軍正四位下大伴宿禰駿河麻呂らに勅して曰はく、「将軍ら、前日《さきのひ》征夷の便宜を奏して、『一《ある》は伐つべからず、一は必ず伐つべしと以為《おも》へり』とまうす。朕、その民を労《いたわ》らむが為に、且つ含弘《がんこう》を事とす。今将軍らが奏を得るに、『蠢《うごめ》ける彼の蝦狄《えみし》、野心を悛《あらた》めず、屢辺境を侵して、敢へて王命を非《そし》る』と。事已《や》むこと獲《え》ず。一《もは》ら来奏《らいそう》に依りて、早《すみやか》に軍を発して、時に応《あた》りて討ち滅すべし」とのたまふ。

（『続日本紀』宝亀五年七月庚申〔二十三日〕条）

まず駿河麻呂が、「一は伐つべからず、一は必ず伐つべしと以為へり」と征夷の是非に迷い、最初の奏状で天皇の勅断を仰いだ。それに対して天皇は人民を労することを慮《おもんぱか》り、征討軍を興すべきではないとの指示を出した。しかし駿河麻呂が二度目の奏状で、「蠢ける彼の蝦狄、野心を悛めず、屢辺境を侵して、敢えて王命を非る」などと報じてきたことにより、天皇は七月二十三日に勅によって征夷決行の命を下したのであった。

桃生城襲撃

そのわずか二日後の七月二十五日、駿河麻呂は海道蝦夷が桃生城を襲撃したことを報じる陸奥国解《こくげ》（国司が太政官に上申する公文書）を急ぎ都へ送った（なお平城京より多賀城までの飛駅《ひえき》は片道六、七日を要し、桃生城襲撃事件が起こり駿河麻呂が国解を飛駅上奏した二十五日の時点では、まだ彼の許に天皇の征夷決行命令は到着していなかったとみられる）。

陸奥国言さく、「海道の蝦夷、忽《にわか》に徒衆を発《おこ》して、橋を焚《や》き道を塞ぎて既に往来を絶つ。桃生城を侵してその西郭《せいかく》を敗《やぶ》る。鎮守の兵、勢《いきおい》支《ささ》ふること能《あた》はず。国司事を量りて、軍を興しこれを討つ。但し、未だその相戦ひて殺傷する所を知らず」とまうす。

（『続日本紀』宝亀五年七月壬戌〔二十五日〕条）

海道蝦夷の叛徒は、橋を焼き道を塞いで往来を絶ち、さらに桃生城を襲撃してその西郭を破った。国司は直ちに軍勢を差し向け討伐にあたったが、この時点ではまだ詳細な戦況・戦果は不明であった

桃生城政庁跡（東北歴史博物館提供）

らしい。ここで注意されるのは、叛徒が最初に橋を焼き道路を塞いで、国家側勢力と蝦夷社会との政治的交通の道であった「海道」の陸路を破壊していることである。彼らはこうした行為によって、国家側勢力との政治的交流を拒絶せんとする意志を示したのであろう。なお光仁天皇と駿河麻呂との間で以前から征夷決行をめぐるやりとりがおこなわれていたことに注目し、国家側の戦争準備を察した海道蝦夷が先手を打って攻撃に出たものであると解する説も提出されている（鈴木拓也『蝦夷と東北戦争』）。そうした可能性も大いにあろう。

桃生城襲撃の報を受けた中央政府は八月二日、坂東八国に勅を下し、陸奥国から急を告げてきた場合には直ちに援兵を派遣できるように、国の大小によって五〇〇〜二〇〇〇人の軍兵を集め待機させておくよう命じた。

このとき陸奥の海道地方の蝦夷社会で騒擾が発生し、海道蝦夷が反乱を起こしたことの原因はいったい何であったのか。

反乱の原因

まず第一には、同年一月に上京朝貢が停止されたことが、事件発生になんらかの影響を与えていた可能性が考えられる。上京朝貢に与《あずか》っていた蝦夷大族長らは、その停止によって政治的・経済的特権の一部を侵害され、大いに不満を募らせたことであろう。またそれまでは、大物クラスの大族長が上京朝貢をおこない、それ以外の中小蝦夷族長は城柵などの地方官衙で朝貢をおこなうという二重構造の朝貢制が採られてきたが、上京朝貢が停止されたことで大族長らも地方官衙での朝貢儀礼の方に参列せざるをえなくなり、その結果地方官衙での朝貢に参加できる蝦夷族長の人数が制約され（陸奥国の朝貢・饗給の財源に限界があるため）、中小蝦夷族長の中には朝貢儀礼に参列できない者が少なからず出てきた可能性も大いに考えられる。さらに上京朝貢と地方官衙朝貢の二重構造が崩れてしまったことで、譜代の大族長らを頂点として安定した状態を保っていた蝦夷社会内部の階層的秩序もまた、深刻な崩壊の危機に直面することとなったのではなかろうか。

第二は、陸奥国政・鎮守府軍政における道嶋氏の影響力が急激に低下したために、陸奥の蝦夷系住人の生活を保護・支援するための政策が大きく後退したとみられる点である。騒擾・桃生城襲撃事件のいずれも、田の作付け後で食料稲が不足する端境期に発生したとみられ、その時期には数多くの蝦夷系住人が生活の困窮にあえいでいたことがうかがえる。先に、上京朝貢の停止以降、地方官衙での朝貢・饗給に与れなくなった中小蝦夷族長が出てきた可能性に言及したが、道嶋氏が蝦夷に対する諸政策の第一線から遠ざけられたことにより、城柵における朝貢・饗給のシステムは深刻な機能不全に陥ることとなり、禄や食料稲の支給が滞って、蝦夷社会側の経済的基盤が根本から脅かされるような事態に至っていたのではないかとも推察される。もちろん道嶋氏の巨大な傘下に拠り所をえていた蝦夷系住人はかなりの数に上ったはずであるから、騒擾や反乱を起こした蝦夷たちの中にも、道嶋氏に対する思慕や同情の思いを懐く者は相当たくさんいたことであろう。

第三に挙げられるのは、国家側社会と蝦夷社会との間で交易上の軋轢が増大していたことによる影響であろう。三山をはじめとする陸奥国在住の道嶋宿禰一族が陸奥国政を実質的に主導していた神護景雲年間においても、すでに国家側の人々と蝦夷との間における交易上の矛盾は深まりつつあったが、道嶋氏の力によってそれら諸勢力間の利害調整がなされ、またたびたび表面化したトラブルに対しても調停と再発防止ための努力が講じられてきたとみられる。そうした交易上の軋轢を解消するために奔走していた道嶋一族が、光仁天皇と結んだ大伴駿河麻呂によって抑圧され勢力を衰退させていったことをきっかけとして、譜代の大族長たちを頂点とする蝦夷社会の側に、自分たちの既得権を侵害し、不公正な交易を強いて損害をもたらす国家側の諸勢力に対する不満・反発が急激に醸成されていったという可能性は大いにあるように思われる。

以上に挙げた三点がどのように複合して真の反乱の原因をなしていたのかは不明であり、またそれら以外にもなんらかの要因が伏在していた可能性も否定できない。ともあれ、同年一月の上京朝貢の停止以後、朝貢・饗給の機能不全や交易条件の劣悪化などによって追い詰められ、生活の困窮にあえいでいた海道地方の蝦夷集団が、同年の初夏頃より食料の掠奪などをたびたびおこなうようになった。それに対して駿河麻呂ら陸奥国司は、貧窮化した蝦夷系住人に救済の手を差し伸べるどころか、かえって武力制圧で押し切ろうとする動きすらみせたのである。そして、そのような律令国家側の苛酷な抑圧的姿勢に対して怒りを爆発させた海道蝦夷の一部勢力がついに桃生城襲撃を断行したというのが、反乱事件に至るまでの一連の事態の流れであったのではなかろうか。

天皇の叱責

ところが八月二十四日に至って、駿河麻呂より今次征夷の中止を求める奏状（次に掲げる史料の傍線部）が光仁天皇の許へ届いた。

> 是より先、天皇、鎮守将軍らが請ふ所に依りて蝦賊《えみし》を征たしむ。是に至りて更に言さく、「臣《やっこ》ら賊の為せるを計るに、既に是れ狗盗鼠窃《くとうそせつ》なり。時に侵掠すること有りと雖も、大害を致さず。今茂き草に属《つ》きて攻む。臣、恐るらくは後悔及《くやみおよ》ぶこと無けむことを」とまうす。天皇、その軽《かろがろ》しく軍《ぐん》興《きょう》を論《あげつら》ひ、首尾計《はかりごと》を異にするを以て、勅を下して深く譴責したまふ。
>
> （『続日本紀』宝亀五年八月辛卯［二十四日］条）

このとき駿河麻呂は、今回の海道蝦夷の反乱は犬（狗）や鼠などの小獣が悪さをした程度の小事件にすぎず、またしばしば侵掠はあるものの大害というほどではなく、草木の繁茂するこの時期に征夷の軍事行動を興すことは得策ではないとの見解を陳べ、光仁天皇に征夷の中止を求めた。その奏状を読んだ天皇は、先に征夷の実施を申請してきたにもかかわらず、今度はまるで手のひらを裏返すかのように征夷中止を求めてきたことに激怒し、即日、駿河麻呂を厳しく譴責する勅を下した。

桃生城を焼き討ちされるほどの甚大な被害をもたらしたこの事件を「狗盗鼠窃」として済ませようとした駿河麻呂の言動には確かに不審なものがあり、ある意味天皇が激怒したのも無理はない。しかしながら、当初征夷の是非に逡巡していた彼が突然武力征圧に傾き、その後にわかに征夷の中止に奔走するという一見無軌道的で混迷した対応の中に、陸奥国現地における複雑な政治的混乱の実情が反映されているという見方もできるように思われる。

駿河麻呂の判断がそれほど大きく揺れ動いたのはなぜだったのか。おそらく彼は桃生城が襲撃された後になって、騒擾・反乱を起こした蝦夷らの側の窮状をそれなりに把握・理解するに至り、武力による征夷よりは、懐柔政策によって事態の沈静化をはかることのほうが、国家による蝦夷支配の実質を維持するうえではるかに得策であるとの判断を採ったのではないかと推察される。もしも光仁天皇がそうした駿河麻呂の真意を冷静に聞き入れる広い度量や深い洞察力をもっていたならば、その後の事態の展開はかなり大きく変わっていたことであろう。

しかし光仁天皇は、駿河麻呂の申請を前後の筋の通らない弱腰の逃げ口上と受けとり、彼をことさら厳しく非難した。六二歳の高齢で立太子・即位したカリスマ的権威に乏しい老天皇は、ひとたび振り上げた征夷の拳を下ろすことは自らの威信を損ねることにもつながりかねないとつよく怖れたのかもしれない。

海道蝦夷による桃生城襲撃事件は後世、文室綿麻呂《ふんやのわたまろ》によって「宝亀五年より当年（弘仁二＝八一一年）に至るまで、惣て三十八歳、辺寇屢《しばしば》動きて、警□絶ゆること無し」などといわれたように（『日本後紀』弘仁二年閏十二月辛丑〔十一日〕条）、律令国家と蝦夷との大戦争時代の幕開けを告げた事件として永く記憶されることとなった。確かに結果からみればそのようにいうこともできるのかもしれないが、後にも述べるように、実際にはこの事件そのものが国家と蝦夷との全面戦争への道を決定づけたわけではなく、その段階ではまだ本格的な戦争を回避する道も十分に現実的な選択肢として存在していたのである。

3　征夷決行

遠山村征討

光仁天皇の激しい怒りに満ちた文面に接した駿河麻呂は、深く慙悸《ざんき》するとともにつよい自責の念にかられたことであろう。天皇より「唯り朕が心に称へり」との過分の励ましとともに陸奥出羽按察使の大任を賜ったにもかかわらず、その期待に応えられないばかりか深く失望させてしまったことを悔やみ、やり場のない情けない思いを胸に懐いていただろうことは想像にかたくない。最早このときの彼にとっては、征夷を実行し成果をえること以外に天皇の信任を回復するための手だてはなかったのである。

同年九月頃、駿河麻呂は海道蝦夷が住む村の一つである遠山《とおやま》村に進攻してこれを制圧した。

> 陸奥国遠山村は地これ険阻《けんそ》にして夷俘の憑る所なり。歴代の諸将、嘗《かつ》て進討せず。而るに按察使大伴宿禰駿河麻呂ら、直《ただち》に進みてこれを撃ち、その巣穴《そうけつ》を覆《くつがえ》す。遂に窮寇《きゅうこう》をして奔亡《ほんぼう》せしめ、降る者相望ましむ。是に於て、使を遣して宣べ慰《やす》ましめ、賜ふに御服《おんぷく》・綵帛《さいはく》を以てす。
>
> （『続日本紀』宝亀五年十月庚午［四日］条）

遠山村は宮城県登米《とめ》市のあたりと考えられており、その地には後の延暦十四年（七九五）頃に登米《とよま》郡が置かれた（樋口知志「律令制下の気仙郡」）。この軍事行動は、征夷決行をつよく求める光仁天皇に対して、桃生城襲撃事件の賊徒征討の〝成果〟をアッピールするために政治的に演出された「征夷」としての一面をもっていたようであるが、実は駿河麻呂がこの地に進軍したことにはもう一つの意味もあった。近年の学説には、『日本後紀《にほんこうき》』延暦二十三年（八〇四）正月乙未（十九日）条にみえる「陸奥国小田《おだ》郡中山柵《なかやまのさく》」が本来は登米郡中山柵であり、桃生城焼失後の宝亀五～七年（七七四―七七六）頃に桃生城の後継城柵として遠山（登米）村に造営されたものとする説得的な見解があり（鈴木拓也「古代東北の城柵と移民政策」）、ここでもその説に従いたい。とすれば、駿河麻呂による遠山（登米）村進軍は、海道蝦夷に対する朝貢・饗給をもおこなう新たな支配拠点となる新城柵の造営を準備するための軍事行動でもあったことになるのである。

駿河麻呂の遠山村征討報告を受けた光仁天皇は、わざわざ使を遣わし御服（天皇着用の衣服）・綵帛（彩色した絹布）を賜って慰労しその功に報いた。翌宝亀六年（七七五）九月に駿河麻呂は参議に任じられ、ついで同年十一月には正四位下より正四位上勲三等に昇叙されたが、それらはいずれもこのときの征夷の功績に対する褒賞であった。駿河麻呂の正四位上勲三等への昇叙を伝える『続日本紀』宝亀六年十一月乙巳（十五日）条は、「鎮守将軍大伴宿禰駿河麻呂、朝委を奉《う》けたまはりて身命《みいのち》を顧みず、叛賊を討治《とうち》して懐柔帰服せしむ。勤労の重きこと、実《まこと》に嘉尚《かしょう》すべし」と彼の戦功を特筆大書している。なおその際の論功行賞で叙位された者の人数は一七九〇余人にも上っているが、その中には中山柵の造営に功績のあった人々も含まれていた可能性があろう。

戦局の拡大

光仁天皇より征夷の成功を激賞され参議にまで抜擢された駿河麻呂は、その恩顧に精一杯報いねばならぬと考え、さらなる征夷計画の立案にとりかかった。もとより律儀で忠誠心がつよい武人気質の人であった駿河麻呂は、自らの余命をすべて天皇に捧げる覚悟で武力による蝦夷征討に全精力を傾注しようとしたのである。一方の光仁天皇も、血統的な権威性が低いことへのコンプレックスを常に懐いており、蝦夷征討において大きな成果を挙げることで自らのカリスマを高めたいとつよく望む向きがあった。血統的権威性が低くカリスマの乏しい老天皇と頑固で忠誠心ばかりつよい老臣、その二人の思惑が奇妙なかたちで噛み合ってしまったことが、事態をその後の国家と蝦夷との全面戦争へと導く一つの重大な契機となった観は否めない。

宝亀七年（七七六）一月末頃、陸奥出羽按察使駿河麻呂ら陸奥国首脳部は、同年四月上旬を期日として陸奥国軍二万人をもって山海二道の蝦夷を征討する計画を中央政府に上申した。それを受けた中央政府はその征討計画を承認するとともに、出羽国に対して、軍士四〇〇〇人を以て雄勝方面より山道蝦夷の西辺を伐たせ、陸奥国の征討を支援させる命令を下している。

陸奥国言さく、「来る四月上旬を取りて、軍士二万人を発して山海二道の賊を伐つべし」とまうす。是に、出羽国に勅して、軍士四千人を発し、道、雄勝よりしてその西辺を伐たしむ。

（『続日本紀』同年二月甲子〔六日〕条）

このときの駿河麻呂による征夷計画は、征討される蝦夷社会の側にとってはあまりにも理不尽なものであったといわざるをえない。というのも、桃生城襲撃をおこなったのは海道蝦夷の中の一部の集団でしかなかったにもかかわらず、この計画では事件に全く関与していなかった山道蝦夷までもが征討の対象とされているからである。しかも二万人というほぼ陸奥一国の全兵力にも相当する大軍を率いて、圧倒的多数の無辜《むこ》の人々を含む陸奥のほとんどすべての蝦夷集団に対して一気に征討を強行しようとする、まさに暴挙というほかないあまりにも無謀な進軍計画だったのである。

ただしこの征夷計画については、かつて三山ら道嶋宿禰一族の影響下にあった山海二道の蝦夷の村々に対して、駿河麻呂が征討軍を侵攻させ威嚇することで直接自らの支配・統制下に取り込み直そうとする政治的意図がともなっていたという可能性も否定できない。あるいはこのときの駿河麻呂の計画には、陸奥のすべての蝦夷を殲滅し村々を徹底的に焼き払うというような焦土作戦の実行は想定されていなかったようにも臆察される。しかしながら、攻められる蝦夷たちにとってみれば一片の理由も理解できないような乱暴きわまりない征討計画をなんの躊躇もなく策定・上奏したところに、ヤマト政権以来の名門軍事貴族大伴宿禰氏に出自をもつ駿河麻呂がいかに蝦夷社会の人々に対してあからさまな差別や偏見の感情を懐いていたかが明確に顕れていよう。

ところが、征夷決行期日が一カ月後に迫った三月四日に突然、大伴駿河麻呂は任地の陸奥国で死去してしまった（『公卿補任《くぎょうぶにん》』宝亀七年条）。『続日本紀』『公卿補任』など彼の死を伝える諸書に死因への言及はないが、老齢であったのでおそらく病死の可能性が高いように思われる。

老将駿河麻呂は世を去ったが、しかしそのことによって奥羽両国で平和が回復されそうな気配も最早なかった。駿河麻呂の征夷計画は、後継者の紀広純《きのひろずみ》らによってほぼそのままのかたちで引き継がれたからである。

志波村蝦夷の反乱

駿河麻呂の急死によって、官軍による山海二道蝦夷への征討の実施は延期されることになった。駿河麻呂の後継者として征夷の指揮を執ることになったのは、紀広純である。広純は、桃生城襲撃事件の報が都に伝えられる直前の宝亀五年（七七四）七月に河内守兼鎮守副将軍に任じられて陸奥の国政・軍政に初めて関わりをもち、翌六年九月には陸奥介に任じられ鎮守副将軍を兼ねた。駿河麻呂の後任として陸奥守に進んだ時期は不明であるが、おそらく宝亀七年のうちに駿河麻呂の後を継いで守に昇任したものと推測される。

駿河麻呂の死から二カ月後の宝亀七年五月初頭、志波《しわ》村の蝦夷が軍勢を発して出羽国軍に襲いかかり、大規模な戦闘となった。

出羽国志波村の賊叛逆《そむ》きて国と相戦ふ。官軍利あらず。下総・下野・常陸等の国の騎兵を発して戍《まも》らしむ。

（『続日本紀』宝亀七年五月戊子［二日］条）

初め陸奥鎮守将軍（鎮守副将軍の誤りか）紀朝臣広純言さく、「志波村の賊、蟻のごとく結びて毒を肆《ほしきまにまに》す。出羽国の軍、これと相戦ひて敗れ退く。是《ここ》に、近江介《おうみのすけ》従五位上佐伯宿禰久良麻呂《さえきのすくねくらまろ》を鎮守権副将軍《ごんのふくしょうぐん》として出羽国を鎮めしむ」とまうす。

（同、宝亀八年［七七七］十二月辛卯［十四日］条）

右に掲げた二つの記事のうち後者は一年余り後の日付をもつが、すでに明らかにされているとおり、いずれも宝亀七年五月頃に発生した同じ戦闘について書かれたものであって、後者の文章は『続日本紀』の編者の不手際により誤って同八年十二月の記事の中に嵌め込まれてしまったものと考えられる（佐々木恵介「六国史錯簡三題」）。両記事によれば、志波村に住む蝦夷が反乱を起こして出羽国軍と交戦し、これを圧倒する勢いであったことが知られる。

志波村とは、後の弘仁二年（八一一）に陸奥国斯（志）波郡が置かれた地であり、岩手県盛岡市の南半から矢巾《やはば》町・紫波《しわ》町にかけての広い地域に所在した蝦夷村である。盛岡市南半地域では台太郎《だいたろう》遺跡、野《のっ》古《こ》A遺跡・飯岡沢田《いいおかさわだ》遺跡、百目木《どめき》遺跡などの七世紀末より八世紀にかけて存続した大規模な集落跡が発見されており、とくに台太郎遺跡はその時期の竪穴住居跡が一四五棟も検出されているうえに、豊富な遺物も出土していて、八世紀代に志波村の中核をなした一大拠点集落であったと目されている。

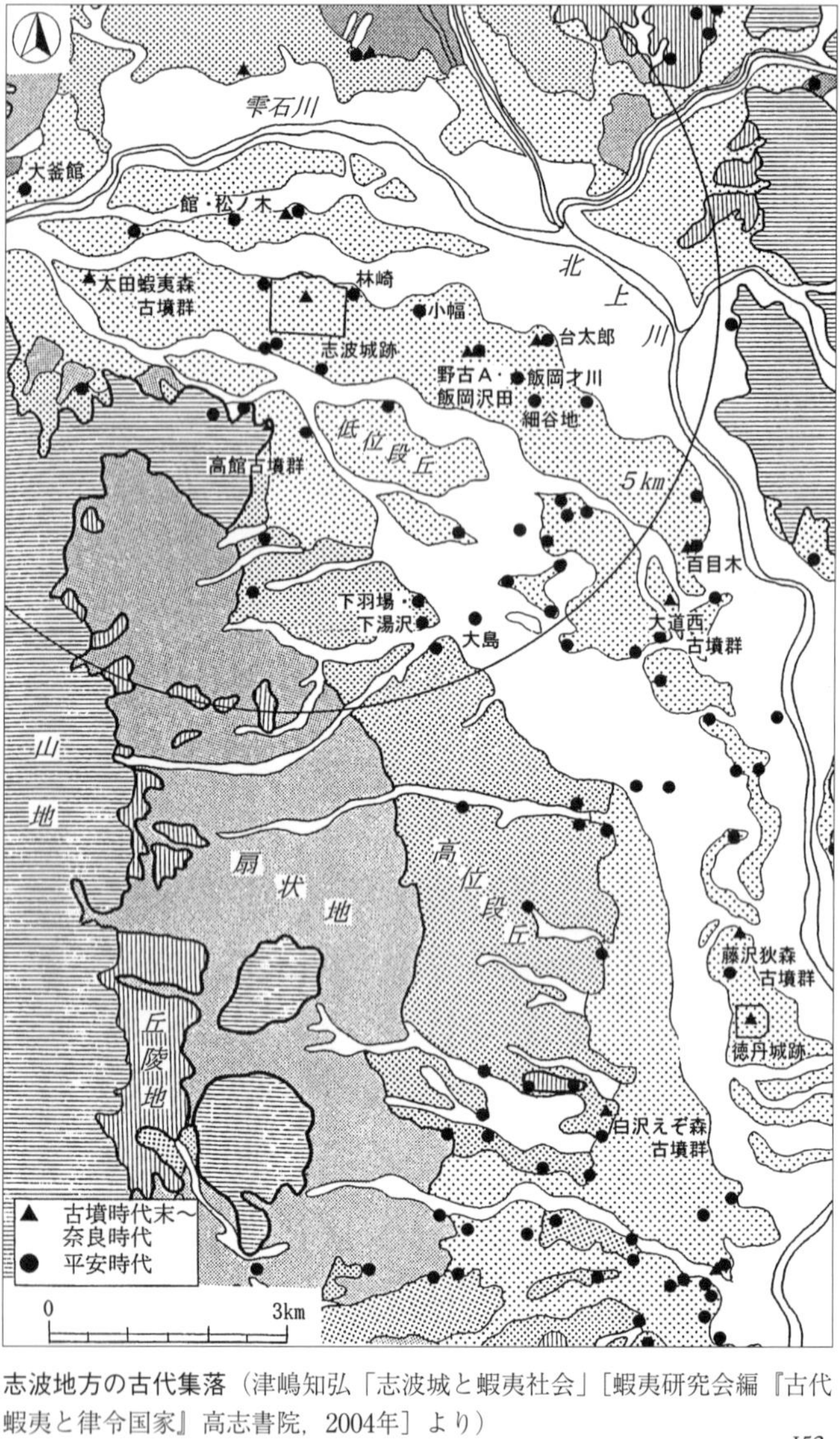

志波地方の古代集落（津嶋知弘「志波城と蝦夷社会」［蝦夷研究会編『古代蝦夷と律令国家』高志書院，2004年］より）

なお北上盆地北部に所在した志波村のことが、前者の記事で「出羽国志波村」と表記されている点は一見不審な印象を受けるが、すでに第三章二節でも述べたように、八世紀段階における北上盆地への陸路での交通経路は横手盆地より奥羽山脈越えで連絡するルートを主としていたと考えられ、当時実際に志波村が出羽国側の管轄領域として捉えられていた可能性も少なからずありえよう（鐘江宏之「八、九世紀における陸奥・出羽国域と北方管轄についての覚書」）。

このときの戦いについては、(1)出羽国軍が奥羽山脈を東に越え北上盆地北部の志波村を攻めたが逆に打ち負かされたとする見方と、(2)志波村蝦夷の軍勢が奥羽山脈を西に越えて横手盆地へ攻め入り出羽国軍を圧倒したとする見方の二通りの理解がありうるが、おそらく可能性が高いのは(2)の方であろう。前者の史料中に「志波村の賊叛逆きて」とみえる点は、(1)の出羽国軍の志波村攻撃によって戦端が開かれたとの理解と矛盾するように思えるし、また駿河麻呂の死から日が浅いその時点ではまだ官軍が作戦再開に着手していたとも考えにくいからである。なお出羽国軍とは前掲の『続日本紀』同年二月甲子条で光仁天皇の勅により出動命令が下された「軍士四千人」のことと解され、このとき雄勝城やその周辺で屯営・待機していたのであろう。おそらくそこに志波村蝦夷の軍勢が、官軍による山海二道への征討に先手を打つかたちで奥羽山脈を越えて急襲してきたと推察されるのであり、その結果雄勝城の周辺で大規模な戦闘が繰り広げられた可能性が高いものとみられる。

志波村蝦夷の軍勢はきわめて強大で、出羽国軍は全く歯が立たず、下総・下野・常陸三国の騎兵隊や後に述べる帰降蝦夷の軍勢による応援をえてようやく猛攻を凌ぐ有様であった。官軍を大いに打ち負かした志波村蝦夷は、意気揚々と本拠地へ引き上げていったように推測される。

志波村蝦夷の来襲は奥羽現地の官軍に大きな衝撃と動揺を与えるとともに、なお一層の態勢増強の必要性を痛感させたとみられる。事件発生直後の五月十二日には近江介の佐伯久良麻呂が鎮守権副将軍を兼官しており、また七月十四日には海道蝦夷征討のための備えとして安房《あわ》・上総・下総・常陸四国の船五〇隻が買い上げられ、陸奥国に置かれている。

陸奥国軍胆沢を伐つ

同年十一月、陸奥国軍三〇〇〇人が胆沢に侵攻した。『続日本紀』宝亀七年十一月庚辰（二十六日）条には、「陸奥の軍三千人を発して、胆沢の賊を伐たしむ」とのきわめて短い文章が記されるのみであるが、その意味するところは重大である。

第二章三節で詳しく述べたように、胆沢の地の新興蝦夷族長家である阿弖流為ら大墓公一族は、そもそも中央政権によって南北交易の現地管理者に委任されるほどに国家と近しい立場に身を置いていたのであり、胆沢の地の蝦夷集団がこの段階ですでに反乱勢力に与同していたとはいかにも考えがたいように思われる。

では、それにもかかわらず陸奥国軍が胆沢に侵攻してきた理由とはいったい何であったのか。おそらくその点は、約半年前に志波村蝦夷が出羽国軍に猛攻を加えた事件と深く関わっていたように推察される。これも第二章三節で述べたところであるが、志波村蝦夷の族長家の墳墓群とみられる盛岡市太田《おおた》蝦夷森《えぞもり》古墳群と胆沢の譜代族長家である胆沢公一族の墳墓群とみられる金ヶ崎町西根《にしね》古墳群・奥州市水沢区蝦夷塚《えぞづか》古墳群はいずれもいわゆる川原石積み石室タイプの末期古墳群であり、志波村蝦夷の族長家も胆沢公一族もともに当時北上盆地で最高位の蝦夷族長権を誇っていた。また実際に両家の間に最高位の族長家同士の誼《よしみ》による友好・連携の関係があったことは、後の延暦十一年（七九二）の時点で胆沢公阿奴志己《あぬしこ》という人物が戦禍を逃れて斯《（志）》波村に居住していた史実からもうかがえるところである（『類聚国史《るいじゅこくし》』同年正月丙寅［十一日］条）。そうした点に注目するならば、あるいは紀広純ら陸奥国首脳部は、阿奴志己や阿弖流為ら胆沢の地の族長勢力が、反乱した志波村蝦夷と裏で手を結んでいたのではないかとの疑いを懐いたために、陸奥国軍による胆沢侵攻をおこなったのではないかとも推察される。

さらに臆測をめぐらすならば、あるいは広純ら陸奥国首脳部は、胆沢に侵攻を開始する以前に、もともと道嶋氏の麾下に従っていた胆沢公一族や大墓公一族が自分たちに忠誠を誓うかどうかを試そうとして、阿奴志己や阿弖流為らに山道蝦夷や志波村蝦夷の討伐への従軍や積極的協力を強要していたのではなかろうか。そしてその命令に対して彼らがなかなか受諾・恭順の意を示さなかったために、陸奥国は胆沢蝦夷にも叛意があると決めつけ、このとき三〇〇〇人の軍勢を発して胆沢に攻め寄せてきたということであったのかもしれない。

また、この事件をめぐる具体的な情況もよくわからないが、胆沢討伐に関する官軍側の戦果や論功行賞などを明記した記事がみられないことからすれば、おそらくあまり大規模な戦闘はともなわなかったようにも思われる（『続日本紀』宝亀七年九月丁卯［十三日］条で大宰府に移配された「陸奥国俘囚」を官軍の胆沢侵攻の際に捕虜とされた胆沢蝦夷とみる見解もあるが、明らかに事件の発生順序と矛盾しており、従いがたい)。だがこの出来事をきっかけとして、阿弖流為や阿奴志己ら胆沢蝦夷と陸奥国首脳部との間に、容易に修復しがたい深い亀裂が生じたであろうことは想像にかたくない。

陸奥国軍による胆沢侵攻がおこなわれた当時、阿弖流為の年齢はだいたい二四〜三九歳くらいであったとみられる。若めにみればまだ彼の父が大墓公一族の族長であった可能性もあるが、あるいは彼自身がすでに族長の座に就いていて、陸奥国側との政治的交渉に自ら深く関与していたのかもしれない。いずれにせよ彼が、この重要な歴史の一齣《ひとこま》に当事者の一人として正面から向き合っていたことは間違いなかろう。

阿弖流為の立場

阿弖流為ら大墓公一族は、以前より長く親国家的な立場に身を置いており、また国家側社会と蝦夷社会との交易の現地管理者として公正かつ中立的な役割を担ってきたことへの自意識もあり、海道蝦夷や志波村蝦夷の反乱によって惹き起こされた陸奥国内での地域的紛争についても、できるかぎり平和的な手法によって解決していくことを望んでいたものと思われる。しかし中央政府や陸奥国首脳部はこのとき、陸奥国側の各地の蝦夷族長らに対して、山海二道蝦夷の征討に従軍・協力し不服従の蝦夷らを伐つか、それとも従軍・協力を拒み〝叛徒〟として伐たれるかという二者択一の「踏み絵」を強制していたものと推測され、そうした政治的混乱状況の下では、最早平和的手法による事態の打開はきわめて困難になっていたとみられる。またすでに道嶋氏が凋落してしまった今となっては、南北間交易の現地管理者として律令国家の国益にも大きく貢献した大墓公一族の過去の功績なども、中央政府や陸奥国首脳部の間では全く顧みられなくなっていたのである。

自分たちが住む胆沢の地に侵攻してくる三〇〇〇〇人もの軍勢を目の当たりにしたとき、阿弖流為の胸中にはいかなる想いが去来していたことであろうか。

山海二道蝦夷の征討

亡き大伴駿河麻呂によって計画された山海二道蝦夷の征討は、当初の期日より一年後の宝亀八年（七七七）四月に決行された。『続日本紀』同年九月癸亥（十五日）条中に、「今年四月、国を挙げて軍を発し、山海両《ふたつ》の賊を伐つ。国中忩劇《そうげき》にして、百姓艱辛《かんしん》す」とみえていることによって知られる。

征夷決行直前の三月には、「陸奥の夷俘の来り降る者、道に相望めり」という事態が発生していた（『続日本紀』同年三月是月条）。官軍に征討されることを恐れた数多くの蝦夷・俘囚らが、次々と帰降し

九世紀前半頃の甲と冑
（矢巾町教育委員会復元・提供）

てきたのである。前にも触れたように陸奥国首脳部は、征討に協力的な態度をとらない蝦夷系住人をすべて征討の対象とする旨を揚言していたものとみられる。それゆえこれら帰降した蝦夷・俘囚らの中には、律令国家や陸奥国への恭順を示すことで自分や家族の身を守ろうとして、山海二道の蝦夷を伐つべく征討軍に加わる者たちも少なからずいたことが推測される。

なお征討開始より一カ月余り後の五月二十七日には陸奥守紀広純が陸奥出羽按察使に昇任しているが、それは論功行賞によるものではなく、征夷軍の総指揮官である広純になお一層の権威を与え、奥羽両国におよぶ兵権を統帥させるための人事であろう。同月二十五日には相模・武蔵・下総・下野・越後五国に甲《よろい》二〇〇〇領を出羽国へ送らせており、戦いの激しさが最高潮に達したのはその後の六～八月頃ではなかったかと推測される。九月上旬頃には、陸奥国が征夷による疲弊を理由に同年の調・庸・田租《でんそ》の免除を中央政府に願い出ているから、概ね九月初旬頃までには同年の征夷戦は終息していたようである。

このときの征夷の実態は史料の残りが悪いためよくわからないが、次に掲げる『続日本紀』の二つの記事から、わずかではあるがその有様が推察できるように思われる。

（前略）是に至りて、正五位下勲五等紀朝臣広純に従四位下勲四等を授く。従五位上勲七等佐伯宿禰久良麻呂に正五位下勲五等。外正六位上吉弥侯伊佐西古《きみこのいさせこ》・第二等伊治公呰麻呂《これはりのきみあざまろ》に並に外従五位下。勲六等百済王《くだらのこにきし》俊哲《しゅんてつ》に勲五等。自余《そのほか》は各差有り。（『続日本紀』宝亀八年十二月辛卯［十四日］条）

陸奥・出羽の国司已下、征戦して功有る者二千二百六十七人に爵を賜ふ。按察使正五位下勲五等紀朝臣広純に従四位下勲四等を授く。鎮守権副将軍従五位上勲七等佐伯宿禰久良麻呂に正五位下勲五等。外正六位上吉弥侯伊佐西古・第二等伊治公呰麻呂に並に外従五位下。自余は各差有り。その爵を賜ふに預らぬ者の禄も亦《また》差有り。戦死せる父子も亦例《ためし》に依りて叙す。

（同、宝亀九年［七七八］六月庚子［二十五日］条）

右の両記事の内容はいずれも同じ征夷戦の論功行賞に関わることが明らかであるが、なぜか日付を全く異にしている。近年の研究成果によれば、この論功行賞の叙位がおこなわれたのは後者の記事の日付である宝亀九年六月二十五日のことであり、前者の記事の方は『続日本紀』の編纂過程で生じた錯簡に起因する重出《ちょうしゅつ》であると考えられている（佐々木恵介「六国史錯簡三題」）。

この論功行賞は、主に宝亀七年五月以降の志波村蝦夷征討と、八年四月以降の山海二道蝦夷征討の二つの征夷戦についてのものであるとみてよいだろう。後者の記事には、戦功によって叙位された者が二二六七人にもおよんだことが記されており、相当大規模な征夷戦であったことがうかがわれる。またここで注意されるのは、「その爵を賜ふに預らぬ者の禄も亦差有り」とみえる点であり、これはおそらく戦いに加わった蝦夷・俘囚らに対する給禄が少なからずおこなわれたことを示唆するものではないかと思われる。このときの戦い、とくに山海二道蝦夷征討戦では、実際に数多くの帰降蝦夷・俘囚らが官軍側に立って参戦していたと考えられるのである。

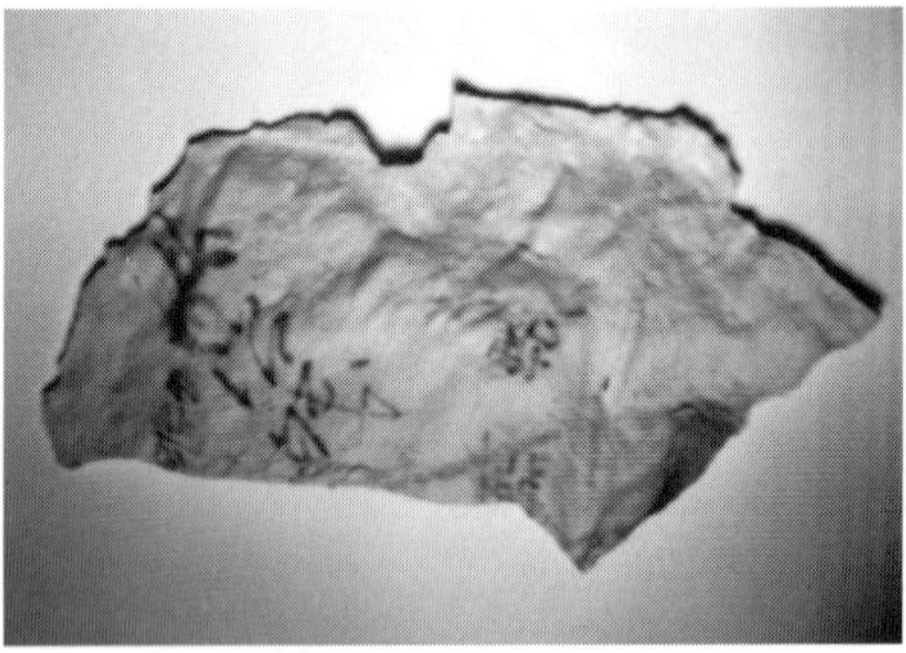

多賀城跡出土漆紙文書「此治城」
（東北歴史博物館提供）

宝亀八年四月以降の山海二道蝦夷征討戦で戦場となったのがどのあたりの地域であったのかもよくわかっていないが、おそらく山道方面では磐井地方、海道方面では気仙地方あたりが主たる戦場となったのではなかろうか。また前年に官軍と対峙した志波や胆沢の蝦夷村にまで直接攻撃がおよんだとも思えず、このとき官軍が実際に山海両道のすべての蝦夷村に侵攻したとはいささか考えにくい。それでも論功行賞に与った者の数が蝦夷・俘囚の将兵を含め相当多数におよんだらしいことからすれば、かなり大規模で激しい戦闘をともなっていたように想像される。

なお両記事でともに名がみえる吉弥侯伊佐西古・伊治公呰麻呂の両人は、このとき官軍側についた帰降蝦夷・俘囚の中でも最も大きな戦功を挙げた猛者《もさ》であった。伊佐西古はどこの出身か判然としないが、おそらく黒川以北十郡か栗原（伊治・此治）郡に本拠をもつ俘囚系有力者であろう。一方の呰麻呂は、その姓よりうかがえるように伊治城下の栗原（伊治・此治）郡に本拠をもつ譜代蝦夷族長家出身の人物で、この後に「蝦夷」身分を免じられて公民身分に編入され、さらに「上（此カ）治郡」（『続日本紀』宝亀十一年［七八〇］三月丁亥［二十二日］条）の大領に任じられるほどの栄達を遂げている。なお「上治郡」については、「かみじぐん」と読み、正規の郡ではなく蝦夷系住人のみによって構成される蝦夷郡とみなす説もあるが（熊谷公男「平安初期における征夷の終焉と蝦夷支配の変質」）、『公卿補任』宝亀十一年条に呰麻呂の肩書きが「陸奥伊治郡大領」とみえていること、蝦夷郡の郡司であれば「蝦夷」身分を免じられ公民身分とされる必然性はないことの二点より、「上治郡」は蝦夷郡ではなく、公民系の住人をも含んだ正規の郡である伊治城下の栗原（伊治・此治）郡を指すものと考えたい。なお「上」字は、『続日本紀』の古写本が「此」字を誤写したものであろう（多賀城跡出土漆紙文書《うるしがみもんじょ》の中に「此治城」と記されたものがある）。とすれば呰麻呂は、公民系住人をも従える正規の郡の大領の座にまで上り詰めたということになる。

しかし呰麻呂は後に詳しくみるように、宝亀十一年（七八〇）三月に突如として反乱を起こしており、また伊佐西古もそれに呼応するかのように反乱軍側に身を投じ、官軍を相手に激戦を展開している。こうした親国家的な蝦夷系勢力の去就の劇的な変化の背景には、どのような政治的情況が伏在していたのだろうか。章をあらためて詳しく述べてみたい。

第五章　伊治公呰麻呂《これはりのきみあざまろ》の乱

1　覚鱉城《かくべつ》造営計画

宝亀十年の蝦夷反乱

前章でみたように、宝亀七・八年（七七六・七七七）はほぼ戦乱に明け暮れた二年間であったが、『続日本紀』の記事をみるかぎりでは続く宝亀九・十年（七七八・七七九）には国家と蝦夷との戦乱を伝える記録はない。ただし奈良の東大寺の寺誌である『東大寺要録《とうだいじようろく》』（嘉祥《かしょう》元＝一一〇六年成立）中には、宝亀十年に「東夷」が蜂起したとする記事が伝わっている。

延暦僧録《えんりゃくそうろく》に云はく
宝亀十年己未東夷《とうい》起りて盗み、佐伯将軍守りを失へり。朝を挙りて怖れを懐きて、守真《しゅしん》奏して東大寺に仏頂行道《ぶっちょうぎょうどう》して災ひを攘《はら》へり。三七日《さんしち》を限る。三七に入るに至りて東夷逼伏《ひっぷく》す。飛駅《ひえき》して降賊八十六人を送る。此れより已来《いらい》東夷寧怗《ねいちょう》なり。守真始めて朝庭を履《ふ》み、久しく美誉《びよ》を擅《ほしきまま》にす。

同年に蝦夷反乱が起こったことは、『続日本紀』中に該当記事がみえない。しかし「佐伯将軍」とは宝亀七年五月に鎮守権副将軍に任じられた佐伯久良麻呂のことと思われるし、東大寺僧守真が反乱鎮定のため二十一日間の仏頂行道をおこなったとの所伝も具体的である。またこの部分は鑑真《がんじん》の弟子である唐僧思託《したく》が著した『延暦僧録』からの引用で、同書は散逸して現存しないけれども延暦七年（七八八）に成立したことが知られており、そこに記された内容にはそれなりの史料的信憑性がともなっていると評価されよう。すなわち宝亀十年には蝦夷の蜂起があり、佐伯久良麻呂率いる軍勢が苦戦を強いられたことがあったのであろう。

この事件では八六人もの降賊が都へ送られたといい、決して小規模な戦乱ではなかったように推測されるが、おそらく宝亀七・八年の征夷戦の際に生じたところの、蝦夷社会の内部分裂によって誘発された事件だったのではなかろうか。前述のように、中央政府や陸奥国首脳部は、陸奥国側に住むすべての蝦夷族長に対して、征討に従軍・協力し不服従の蝦夷を伐つか、命令を拒み〝叛徒〟として伐たれるかのきわめて厳しい選択を強制したとみられるが、その結果蝦夷社会が大きく二分され、互いに敵対し反目し合うような分裂状況が生じていたのであろう。

あるいはこの宝亀十年の戦乱は、征討に協力し官軍側についた宮城県北部の栗原・登米地方の蝦夷系住人や黒川以北十郡の旧俘囚系住人と、不服従の立場に立たざるをえなかった岩手県側の北上盆地方面（主として磐井地方）の蝦夷集団との間に発生した、蝦夷系の人々同士の対立に端を発していたようにも臆測される。なお先の山海二道征討戦で戦功を挙げた伊治公呰麻呂は、おそらくこのときの戦いにおいても顕著な働きをなし、その結果「蝦夷」身分を免じられて公民とされ、さらに栗原（伊治・此治）郡大領に抜擢されたものと考えられる。

覚鱉城造営　翌宝亀十一年（七八〇）一月頃に、蝦夷の「賊」が北方より大崎平野に侵入し百姓に危害を加える事件が起こった。

陸奥国言さく、「船路《ふなじ》を取りて微《かすか》に遺れる賊を伐撥《うちはら》はむとすれども、比年《としごろ》甚だ寒くして、その河已《すで》に凍りて船を通すこと得ず。今、賊来り犯すこと已《や》まず。故に先づその寇《あだ》の道を塞ぐべし。仍て軍士三千人を差し発して、三四月の雪消え雨水汎溢《あふ》るる時を取りて、直に賊地に進みて、覚鱉《かくべつ》城を固め造るべし」とまうす。是に勅を下して曰はく、「海道は漸く遠くして、来り犯すに便《たより》無し。山賊は居近くして、隙《ひま》を伺ひて来り犯す。遂に伐撥はずは、その勢更に強けむ。覚鱉城を造りて胆沢の地を得《う》べし。両国の恩《めぐみ》、斯《これ》より大《おおき》なるは莫《な》けむ」とのたまふ。

（『続日本紀』同年二月丁酉［二日］条）

陸奥国言さく、「去ぬる正月廿《にじゅう》六日、賊、長岡に入りて百姓の家を焼けり。官軍逆《むか》へ討ちて彼此《かれこれ》相殺せり。若し今早《すみやか》に攻め伐たずは、恐るらくは来り犯すこと止まざらむ。請はくは、三月中旬に兵を発して賊を討ち、幷《あわ》せて覚鼈城を造りて兵を置きて鎮戍《しずめまも》らむことを」とまうす。勅して曰はく、「夫《そ》れ狼子《ろうし》野心にして恩義を顧みず、敢へて険阻を恃《たの》みて屢辺境を犯せり。兵は凶器なりと雖も、事已むこと獲ず。三千の兵を発して、以て遺孽《いげつ》を刈り、以て余燼《よじん》を滅すべし。凡そ軍機の動静は便宜を以て事に随へ」とのたまふ。（同、同年同月丙午［十一日］条）

右の二史料をもとに事実関係を考えてみる。まず二月丁酉条には、「微に遺れる賊を伐撥はむとすれども」とあり、その直前に征夷戦があったようにも読める。あるいは、前年の戦闘において官軍側についた蝦夷・俘囚らの軍勢が、北上盆地方面（主として磐井地方）に攻め入ったことを示すものであろうか。その報復によるものか、前年冬くらいから「賊」が北方より黒川以北十郡方面へ来襲する事態がたびたび発生していて、陸奥国は一月下旬頃に中央政府に対し、その侵入ルートを遮断するために、雪の消える三、四月頃に軍士三〇〇〇人を発して賊地に入り覚鼈城を造営したい旨を奏した。それに対して光仁天皇は二月二日に勅を発し、山道蝦夷を直ちに討伐しなければその勢いはますます強大化するであろうとして、覚鼈城を足がかりに胆沢の地を占領せよと陸奥国に命じたのである。また同月丙午条によれば、ついで二月上旬頃に陸奥国は、一月二十六日に「賊」が長岡郡の百姓（もと俘囚か）の家を焼き、官軍がこれを迎え撃ったことを報じるとともに、来たる三月中旬に軍勢を発して「賊」を討ち、併せて覚鼈城を造営して守備の兵を置きたい旨を申請した。それに対し光仁天皇は、直ちに三〇〇〇の兵を発して反乱蝦夷の残党を掃討すべきことを命じた。

ここで注意されるのは、たびたび北方より来襲する「賊」について、陸奥国首脳部が「微に遺れる賊」と微少な残党勢力程度にしか認識していなかったのに対して、光仁天皇の脳裡では今後強大な反乱勢力ともなりかねない不気味な存在のように観念されていて、双方の認識の間にかなりの懸隔がみられることである。そうした懸隔は覚鱉城造営の目的においてもみられ、陸奥国が単に賊の侵入ルートを遮断するためとするのに対して、天皇は胆沢の地を占領するための軍事拠点となすべきことをつよく主張しているのである。結局、胆沢を占領することが陸奥・出羽両国にとって最大の「恩《めぐみ》」であるとする光仁天皇の勅によって、阿弖流為らが住む胆沢の地が、官軍側の最重要の攻撃目標に設定されることとなった。

また天皇の勅で胆沢が名指しされているのは、胆沢の蝦夷集団こそが山道蝦夷の要をなす勢力と認識されていたためとみられ、この頃大崎平野方面に侵入し「賊」と称された者の中に、実際に胆沢の地の住人が含まれていた可能性は否定できない。しかしながらその場合にもおそらく、「賊」と阿弖流為との間に直接的な関係があったとは断じられず、後述するようにこの段階ではまだ阿弖流為は国家への反乱に身を投じてはいなかったと考えられる。

なお覚鱉城については現時点では、遺跡擬定地はおろか所在地すらわかっていない。前掲の二史料によれば、同城は胆沢と伊治城の中間の、北上川舟運に至便で、北方からの陸路交通の遮断にも適した地に立地したと考えられ、おそらく岩手県南部の磐井地方（岩手県一関市周辺）あたりに造営されたのではないかと推測されよう。ただし造営開始後間もない同年三月下旬には伊治公呰麻呂の乱が発生し、造営事業じたいも中途で取り止められてしまったと思われるので、実際には同城は完成しないまま放棄された可能性が高い。

2　呰麻呂反す

事件勃発

宝亀十一年（七八〇）三月、陸奥出羽按察使で参議を兼ねていた紀広純が、陸奥介大伴真綱《まつな》、牡鹿郡大領道嶋大楯《おおだて》らをともない、覚鱉城造営の用務で俘軍《ふぐん》（俘囚の軍兵によって構成される軍）を率いて伊治城に入城した。そこで同月二十二日（『続日本紀』による。『公卿補任《くぎょうぶにん》』宝亀十一年条によれば二十四日）、此治《これはり》（栗原・伊治）郡大領の伊治公呰麻呂が突如反乱を起こし、按察使の広純と大楯の二人を殺害するという事件が勃発した。

陸奥国上（此カ）治郡大領外従五位下伊治公呰麻呂反《そむ》く。徒衆を率て按察使参議従四位下紀朝臣広純を伊治城に殺せり。広純は、大納言兼中務卿《ちゅうむきょう》正三位麻呂の孫、左衛士督《さえじのかみ》従四位下宇美《うみ》の子なり。宝亀中に出でて陸奥守と為り、尋《つ》ぎて按察使に転《うつ》さる。職に在りて事を視ること、幹済《かんさい》と偁《たた》へらる。伊治呰麻呂は本是れ夷俘の種《たぐい》なり。初め事に縁りて嫌ふこと有れども、呰麻呂怨《うらみ》を匿して陽《いつわ》りて媚び事《つか》ふ。広純、甚だ信用《おもいもち》ゐて、殊に意に介《はさ》まず。また、牡鹿郡大領道嶋大楯、毎《つね》に呰麻呂を凌侮《りょうぶ》

伊治城全景（東北歴史博物館提供）

して、夷俘を以て遇《あしら》ふ。呰麻呂、深くこれを銜《ふく》めり。時に広純、議《はかりごと》を建てて覚鱉城を造りて、以て戍候《じゅこう》を遠ざく。因りて俘軍を率て入るとき、大楯・呰麻呂並《とも》に従へり。是に至りて、呰麻呂自ら内応して、軍を唱誘《ときいざな》ひて反く。先ず大楯を殺し、衆を率て按察使広純を囲み、攻めて害せり。独《ひと》り介大伴宿禰真綱を呼びて、囲の一角を開きて出し、護りて多賀城に送る。その城、久しき年、国司治《し》る所にして、兵器・粮蓄《ろうちく》、勝《あ》げて計《かぞ》ふべからず。城下の百姓、競ひ入りて城の中に保《まも》らむとすれども、介真綱、掾石川浄足《きよたり》、潜《ひそか》に後門《こうもん》より出でて走《に》ぐ。百姓遂に拠る所無く、一時《いっとき》に散り去りぬ。後数日にして、賊徒乃《すなわ》ち至り、争ひて府庫の物を取る。重《とうと》きを尽《こそ》りて去る。その遺《のこ》れるものは、火を放ちて焼く。

（『続日本紀』宝亀十一年三月丁亥［二十二日］条）

右の記事が語るところによれば、呰麻呂はもと夷俘の身分であったが、このとき此治（栗原・伊治）郡大領の地位にあった。彼は按察使の広純に対して心中で嫌悪の情を懐いていたが、それを隠して媚び仕え、一方広純の方は呰麻呂のことを大いに信用していた。また牡鹿郡大領の大楯は呰麻呂のことを夷俘として遇し常に侮辱的な態度をとっていて、呰麻呂は大楯を内心深く怨んでいたという。呰麻呂は俘軍を誘って反旗を翻し、まず大楯を殺し、その後広純を包囲して殺害した。しかしなぜか陸奥介の大伴真綱だけは包囲網の一角を開けて助け出し、さらに多賀城まで護送したという。この呰麻呂の一見不可解な行動には何か深い意味があったものと思われるが、その点については後で触れたい。

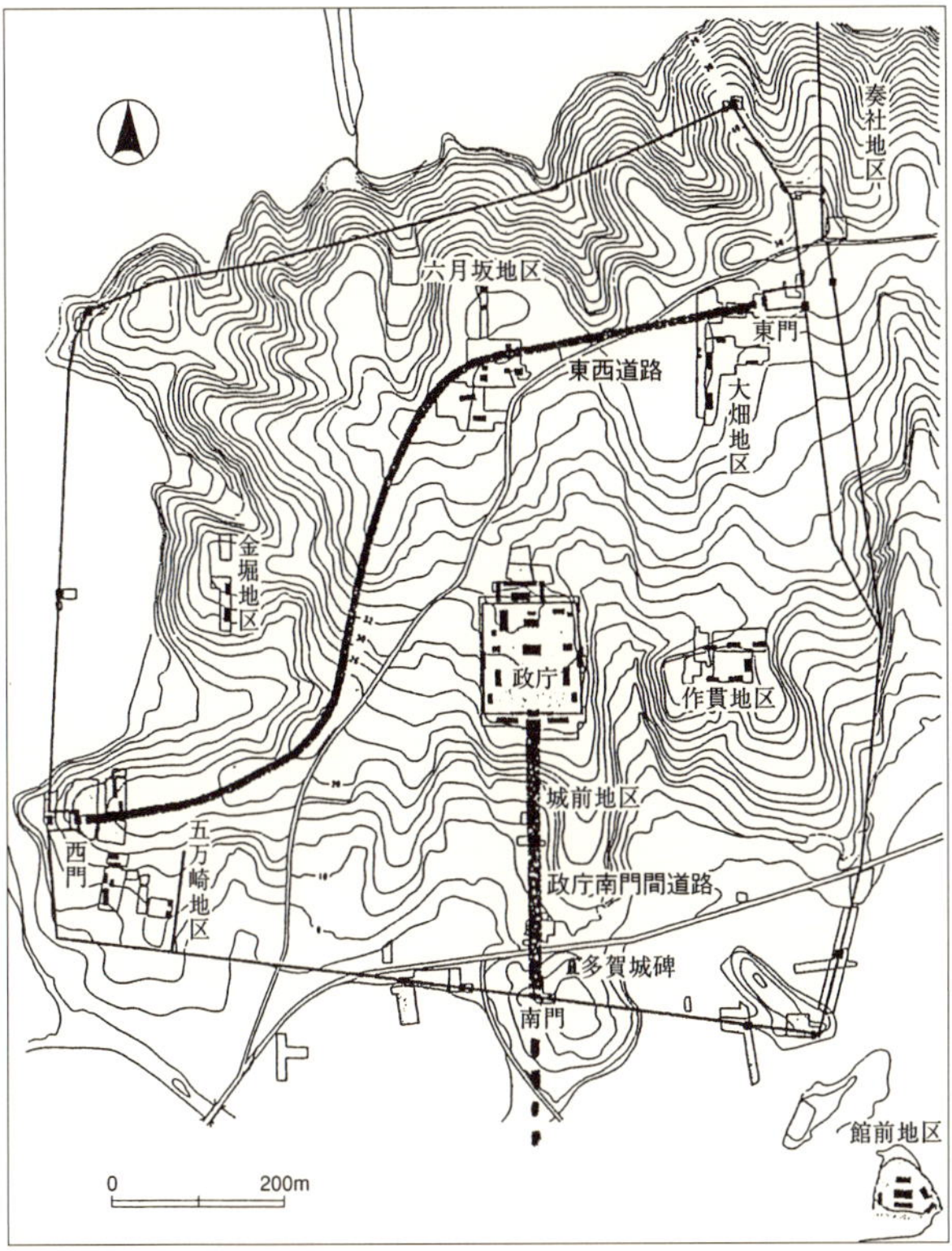

多賀城跡全体図

（高倉敏明『多賀城跡——古代国家の東北支配の要衝』［同成社，2008年］より）

真綱が多賀城に入ると、城下の百姓らは城中に逃げ込み身を守ろうとしたが、真綱と掾の石川浄足が後門（多賀城の外郭北辺に開いていた門か。発掘調査では未検出）より逃走してしまい、百姓らもみな逃散してしまう。呰麻呂らはその後も数日間その場で様子をうかがっていたようで、最後は俘軍らとともに城内に入って官物を略奪し、城に火を放って立ち去ったらしい。なお多賀城跡ではこのときの火災により、政庁をはじめとする数多くの施設が灰燼に帰したことが発掘調査によって確認されている。

広純と大楯

ここで、呰麻呂に殺害された二人の人物の経歴を簡単にみておく。まず紀広純は前掲の宝亀十一年三月丁亥条にみえるように、大納言兼中務卿正三位麻呂の孫、左衛士督従四位下宇美の子である。彼は仲麻呂政権下の天平宝字七年（七六三）一月に従五位下に進み大宰員外少弐《しょうに》に任じられたが、称徳天皇・道鏡政権下の天平神護元年（七六五）二月に薩摩《さつま》守に左遷。筑後《ちくご》守を経て、光仁朝の宝亀二年（七七一）閏三月に左少弁《さしょうべん》となり、美濃《みの》介を経て、同四年（七七三）一月従五位上に進み、同年三月河内守に任じられた。また翌同五年（七七四）七月には河内守で鎮守副将軍を兼ね、翌同六年（七七五）九月には陸奥介兼鎮守副将軍となり、同年十一月には陸奥出羽按察使大伴駿河麻呂による遠山村征討の際に挙げた功により正五位下勲五等を授けられ、その後同七年（七七六）中に駿河麻呂の後任として陸奥守に就任。翌同八年（七七七）五月には陸奥守で按察使を兼官し、同年十二月には駿河麻呂より引き継いだ山海二道蝦夷の征討の功によって従四位下勲四等を授けられた。また呰麻呂の乱勃発直前の宝亀十一年二月一日には参議に任じられている。

一方の道嶋大楯はここにしか所見せず、嶋足・三山らの同族として道嶋宿禰氏の一員であったことは明らかであるが、いかなる人物だったかはよくわからない。ただ彼はその名からみて、延暦八年（七八九）の征夷戦に「別将《べっしょう》」として従軍し、阿弖流為没後の延暦二十一年（八〇二）十二月に嶋足と同じく陸奥国大国造となり、翌同二十三年（八〇四）一月に征夷副将軍、大同三年（八〇八）六月に鎮守副将軍に任じられた御楯《みたて》の近親であったと推察される。おそらく大楯は、御楯の兄弟であろう。

なお三月丁亥条によれば、大楯は按察使の広純にひたすら扈従《こしょう》する俗物的な人物であったような印象を受け、みちのくの覇者として威勢を誇ったかつての道嶋氏の堂々たる風格は微塵も感じられない。また呰麻呂をことあるごとに夷俘と侮蔑したのも、名門の一族であるはずの自分が単なる一介の郡大領にしか就けず、しかももと蝦夷の呰麻呂に並ばれてしまった悔しさへの腹いせであったのかもしれない。あるいは大楯と御楯の二人は、宝亀四、五年頃に三山らの勢力が衰退したのと入れ替わるかたちで、光仁天皇の寵臣である駿河麻呂や広純らの後ろ楯の下に台頭してきた陸奥国道嶋氏の新たな本宗家の人物だったのではなかろうか。

呰麻呂の素性　呰麻呂はその姓より明らかなように、本来伊治すなわち栗原地方に勢力を張っていた譜代蝦夷族長であった。『続日本紀』神護景雲元年（七六七）十月辛卯条の伊治城造営記事（七六〜七七頁に掲出）中には彼の名はみえていないが、実際には同城造営における最大の功労者とされた道嶋三山の下で、在地社会側の代表者として造営に積極的に協力したのであろう。その後神護景雲三年（七六九）には伊治城周辺の地に栗原郡が置かれ、呰麻呂にも郡内支配に関わるなんらかの重要な役割が与えられた可能性があるが、当時はまだ「蝦夷」（夷俘）身分のままであった。

その後宝亀八年（七七七）の山海二道蝦夷征討における戦功によって、呰麻呂は翌同九年（七七八）六月に俘囚系の有力豪族であった吉弥侯伊佐西古《きみこのいさせこ》とともに外従五位下に叙された。そして彼はその後「蝦夷」身分を免じられて公民に編入され、さらに抜擢されて栗原（伊治・此治）郡大領に任じられたのである。

なお呰麻呂が大領に任じられた郡の名は、前掲の『続日本紀』宝亀十一年三月丁亥条の記事中には「上治郡」とあるが、すでに指摘したように筆写の過程で「此」字が「上」と誤写されてしまったものと推察され、「此治」はすなわち「伊治」であって神護景雲三年に建てられた栗原郡のことであると考えられる。蝦夷族長出身の呰麻呂が、柵戸など公民の上に立つ栗原郡の郡司になることはありえないとする見解も一部に根づよく存在するようだが、呰麻呂の乱の後の『続日本紀』天応《てんおう》元年（七八一）正月朔（一日）条には、「如《も》し百姓、呰麻呂らが為に詿誤《あざむ》かれて、能く賊を棄てて来《きた》る者有らば、復三年を給へ」とみえており、実際に呰麻呂の配下には少なからぬ百姓＝公民がいたことが明らかである。律令国家はまさに異例中の異例の抜擢により、蝦夷より公民への身分の変更をおこなってまで呰麻呂を同郡の大領の地位に就けたのであった。

そのように蝦夷族長としては全く前例のないほどの栄達を果たした呰麻呂が、なにゆえにこのような反乱事件を起こしたのであろうか。

動機は何か

呰麻呂が、大楯に対して怨恨の感情を懐いていたことはおそらく事実であろう。大楯には呰麻呂のことを道嶋氏に隷属すべき蝦夷と見下す向きがあり、道嶋氏である自分ともと蝦夷の呰麻呂が同じ郡大領の身分とされたことへのつよい反発や不満も相俟って、腹いせに呰麻呂に対して侮蔑の感情をぶつけることが多々あったのだろう。そうした個人的感情のもつれの結果として呰麻呂が「犯行」におよんだというようなことも、たしかに可能性としてはありえないことではない。

しかし他方で按察使広純の殺害については、動機の解明は難しい。呰麻呂が郡大領に抜擢されたのも広純の推挙によるものだったようであるし、仮に『続日本紀』が述べるように、当初より呰麻呂が広純の人となりに対して嫌悪の感情を懐いていたとしても、ただそれだけのことから殺害におよんだとはいかにも考えがたいように思われる。とすれば、呰麻呂による広純殺害の動機は、単なる個人的怨恨によるものというよりは、もっと具体的な政治的理由にもとづくものだったのではないか。

すでに述べたように、按察使広純は山海二道蝦夷の征討を大伴駿河麻呂より引き継ぎ実行に移した人物であったが、この段階では光仁天皇より命じられた胆沢征討を遂行するための軍事行動を推進していた。覚鱉城は当初北方からの蝦夷の侵入を防ぐための備えとして陸奥国によって造営が計画されたが、いまや胆沢を国家側の領土として占領するための前線基地として位置付けられるに至っていたのである。また呰麻呂の乱の一カ月余り前の二月一日に光仁天皇が広純を参議に任じたのも、胆沢占領を目的とした征夷戦の成功を期して総指揮官の広純を大いに激励するためであったと推察される。天皇の多大な信任を受けた寵臣広純は、それに応えるべくこの頃胆沢占領のための軍事計画を着々と進めつつあったとみられるのである。

どうも呰麻呂には、この官軍による胆沢占領を身を挺して阻止すべく、広純の暗殺におよんだとみられる節がある。第一章一節、第二章三節で述べたように、胆沢地方はすでに五世紀代より南北間交易における拠点地域としての位置をえており、八世紀代に阿弖流為ら大墓公一族の本拠地の中に「日上の湊」といわれる北上川河川交通の港津が設けられたのも、そうした前史に連続するものであったと考えられる。歴史的にそのような重要な機能を長く担い続けてきた胆沢の地が完全に律令国家の手に落ちるということは、ひとり胆沢の蝦夷集団のみならず、広く山道・海道各地の蝦夷集団にとっても、自分たちの社会の経済的繁栄や平和的秩序維持の前提条件を奪われるにも等しいことであるように考えられていたのであろう。それゆえ国家による収奪強化や圧政・苛政を回避するためにも、官軍による胆沢占領だけはなんとしても阻止せねばならなかったのではなかろうか。

また呰麻呂の胸中には、自らが選択した道への後悔や自責の念から、身を焼くような耐えがたい感情がこみ上げていたように推察される。山海二道蝦夷征討以降の国家側の分断作戦によって、陸奥国側の蝦夷社会は親国家勢力と反国家勢力とに分裂し、互いに無益な内部抗争を繰り広げていた。国家側について不服従の蝦夷と戦った呰麻呂ら親国家勢力の蝦夷族長たちは、あくまで自らの村や配下の村人を守るためにそのような同士討ちにあえて身を投じたのであったが、いまや自分たちが追従してきた国家の征夷計画のもつ、蝦夷社会それ自体の生存基盤を根本から脅かすような恐るべき本質が明確に露見したのである。おそらく呰麻呂は、自分の真の敵が国家そのものであることを確信するに至り、あらかじめ謀を立てて俘軍を誘いこみ、按察使の広純と大楯の二人を伊治城に殺害したのであろう。

しかしなぜか、このとき介の大伴真綱だけは、一人命を助けられ多賀城へ護送されている。あるいは真綱には若き青年政治家らしい純粋さや理想主義的性向があったために、呰麻呂は彼に一目置き、自分たちの耐え難い思いを理解し、胆沢征討計画の見直しや穏健な政治への政策転換に尽力してくれるのではないかと一縷の期待を懐いていたのかもしれない。しかしその真綱も、多賀城に入った直後に後門より逃走し、直ちに都へ呰麻呂叛逆を急報したのであった。

不思議なことに、呰麻呂は多賀城に火を放った後、どこへともなく姿をくらましてしまい、その後史上には一切姿を現わさない。彼の行方は杳《よう》として知られないのである。

呰麻呂と阿弖流為

呰麻呂は、最後は結局蝦夷社会の側に心を寄り添わせ、阿弖流為らの故郷胆沢を守るために蹶起したのであり、ひとたび国家側に与し征夷軍に加わって戦った過去があっても、おそらく多くの蝦夷たちは彼のことを許し受け容れる寛容な度量をもっていたであろう。とくに阿弖流為ら胆沢の蝦夷にとってみれば、最後には身を挺して胆沢の地を守るべく立ち上がった呰麻呂はきわめて重い恩のある存在といえる。阿弖流為はこのとき二八〜四三歳くらいの年齢とみられ、胆沢地方東部、北上川本流沿いの集落を統べる族長の地位にあった可能性がわりあい高い。あるいはその後呰麻呂は阿弖流為の許へ迎えられ、村人たちの温かいもてなしを受けてしばらくの間穏やかな日々を送ったことがあったのかもしれない。または、平成二十五年（二〇一三）一月・三月に放映されたＮＨＫ大型時代劇「火怨・北の英雄アテルイ伝」（脚本西岡琢也氏、演出佐藤峰世氏）における設定のように、呰麻呂自身は自ら選択した行動が「伊治の里人の命は救えたが、よその里人を殺す手助けとなった」ことを深く悔やみ自害して果てたという可能性も、以上に述べてきた政治的背景をふまえれば決してありえないことではないように思われる。

なお阿弖流為は、宝亀七年（七七六）十一月に陸奥国軍三〇〇〇人に故郷を侵攻されて以降、律令国家に対して不信感を募らせていた。そのうえこのたびの事件によって、国家が胆沢の地を自分たちから奪い取ろうとしていることが事実として明白となったのである。事態ここに至って、彼の国家への不信や反発の感情は、父祖の代から培われてきた国家への恩義や臣従の感情を大きく凌ぐほどに昂まっていき、それらはやがて彼の心の中で決定的な確信へと変わっていったように推察される。

3　反乱の波及

征討使派遣

呰麻呂叛逆の報を受けた中央政府は宝亀十一年三月二十八日、直ちに征討使任命の人事をおこない、中納言藤原継縄《つぐただ》を征東大使《せいとうたいし》、大伴益立《ましたて》・紀古佐美《こさみ》を征東副使とし、さらに判官《はんがん》・主典《しゅてん》各四人を任じた。翌日には、都に急を報じた大伴真綱を鎮守副将軍、安倍家麻呂《やかまろ》を出羽鎮狄将軍《でわちんてきしょうぐん》に任じるとともに、鎮狄使の軍監《ぐんげん》・軍曹《ぐんそう》各二人を任じ、さらに征東副使益立に陸奥守を兼任させている。益立は四月四日に正五位上より従四位下へ叙され、ほどなく節刀《せっとう》を授けられて陸奥国へ下向、副使ながら今次征討軍における事実上の最高指揮官としての役割を担わされることとなった（大使継縄は在京のままで赴任しなかったらしい）。なお益立は、桃生・雄勝両城造営時に功績を挙げて天平宝字四年（七六〇）従六位上鎮守軍監より従五位下鎮守副将軍に進み、同六年（七六二）に陸奥介を兼ね、神護景雲元年（七六七）には伊治城造営の功によって正五位上に進んだ経歴をもち、藤原仲麻呂政権、称徳天皇・道鏡政権の下での東北辺境政策に深く関与した経験のある人物であった。

陸奥国に到着した益立ら征東使は五月八日の時点で、同月下旬に国府多賀城に入り、その後に征討を実施する計画を天皇に奏上した。ついで六月八日には百済俊哲《くだらのしゅんてつ》が鎮守副将軍に、多治比宇美《うみ》が陸奥介に任じられた。両官はそれまで大伴真綱が帯びていたもので、陸奥に到着した益立ら征東使が事実関係を調査する過程で多賀城失陥に関わる真綱の責任が追及されるところとなり、朝廷に彼の更迭を求めたことによるものであろう。

だがなぜか、その後益立ら征東使は期日を過ぎても軍事行動を開始できず、光仁天皇は六月二十八日にそのことを叱責し、直ちに詳しく情況を報告することを求めた。

陸奥持節副将軍大伴宿禰益立らに勅したまはく、「去ぬる五月八日の奏書に云はく、『且つは兵粮を備へ且つは賊の機を伺ひ、方《まさ》に今月下旬を以て進みて国府に入り、然して後、機を候《うかが》ひ、変に乗して、恭《つつし》みて天誅を行はむ』といへり。既に二月を経たり。日を計り程を准《なずら》ふるに、佇《とどま》りて俘を献るを待つがごとし。其れ軍を出し賊を討つは国の大事なり。進退動静、続けて奏聞すべし。何ぞ数旬を経るまで絶えて消息無き。宜しく委曲《いきょく》を申すべし。如《も》し書、意を尽さずは、軍監已下の弁《わきま》ふるに堪ふる者一人を差《えら》びて、馳駅《ちやく》して申し上《たてまつ》れ」とのたまふ。

（『続日本紀』宝亀十一年六月辛酉［二十八日］条）

しかし、征夷の開始が遅れたのは、ただ単に益立ら現地征夷軍の怠慢のせいだけではなかったようである。呰麻呂らによる掠奪や放火によって多賀城に備蓄されていた軍粮や武器の大部分が失われており、同城入城後もそれらの補充や施設の補修のためにかなり長期の準備期間を要するような厳しい状況だったのであろう。益立は中央政府にそうした情況を報じ、甲《よろい》・襖《あお》（布製で綿入れをした甲状の武具）や軍粮を大量に補充すべきことを求めたようで、七月下旬には甲一〇〇〇領を尾張・参河等五国より、襖四〇〇〇領を東海・東山《とうさん》道諸国より、糒《ほしいい》一万六〇〇〇斛《こく》を常陸・下総両国より征東使の軍所《ぐんしょ》に運送すべきことが勅によって命じられている。

また天皇は七月二十二日付の勅の中で、九月五日までに坂東の軍士を多賀城に召集すべきことを命じており、その時点では益立ら征東使の軍事行動開始は九月以降に延期されていたように解される。

藤原小黒麻呂《おぐろまろ》の派遣

ところが九月二十三日になって、藤原小黒麻呂が従四位上より正四位下に叙され持節征東大使に任じられた。小黒麻呂は藤原北家の祖房前の孫、鳥養《とりかい》の次男であり、母は大伴道足《みちたり》の娘であった（『尊卑分脈』『公卿補任』宝亀十年条）。これによって征東大使が継縄より小黒麻呂に替えられたが、ただそれのみに留まるのではなく、持節征東副使としてそれまで現地官軍の総指揮を執っていた益立より小黒麻呂へ節刀が渡されたことになり、現地征討軍の最高指揮官もまた益立より小黒麻呂へ交替させられたと考えられる（鈴木拓也『蝦夷と東北戦争』）。これ以降益立は節刀をもたない通常の副使となるが、しかし現地の政治・社会情勢に深く通じた彼は、その後も征夷軍の中枢に座を占め続けたようである。また小黒麻呂が新たな大使に任じられると同時に、内蔵全成《くらのまたなり》・多犬養《おおのいぬかい》の二人が新たに副使とされ、副使は四人に増員された。

だが小黒麻呂が現地へ派遣された後も、なおしばらくは征夷軍が動く気配はなかった。光仁天皇は十月二十九日に再度征東使に叱責の勅を下している。

征東使に勅したまはく、「今月廿二日の奏状を省《み》て知りぬ。使ら延遅《えんち》して既に時宜を失へることを。将軍発ち赴きて久しく日月を経、集れる歩騎数万余人なり。加以《しかのみならず》、賊地に入る期、上奏度《たび》多し。計ること已《おわ》らば発ち入りて、狂賊《きょうぞく》を平《たいら》け殄《た》たむ。而るに今奏すらくは、『今年は征討すべからず』とまうせり。夏は草茂しと称《とな》へ、冬は襖乏しと言ふ。巧言《こうげん》を縦横《ほしきまま》にして、遂に稽留《けいりゅう》を成す。兵を整へ糧を設くるは将軍の為す所なり。而るに、兵を集むる前に弁備を加へずして、還りて云はく、『城中の粮《かて》未だ儲けず』といへり。然れば、何《いずれ》の月何の日にか賊を誅し城を復せむ。方《まさ》に今、将軍、賊の為に欺かるるか。所以《ゆえ》に緩怠《かんたい》してこの逗留を致せり。また、未だ建子《けんし》に及ばず、以て兵を挙ぐるに足れり。而るに勅旨《おおみこと》に乖《そむ》きて、尚入ることを肯《がえ》にす。人馬悉く痩《つか》れば、何を以て敵に対《むか》はむ。良将の策、豈此《あにかく》の如くならむや。教喩を加へて、意を存《お》きて征討すべし。若し今月を以て賊地に入らずは、多賀・玉作等の城に居りて能く防禦を加へて、兼ねて戦術を練るべし」とのたまふ。

（『続日本紀』宝亀十一年十月己未［二十九日］条）

勅の内容を読むと、まず小黒麻呂ら征東使は十月二十二日に奏状を送り、「今年は征討すべからず」と征夷の中止を申し出ていたことが知られる。その理由は主に、冬を目前にしているのに兵士の襖が不足していること、数万余の大軍に支給する軍粮が準備できていないことの二点であったようである。それに対して光仁天皇は、征東使の失態を責めたうえであらためて軍事行動の開始を命じ、もしも今月（文意上は十月と解されるが、あるいは翌十一月のことか）中に賊地に攻め入らないのであれば、多賀城・玉作（造）城（柵）に防禦を加え戦術を練るべきことを命じている。なお勅の中には「方に今、将軍、賊の為に欺かるるか」という文言がみえていて、征夷の停滞は反乱蝦夷軍の側の戦略に翻弄されたものであるとの疑いを天皇が懐いていたらしい点にもこの際注意されよう。

光仁天皇の叱責を受けた征東使は、十一月に入ると反乱蝦夷の来襲ルートを遮断するため、二〇〇〇人の軍兵によりバリケードを築くなどして鷲座《わしくら》・楯座《たてくら》・石沢《いわさわ》・大菅屋《おおすがや》・柳沢の五道を封鎖した（『続日本紀』宝亀十一年十二月庚子［十日］条）。柳沢は宮城県加美町宮崎の大字柳沢に比定され（残りの四地名はいずれも比定地不詳）、近年の考古学の調査・研究成果によればちょうどその頃、第三章五節で紹介した壇の越遺跡の方格地割で区切られた街区の西寄りに築地塀が築かれて、街区の北の丘陵上に政庁をもつ東山官衙遺跡が三重構造の城柵のような様相を呈するようになったと推定されている（村田晃一「陸奥北辺の城柵と郡家」)。柳沢の地名は東山官衙遺跡のすぐ西方にほぼ隣接して認められるので、このときの東山官衙遺跡・壇の越遺跡の大改作は、小黒麻呂ら征東使による防衛線強化作戦の一環としておこなわれたものであると推測される。

なお同年には、陸奥国のみならず出羽国の雄勝・平鹿両郡でも反乱や騒擾が頻発し、両郡の郡家《ぐうけ》が破壊され百姓が本業を失い離散するという事態となっていた(『続日本紀』延暦二年[七八三]六月朔[一日]条)。また鎮守副将軍百済俊哲の率いる軍勢が、十二月頃に反乱蝦夷の軍勢と激しい戦闘におよび、敵に包囲された際に桃生・白河等の郡の十一社に祈ったところ脱出・帰還することができたことを伝える記事も、『続日本紀』中に残されている(宝亀十一年十二月丁巳[二十七日]条)。ちなみに俊哲は、遠山村制圧後の宝亀六年(七七五)十一月に勲六等、山海二道蝦夷征討後の同九年(七七八)六月に勲五等を授けられ、伊治公呰麻呂の乱勃発直前の同十一年三月に従五位下、翌月には従五位上に進み、六月に鎮守副将軍に任じられた人物であった。

征夷決行

年が明けて天応《てんおう》元年(七八一)一月、光仁天皇は伊勢斎宮《さいぐう》(伊勢神宮に奉仕する皇族女性＝伊勢斎王《さいおう》の居所である宮殿)より見えた美雲を大瑞《たいずい》として天応と改元するとともに、天下に大赦《たいしゃ》をおこなったが、その際に、呰麻呂に荷担する行為を過去におこなった百姓が賊より離脱して投降した場合にはその罪を許し、さらに三年間の課役を免除することを宣言した。

同年は年頭から征夷の準備に慌ただしい情況であった。一月十日には小黒麻呂に陸奥出羽按察使を兼官させ、十五日には軍粮を進上した下総国印幡《いんば》郡大領丈部直《はせつかべのあたい》牛養《うしかい》と常陸国那賀《なか》郡大領宇治部全《うじべのまた》成《なり》に外従五位下を授け、二月三十日には相模・武蔵・安房・上総・下総・常陸の坂東六国に対して合わせて穀《こく》一〇万斛を征東使の許へ海上輸送するように命じている。

その後の三月から五月の間に、征東使が征夷の軍事行動をおこなったようである。持節大使小黒麻呂は、四月三日に父光仁天皇に替わって即位した新帝桓武に対して、五月二十四日に奏状を送り、その戦勝を報じるとともに都に凱旋したい旨を申請した。

参議持節征東大使兵部卿正四位下兼陸奥按察使常陸守藤原朝臣小黒麻呂らに勅して曰はく、「去ぬる五月廿四日の奏状を得て、具《つぶさ》に消息を知りぬ。但し、彼の夷俘の性《さが》と為ること、蜂のごとくに屯《むらが》り、蟻のごとくに聚りて、首《もと》として乱階《らんかい》を為す。攻むれば則ち山藪《さんそう》に奔《はし》り逆《しりぞ》き、放《ゆる》せば則ち城塞《じょうさい》を侵し掠《かす》む。而して伊佐西古・諸絞《もろくり》・八十嶋《やそしま》・乙代《おとしろ》等は賊の中の首《かしら》にして一《ひとり》以て千《ちひと》に当る。迹《あと》を山野に竄《かく》し、機を窺ひ隙を伺へども、我が軍威を畏れて、未だ敢へて毒を縦《ほしきまにま》にせず。今、将軍ら、未だ一つの級《くび》をも斬らずして、先づ軍士を解く。事已に行ひ訖《おわ》りて、これを如何にともすること無し。但し先後の奏状を見るに、賊衆四千余人にして、その斬れる首級《くび》は僅に七十余人なれば、遺れる衆《かず》猶多し。何ぞ先づ凱旋を献らむと、早《すみやか》に京に向ふことを請ふべけむ。縦《たと》へ旧例有りとも、朕取らず。副使内蔵忌寸《くらのいみき》全成《またなり》・多《おおの》朝臣犬養《いぬかい》等の一人、駅《はゆま》に乗りて京に入り、先づ軍の中の委曲を申し、その余は後の処分を待つべし」とのたまふ。（『続日本紀』天応元年六月朔［一日］条）

右に掲げたのは、小黒麻呂の五月二十四日付の奏状を読んだ桓武天皇が六月一日に下した勅である。小黒麻呂ら征東使は、七〇余人の蝦夷兵を斬首したことを戦果としてすでに軍を解散し天皇に凱旋を申請したとみられるが、それに対して桓武天皇は、四〇〇〇余人の反乱蝦夷軍を相手に戦った戦果としては過少であること、一騎当千の首領として知られる伊佐西古・諸絞・八十嶋・乙代のうち一人の首も取っていないにもかかわらず軍を解散したことを叱責するとともに、副使の内蔵全成と多犬養のどちらか一人を至急上京させ、戦況についてさらに詳しく説明させることを命じた。

なお一騎当千の首魁の一人として名がみえる伊佐西古が、第四章三節でみた宝亀八年の山海二道蝦夷征討戦において伊治公呰麻呂とともに官軍側について戦功を挙げた吉弥侯伊佐西古と同一人であることは、まず疑いの余地がない。伊佐西古は呰麻呂に呼応して叛逆ののろしを上げ、そのことによって朝廷から姓を剝奪され賊としての扱いを受けていたのである。諸絞・八十嶋・乙代の三人も、同様に反乱蝦夷軍側に立って参戦した蝦夷系有力者であったとみられるが、彼らの素性はよくわからない。ともに呰麻呂と内通し、按察使紀広純を討った俘軍の指揮官たちであったかとも思われるが、呰麻呂のような譜代蝦夷族長に出自をもつ者がその中に含まれている可能性もあろう。

大伴益立の失脚

八月二十五日、征東大使藤原小黒麻呂は征夷を終えて入京し、同日正三位に昇叙された。桓武天皇の疑念が全成か犬養による詳しい戦況報告によって解消されたためとも考えられなくもないが、先の奏状より三カ月も経過していることからすれば、あるいはその間に征東使がなんらかの軍事行動でいささか面目を施してから都へ帰還したという可能性も捨てきれない。なお陸奥守はすでに五月二十七日に大伴益立から紀古佐美へ交替していた。さらに征東使凱旋後の九月八日には古佐美から内蔵全成へと替えられている。

九月二十二日、今次征夷に従軍した諸将に対する叙位がおこなわれた。従五位上紀古佐美（征東副使）は従四位下勲四等、従五位上百済俊哲（鎮守副将軍）は正五位上勲四等、正五位下内蔵全成（征東副使）は正五位上勲五等、従五位下多犬養（同）は従五位上勲五等、従五位下多治比海（宇美）（陸奥介）は従五位上、正六位上紀木津魚《こつお》・日下部道雄《みちお》・百済英孫《えいそん》（いずれも官職不明。征東判官か）は従五位下、正六位上阿倍（安）猨《さ》嶋墨縄《しまのすみただ》（官職不明。鎮守軍監か）は外従五位下勲五等、入間広成《ひろなり》（官職不明。鎮守軍監か）は外従五位下にそれぞれ昇叙されている。注目すべきなのは、征東使のメンバー以外で一人鎮守副将軍の百済俊哲のみが二級特進の栄誉に浴している点である。おそらく今次の征夷軍指揮官の中で彼が敵軍と最も激しく戦い合い、一番顕著な戦果を挙げたのであろう。

ついで同月二十六日、征東副使大伴益立が、「軍《いくさ》に至りて数《しばしば》征期を愆《あやま》ちて、逗留して進まず。徒《いたずら》に軍粮を費して日月を延引せり」と失態を責められ、従四位下の位階を奪われた（『続日本紀』天応元年九月辛巳［二十六日］条）。だが彼が持節副使として総指揮を執っていたのは前年九月下旬頃までであり、その後小黒麻呂が持節大使に就いてからもしばしば光仁・桓武両天皇より緩怠や逗留を叱責された形跡があるので、益立だけが厳しく処分され、小黒麻呂以下ほかの指揮官は一切罪に問われず全員が位階を上げられていることはどうにも腑に落ちない。その裏に、征夷軍内部での主導権や手柄の奪い合い、責任のなすり合いなどの内紛劇が絡んでいた可能性は高い。

なお益立がこのとき受けた処罰に関しては、五〇年以上も後の承和《じょうわ》四年（八三七）になって、益立の子の野継《のつぐ》が父の冤罪を訴え続けた結果ついに名誉を回復させることに成功し、その際益立ももとの従四位下に復されたことが知られている。彼を讒言し冤罪を着せた主犯が果たして誰であったかは不明であるが、あるいは戦場の実態を何も知らずにひたすら過大な戦果ばかりを要求する光仁・桓武両天皇をなんとか納得させなければならない苦境に追い込まれていた征東使の指揮官たちには、誰か一人スケープゴートを差し出すこと以外に自分たちが都へ帰還できる策はないと考えられたのかもしれない。いずれにせよ、益立は結局政争の犠牲となって失脚の憂き目をみたのである。

阿弖流為の動静

伊治公呰麻呂の乱の勃発をきっかけに奥羽の各地で反乱や騒擾が多発するようになった有様はすでにみた通りであるが、その頃阿弖流為や胆沢の蝦夷社会の動静はどのようであったのか。前に掲げた『続日本紀』天応元年六月朔条には、一騎当千の猛将として伊佐西古・諸絞・八十嶋・乙代の名がみえるものの、阿弖流為の名は挙げられていなかった。その点からすると、阿弖流為ら胆沢の蝦夷たちがこの段階でもまだ戦闘にそれほど深く関与していなかった可能性はある。ただこの四人は、呰麻呂に呼応して反旗を翻した大崎平野や栗原地方などの俘軍の指揮官たちであったのかもしれず、すでにもう胆沢の蝦夷たちの中からも反乱に蹶起する集団が現われはじめていた可能性も否定しがたい。

そもそも呰麻呂が按察使の広純や大楯の殺害を企てた目的が、律令国家による胆沢占領を阻止するためであったことからみても、阿弖流為ら胆沢の蝦夷たちが官軍と蝦夷軍との戦いになんらの関わりをもたずにいることは最早不可能であった。またこの間、中央政府の征夷に対する姿勢も以前よりずっと厳しいものとなっており、征討軍の軍事行動もなお一層激しさを増してきていた。天応元年の征夷戦では官軍が討ち取った蝦夷兵の首級が七〇余にもおよんでいたが、それでも桓武天皇は一向に満足しなかったのである。

征夷戦の最中の天応元年四月に即位した新帝桓武は、父光仁よりもなお一層蝦夷征討に激しい闘志を燃やしていた。中国で古来より革命が起こる年とされた辛酉《しんゆう》の年に即位した桓武天皇は、自らが新王朝の始祖たらんことをつよく意識しており、彼にとって蝦夷征討は、王土を拡大し自らの王権を確立するための足がかりとしてきわめて重要な意味をもっていたのである。

翌年になり元号が天応より延暦《えんりゃく》へと改まった頃には、蝦夷社会の側にも、桓武天皇の征夷へのなみなみならぬ執着が風評などを通じてうかがい知られるところとなっていたであろう。新帝桓武は、必ずや数万の巨大な征夷軍を奥羽に送りこみ、自分たちの住む地を徹底的に蹂躙するに違いない。その頃より奥羽各地の蝦夷の村々の間では、来たるべき律令国家の厳しい攻勢に備え、広範な地域におよぶ大連合を組織し、互いに連携して立ち向かおうとする動きが生まれていったとみられる。またそうした運動が展開する中で、必然的に大連合の総師的存在としてリーダーシップを発揮する人物の出現が要請されるようになっていった。

そして、蝦夷大連合の総師格にふさわしい人材として周囲から最も嘱望されたのが、おそらく阿弖流為その人であったと思われる。彼こそは、宝亀十一年以来国家側が軍事的征服の目標としていた胆沢の地の有力族長としてまさに渦中の人だったのであり、その胆沢の地はほかの蝦夷の村々にとっても、国家による侵略や収奪から自分たちを守るために死守すべき生命線のような存在であった。また阿弖流為本人は、蝦夷社会と国家側社会との交易の現地管理に直接携わっていたために、国家側の諸事情にある程度深く通じていたとみられるし、さらに交易関係の仕事を通じて山海両道の蝦夷の村々の族長たちに広範な人脈を築いており、彼らの間できわめて信望が厚かったこともその理由に挙げられるのかもしれない。

とはいえ阿弖流為は、父祖以来律令国家と深い絆で結ばれ、本来国家ときわめて親和的な関係にあった大墓公一族の族長であったから、多くの蝦夷族長らによって蝦夷大連合の総帥格の座に押し上げられた際には、おそらく当惑・逡巡し少なからず悩んだに違いない。しかし最早事態は、彼にもうこれ以上戦乱から距離をおくことを許さなかった。そして苦悩の末に阿弖流為が出した結論は、国家の攻勢に抗して奥羽各地の蝦夷たちとつよく手を携え、自衛のために力を尽くして戦うことであった。

第六章　延暦年間前期の辺境情勢

1　桓武天皇即位と大伴家持の陸奥赴任

新王朝の始祖

光仁天皇は天応元年（七八一）四月三日に皇太子の山部《やまべ》親王に譲位、親王は直ちに即位した。桓武天皇である（光仁太上天皇は同年十二月二十三日に七三歳で死去）。

桓武天皇は光仁天皇の長子で、母は百済系渡来氏族出身の高野新笠《たかののにいがさ》であり、宝亀四年（七七三）一月に皇太子となった。彼は、父が皇位を嗣ぐまでは天智天皇の三世王として官僚の経歴を積んでおり、また光仁天皇即位後も当初皇太子の地位には皇后井上《いのうえ》内親王を母とする光仁嫡子他部《おさべ》親王が在った。だが他部親王は、母井上内親王が厭魅《えんみ》（妖術で人を呪うこと）の罪で廃后されたため宝亀三年（七七二）五月に廃太子され、山部親王が新たな皇太子とされたのであった。なお出自の低い母をもつ山部親王が皇太子の地位に就けられたのは、豊富な官僚経験に裏付けられた彼の賢明さや高い政治的識見に期待した藤原百川《ももかわ》らを中心とする官僚グループが山部擁立劇を画策した結果であったと推察されている（林陸朗『桓武朝論』）。

桓武天皇が即位した天応元年の干支《えと》は辛酉であった。中国古来の政治思想では辛酉の年には天命《てんめい》が革《あらた》まって王朝交替（革命）が起こるとされており、新帝桓武は、奈良時代に皇統の本流をなしていた天武嫡系の血統とは全く無関係の自分が辛酉年に皇位に即いたことの意味を、天命が自分に降下したものと解釈し、自らを新王朝の創始者に擬して前例に執着することなく独自の政治路線を邁進していくのである。

桓武天皇像（比叡山延暦寺蔵）

征夷と造都が桓武朝の二大事業であったことは広く知られている。造都すなわち二度の都城（長岡京・平安京）造営はいわば新王朝による新たな王都建設事業であり、征夷すなわち蝦夷征討は「王化」の及ばない「夷狄」を武力で服属させ王土拡大を成し遂げることによって新王朝の存立基盤を強化しようとするもので、ともに新帝桓武の政治的権威を確立することを意図した国家事業だったのである。

桓武天皇はそうした新王朝の始祖たらんとする強烈な自意識をもって、二五年もの長い治世の間に数々の新政策を果敢に実行していったのであるが、他方で彼の意識の裏側には常に、自分の出自が傍流でしかも卑母の所生子であるというつよいコンプレックスが伏在していた。自らを新王朝の創始者として荘厳化しようとする政治手法それじたいに、そうしたコンプレックスが顕著に反映しているとみることもできよう。政治面での執政能力の高さには定評があったものの、天皇としての権威が父帝光仁よりもさらに低かった桓武天皇は、自らの即位と統治の正当性を具体的な行動や政策遂行による権力の発揚によって示さねばならなかったのである。

この天皇の時代に、律令国家と蝦夷との戦争が最も激烈なものとなったのは、いわば当然のなりゆきであった。

大伴家持陸奥に赴く

天応二＝延暦元年（七八二）六月十七日、従三位春宮大夫《しゅんぐうたいふ》として皇太子早良《さわら》親王（桓武天皇の同母弟）に仕えていた大伴家持《やかもち》が陸奥出羽按察使・鎮守将軍の二官を兼任した。また同日には、先の征夷で論功行賞に与った入間広成《いるまのひろなり》と安倍猨嶋墨縄《あべのさしまのすみただ》がそれぞれ陸奥介、鎮守権副将軍に任じられている。

家持は壬申《じんしん》の乱における功将安麻呂《やすまろ》の孫で、父は天平二年（七三〇）に大納言に昇った旅人《たびと》であり、歌人として数多くの歌を残し、『万葉集』の編纂にも関与していたことでその名を知られている。家持は光仁朝の宝亀年間に栄進を重ね、同九年（七七八）一月に正四位下、同十一年（七八〇）二月には参議右大弁となり、桓武朝に入ると、天応元年四月に右京大夫で春宮大夫を兼ねて皇太子早良親王に仕えるとともに正四位上に進み、翌月春宮大夫は元のままで左大弁に転じた。同年十一月には桓武天皇の践祚《せんそ》大嘗祭《だいじょうさい》（天皇即位後最初の新嘗祭《にいなめさい》）に際して従三位に昇叙され、十二月に光仁天皇が死去したおりには山作司《やまつくりのつかさ》（山陵造営にあたる臨時の官）の長官を務めた。しかし翌天応二＝延暦元年閏一月には氷上川継《ひかみのかわつぐ》事件（藤原仲麻呂［恵美押勝］の乱の際に仲麻呂によって偽帝に立てられた塩焼《しおやき》王の子である氷上川継が謀反を企てたが発覚し流罪に処された事件）が起こり、家持も事件への関与を疑われ、当時右衛《うえ》士督《じのかみ》の任にあった坂上苅田麻呂《かりたまろ》らとともに現職を解任されてしまうが、わずか四カ月後に許されて旧に復している。そしてその年の六月に、彼は奥羽支配の要をなす陸奥出羽按察使と鎮守将軍に任じられたのである。

家持の陸奥赴任後の延暦二年（七八三）一月、平城京では陸奥国大国造の道嶋嶋足が死去している。豪勇さと果断な行動によって好機を捉えて栄達を重ね、陸奥に在った三山とともに称徳天皇・道鏡政権下で道嶋宿禰一族の全盛期を築き上げた往年の大物政治家は、自分の故郷である陸奥の有様や国家政治の行く末を憂いつつ世を去ったことであろう。

同年四月には、鎮守府の官人に対して、軍粮の穀《こく》（籾殻つきの稲粒）を「軽物」に交換して都へ運び利をえることや、鎮兵を私田の耕作に使役することを厳禁する勅が出された。

勅して曰はく、「如聞《きくな》らく、『比年《としころ》、坂東の八国、穀を鎮所に運ぶ。而して、将吏ら、稲を以てその穀に相換へて、代は軽物《きょうもつ》にて京に送り、苟得《こうとく》して恥づること無し。また、濫《みだり》に鎮兵を役して多く私田《しでん》を営む。茲《これ》に因りて、鎮兵疲弊して干戈《かんか》に任《た》へず』ときく。これを憲典《けんてん》に稽《かんが》ふるに、深く罪罰《つみ》に合《かな》へり。而も恩蕩《おんとう》に会ひて且つ寛宥に従ふ。今より以後、更に然《しか》あること得ず。如し違犯すること有らば、軍法を以て罪《つみな》へ。捉搦《そくだく》を加へて、侵漁《しんぎょ》の徒をしてその濁濫《だくらん》を肆《ほしきまにま》にせしむること勿かるべし」とのたまふ。

（『続日本紀』延暦二年四月辛酉［十五日］条）

ここに記された鎮守府将吏らの私利的行為に関する情報は、後にも述べるように当時鎮守副将軍であった百済俊哲の内部告発によるものであった可能性が高いが、当時家持が鎮守府軍政をどの程度掌握していたかはよくわからない。しかも家持は同年七月に中納言に任じられ、その後間もなく帰京したと考えられるので、彼がこのとき按察使・鎮守将軍として陸奥に赴任・滞在していた期間はどうやら一年にも満たなかったらしい。

家持死去

帰京後の延暦三年（七八四）二月、家持は持節征東将軍（大使）に任じられた。このときの征東使の陣容は、副将軍（副使）が大伴弟麻呂《おとまろ》と文室与企《ふんやのよき》、軍監には入間広成・阿倍（安）猨嶋墨縄という顔ぶれであった。家持は桓武天皇より節刀を授けられ、ほどなく再度陸奥国へ派遣されたものとみられる。

家持がこのとき、征夷軍の総指揮官である征東将軍に任じられた理由も不明である。当時の東北辺境の情勢は、目立つ反乱や騒擾もみられず概ね小康状態にあったようで、また国家の側が直前に大規模な征討準備をおこなっていた形跡もなく、果たして征東使を任命する必然性があったのかどうかもやや疑わしい。古来からの武門の名族の出自とはいえ家持は六七歳の年老いた文官政治家であり、副将軍以下の顔ぶれをみてもとても強力な布陣とはいいがたいのである（新野直吉『田村麻呂と阿弖流為』）。古くからよくいわれてきたように、長岡京遷都につよく抵抗していた大伴氏の勢力削減を謀るために、家持・弟麻呂両名を征東使に任じ陸奥へ追い遣ったという可能性もありえなくはない。同年の征東使人事には、純粋の征夷政策とは性格を異にする特殊な政治的要因がつよくまとわりついていたものと考えられよう。

家持を持節将軍とした征東使が、実際に征夷の軍事行動を興したのかどうかもよくわかっていない。延暦四年（七八五）二月のこととして、「陸奥国小田郡大領正六位上丸子部勝麻呂《まろこべのかちまろ》に外従五位下を授く。征戦を経るを以てなり」とみえるのが唯一の戦闘関係記事であり（『続日本紀』延暦四年二月壬申〔七日〕条）、官軍と蝦夷軍との局地的な戦闘が幾たびかおこなわれた可能性は捨てられないものの、この頃官軍側が大規模な征夷の軍事行動を展開していたとはかなり考えがたい。

また同年一月には、内蔵全成に替わって多治比宇美が陸奥守に任じられ、二月に陸奥出羽按察使と鎮守副将軍を兼官し、三月には従五位上から正五位下に昇叙され彩帛《さいはく》・絁《あしぎぬ》・綿を賜っている。おそらく同年春以降には、新たな按察使・陸奥守である宇美が陸奥国政の新たなリーダーとしての役割を担っており、最早家持の出番は終わりつつあったのではないか。なお家持は、四月に陸奥国の多賀・階上《しなのえ》二郡に郡司を置いて正規の郡となすべきことを上奏して許可されているが（『続日本紀』延暦四年四月辛未［七日］条）、この時点でも陸奥国政・鎮守府軍政において引き続きつよい権限を保持していたとはいささか考えがたい。

家持は同年八月二十八日に任地において没した。結局このときの征討計画は、軍兵・武器・軍粮確保などの諸準備も進捗せぬまま、中絶のやむなきに至ったものであろう。

なお家持の死後二〇余日にして、長岡京遷都に主導的な役割を果たしていた中納言藤原種継《たねつぐ》（式家の祖宇合《うまかい》の孫で桓武天皇の寵臣）が暗殺されるという事件が発生し、捜査の結果大伴宿禰一族の継人《つぐひと》・竹良《ちくら》らが首謀者であったことが発覚した。その際捕らえられた継人と佐伯高成《たかなり》の二人は、家持こそが大伴・佐伯両氏の人々に、皇太子早良親王の意を奉じて種継を暗殺すべきことを呼びかけた張本人であったとの驚くべき証言をおこなったのである。それにより、早良親王は廃太子された後乙訓寺《おとくにでら》に幽閉されて憤死し、家持は死してなお除名《じょみょう》（位階・勲位を剝奪されること）の汚辱を被ることとなったのであった。

2 征夷をめぐる路線対立

百済俊哲鎮守将軍となる

大伴家持の没後に鎮守将軍の後任に据えられたのは、伊治公呰麻呂の乱の後の宝亀十一年（七八〇）六月以来長く鎮守副将軍の座を占めていた百済俊哲であった。彼の将軍任官はおそらく延暦四年（七八五）九月以降のこととみられるが、それより少し前の同年五月には同族の英孫《えいそん》が鎮守副将軍とされている。英孫は俊哲とともに天応元年（七八一）の征夷の後に論功行賞された人物である。しかしなぜか英孫は、就任後わずか四カ月ほどで急遽出羽守へ転出させられている。

俊哲・英孫ら百済王《くだらのこにきし》一族は桓武天皇の外戚と称され、常に天皇より厚い信頼を寄せられていた。同氏は、百済最後の王である義慈王《ぎじおう》を祖とする百済王族の末裔で、桓武天皇がしばしば鷹狩りをおこなった河内国交野《かたの》（大阪府枚方市・交野市）を本拠地としていた。宝亀十一年（七八〇）に征東大使に任じられた藤原南家の継縄《つぐただ》の別荘も交野にあったが、継縄の妻百済明信《みょうしん》は天皇の寵愛を受けて当時後宮に重きをなしていた。桓武天皇が交野で天帝を祀る郊祀《こうし》の儀式をおこなったおりにも、継縄と百済王氏がきわめて大きな役割を果たしたと考えられる（大坪秀敏「桓武朝の百済王氏」）。

俊哲が鎮守副将軍に任じられた宝亀十一年六月は継縄が中納言となって間もなくの頃で、鎮守将軍に任じられた延暦四年には継縄は正三位大納言の座にあり、ともに継縄の推挙が功を奏したものと推測される。また百済王氏は、桓武天皇に対してこのうえない忠誠心を存分に発揮することを身上とする氏族であり、俊哲も征夷においては天皇より命じられた任務を忠実に全うしようとする態度をひたすら貫いていた。桓武天皇即位前の出来事ではあるが、宝亀十一年十二月頃に鎮守副将軍の俊哲が蝦夷軍を相手に死力を尽くして奮戦し、その包囲を破って帰還したことはすでに前にも触れておいたところである。

しかし、桓武天皇の意を奉じて積極的武力討伐路線を堅持する俊哲が副将軍として重きを占めていたにもかかわらず、当時鎮守府の内部ではあたかもそれとは全く逆行するような現象が進行していた。本章一節で掲げた『続日本紀』延暦二年（七八三）四月辛酉条（一九五頁に掲出）によれば、鎮守府の将吏らが坂東八国より鎮守府の軍粮として運び込まれた穀をいったん稲（頴稲《えいとう》。籾を穂先につけたまま刈り取った稲穂の部分のイネ）に入れ替え、余った穀を「軽物《きょうもつ》」に替えて都へ送ったり、鎮兵を私田経営に使役するなどの不正をおこなっていたらしく、桓武天皇の勅によって今後は軍法によって厳しく処断すべきこととされている。そうした鎮守府将吏らの不正行為を中央政府に報じたのは、おそらく当時副将軍の俊哲であったと考えてよいだろう。

ところで、鎮守府将吏らがおこなっていたとされる、軍粮を「軽物」に替えて京進する行為とはいったいどういうことを意味するのであろうか。中央から派遣されていた武官が都の私宅へ横領した財物を送って私腹を肥やしていたとみるのも一つの解釈かもしれないが、この場合についてはむしろ、将吏らが都の市場に向けて蝦夷の地の産物を送り届ける中継交易者の役割を担っていたことを示すものと考える方が、より蓋然性が高いように思われる。近年の研究によれば、少なからぬ東国の郡司や富豪らが、征夷への従軍などを契機として奥羽との間を往還し対蝦夷交易をおこなっていたことが推察されており（簑島栄紀「古代の陸奥・出羽における交易と交易者」）、将吏らが都へ送った「軽物」には、一般的にいわれている布帛類のほかに蝦夷との交易によって入手される毛皮などが相当量含まれていた可能性が高い。とすれば、ここで不正行為が指弾されている将吏の中には、坂東諸国など東国の出身者がかなり多くいたのではないかと推測される。

そのように考えたとき、そうした東国出身の鎮守府将吏たちの利害を代弁する役割を果たしていたように目される一人の人物の存在が浮かび上がってくる。それは安倍猨嶋墨縄である。

安倍《あべの》猨嶋《さしまの》墨縄《すみただ》

墨縄はすでにみたように、天応元年（七八一）九月に征夷の功によって外従五位下勲五等に叙され、天応二＝延暦元年（七八二）六月鎮守権副将軍となり、同三年（七八四）二月に大伴家持を征東将軍（大使）とする征東使の軍監に入間広成とともに任じられた。陸奥国に通じる水陸交通の要衝である下総国猨嶋郡の出身で旧姓は日下部《くさかべ》、同郡の日下部一族は宝亀四年（七七三）二月に安倍猨嶋臣の新姓を与えられた（「宝亀四年太政官符案帳《だじょうかんぷあんちょう》」『大日本古文書』二十一）。なお新姓賜与の意味を、律令国家が征夷戦のための軍需物資輸送の任を与えて登用したためと解する説もあるが（内山俊身「征夷事業における軍事物資輸送について」）、当時はまだ戦端が開かれる一年余り前であり、むしろ桃生・伊治二城を両拠点とした対蝦夷交易における貢献を期待しての恩典であったと考える方がよいのではなかろうか（樋口知志「延暦八年の征夷」）。ただし当時は道嶋宿禰一族が陸奥国内に築いていた鞏固な政治的基盤はすでに崩壊しつつあり、下総国猨嶋郡の日下部氏勢力の登用に向けて動いたのはおそらく道嶋氏ではなく、当時陸奥出羽按察使の座にあった大伴駿河麻呂の麾下の国郡司や鎮守府将吏らであったように推測される。

さて、墨縄は延暦元年以降鎮守府内に勢力を張っていたとみられ、前に掲げた鎮守府将吏らの不正行為をつよく戒める延暦二年四月の禁制は、おそらく鎮守副将軍俊哲が、権副将軍墨縄ら東国豪族勢力の鎮守府内における伸張を抑える目的で中央政府に働きかけて出させたものであろう。また同四年（七八五）五月に俊哲の同族の英孫が墨縄と同じ権副将軍に任じられたのも、俊哲が鎮守府内で自派の増強を図るべく中央政府に求めて成った人事であったとみられるが、わずか四カ月ほどで英孫が出羽守に転出しているのは、たぶん墨縄ら抵抗勢力の反撃に遭ったためではなかったかと推察される。その後も俊哲と墨縄との激しい確執は続き、両者の権力抗争は延暦六年（七八七）に至ってついに最高潮を迎えた。

太政官符す
応《まさ》に陸奥按察使、王臣・百姓の夷俘《いふ》と交関《こうかん》するを禁断すべきの事
右、右大臣の宣を被るに偁《いわ》く、「勅を奉《うけたまわ》るに、『如聞《きくな》らく、王臣及び国司等争ひて狄の馬及び俘の奴婢《ぬひ》を買ふと。所以《ゆえ》に、犬羊《けんよう》の徒、苟《いやしく》も利潤を貪り、良を略《りゃく》し馬を窃《ぬす》みて、相賊《そこな》ふこと日に

深し。加以《しかのみならず》、無知の百姓憲章を畏れず、此の国家の貨を売り、彼の夷俘の物を買ふ。綿は既に賊の襖《あお》に着られ、冑鉄《ちゅうてつ》は亦《また》敵の農器に造らる。理に商量《しょうりょう》するに、害と為ること極めて深し。自今以後、宜しく厳《おごそ》かに禁断すべし。如し王臣及び国司此の制に違犯する者有るは、物は即ち没官《もっかん》し、仍《なお》名を注して申上せよ。其れ百姓は一《いっ》に故按察使従三位大野朝臣東人の制せる法に依り、事に随ひて推決《すいけつ》せよ』とのたまふ」。

延暦六年正月廿一日　（『類聚三代格』巻十九禁制事）

当時俊哲はすでに鎮守将軍の座にあり、この太政官符も、俊哲が墨縄ら東国豪族勢力を抑圧することを狙って中央政府に働きかけて出させたものと推測される。そこに引かれた桓武天皇の勅では、王臣・国司や百姓らが狄の馬や俘の奴婢を買い、その対価として綿や鉄を蝦夷社会側に流していることが厳しく非難され、夷俘との交易が厳禁されている。東北大戦争時代の真っ只中のこの時期においても、国司・鎮官や地方豪族たちの中には、権門と結んで蝦夷社会側と交易をおこない利をえている者が少なからず存在したのである。

そして右の禁制が出された直後の同年二月、佐伯葛城《かつらぎ》が陸奥介兼鎮守副将軍に任じられた。葛城は後の延暦八年（七八九）の征夷で征東副使に任じられたが軍営中で急死した人物であり、自派の勢力固めをおこなおうとした俊哲が、次期征夷における指揮官の有力候補だった彼を鎮守府に迎え入れようとしたものらしい。だが葛城は赴任も果たさぬままわずか二〇日後に下野守に転じ、後任の陸奥介には藤原葛野麻呂《かどのまろ》が、鎮守副将軍には池田真枚《まひら》が就任している。先の英孫転任の場合と同様に、墨縄の陣営による反撃が功を奏したものであろう。なおその後も墨縄らによる俊哲への攻勢はさらに続いたようで、同年閏五月にはついに鎮守将軍俊哲は失脚させられ、日向《ひゅうが》権介に左遷されたのである（『続日本紀』延暦六年閏五月丁巳〔五日〕条）。

蝦夷社会と東国社会

以上みてきたように、延暦年間前期の辺境情勢は、征夷と造都の二大事業で知られる桓武天皇の治世ではあったが、実際のところはまだそれほど緊迫したものではなかった。天皇自身はすでに征夷に強い意欲を懐いており、また積極的武力討伐に邁進しようとする百済俊哲のような軍事官僚の奮闘もみられたけれども、当時は長岡京造営事業に煩わされて征夷の準備に手が回らなかったこともあってか、奥羽の蝦夷の地では大きな戦乱が起こることもなく比較的穏やかな日々が続いていたのであった。そうした中で、都の王臣家や国司・鎮官、東国の地方豪族といった国家側社会の人々と蝦夷社会との交易も盛んにおこなわれていたとみられるのである。

百済俊哲と激しい闘《せめ》ぎ合いを演じた安倍猨嶋墨縄も、もともとは征夷軍の一員として大きな戦功を挙げたことで鎮守権副将軍に任じられ、辺境の防備にも尽力した人物であった。しかし彼に代表される東国出身の辺境守備軍の将兵たちにとっては、桓武天皇の意志を受けて俊哲が強力に推進しようとしていた積極的武力討伐路線は、現実的に有効な方策とは認識されていなかったのではなかろうか。彼らとて蝦夷による反乱・騒擾などが発生すればもちろん直ちに鎮圧に向かっただろうけれども、むしろその本心は、辺境における紛争の火種を除去することで、蝦夷社会と東国社会との交易・交流を介した相互の共存関係を維持・存続させていくことの方をより重んじていたように思われるのである。

桓武天皇の延暦二年の勅によって厳しく禁断されたところの、軍粮をほかの物資に交易して都に送るという行為も、見方によっては、疲弊した東国社会より征夷のための軍需物資として収奪された稲穀の平和的利用をはかろうとするものであったと解せなくもない。東国出身の鎮守府将吏たちの多くは、巨大な軍勢と財貨を投入してやみくもに征夷の軍事行動を興すよりも、軍粮を資本に蝦夷社会側と交易をおこなうことで、離反した蝦夷集団への懐柔や事態収拾のための政治的交渉をうまく進めることのほうが、はるかに得策であると考えていたのではなかろうか。とすれば、私たちは彼らのことを官物横領に手を染めた単なる汚職将吏とみるべきではない。おそらく彼らには、あくまで信ずべき「理想」があったのであろう。

また、当時王臣家までもが蝦夷を相手に盛んに交易をおこなっていたという事実も、きわめて興味深い。桓武天皇の専制的政治支配体制が未確立で、その王権が未だ十分な求心力を備えていなかった段階のことであるとはいえ、都の権門勢家の周囲ではまるで「戦時」意識が共有されていなかったようにすらみえる。桓武天皇の征夷への意気込みとは裏腹に、この時点ではまだ、後の延暦八年（七八九）の征夷でみられるような総力戦による征夷遂行の体制が構築されていなかったことを示すものであろう。すなわち桓武天皇はまだこの頃には、征夷政策における実質的主導権を十分に掌握するには至っていなかったようにうかがえるのである。

胆沢の地に目を転じれば、阿弖流為はこの頃だいたい三〇代半ばから五〇歳前後の年齢で、体力・

気力とともに充実したまさに男盛りの時期である。征夷軍が次に侵攻してきた際には蝦夷大連合の総帥格として死力を尽くす覚悟をすでに決めていたであろう阿弖流為の周囲でも、この数年におよぶ平和の時期にはそれなりに穏やかで心休まる日々が続いていたように思われる。その頃は、鎮守府において積極的武力討伐に血道をあげる勢力が主導権を掌握したことが一度もなかったために、坂東など東国の地方豪族たちとも昔どおりに交易を介したつきあいをすることができ、また都の王臣家に対しても遠距離交易を通じて誼《よしみ》を通わすことができたのである。そのままに平穏な日々が末永く続いてくれることは、ただ胆沢をはじめとする蝦夷社会の人々のみならず、東国社会に住む圧倒的多数の民たちにとっても切なる願いであったのではなかろうか。

しかし、もちろんそのままでは済まされるわけはなかった。桓武天皇は延暦五年（七八六）頃より着々と征夷の準備を進めていき、同七年に征東使を任命、翌延暦八年を期して総勢一〇万人と推定される未曾有の大軍を派遣し、ついに宿願だった蝦夷征討を実行するのである。

第七章　延暦八年の征夷

1　征東使と鎮守府

征東使任命

延暦七年（七八八）二月、陸奥出羽按察使・陸奥守の多治比宇美を兼鎮守将軍、安倍猨嶋墨縄を同副将軍とする人事が成った。前年閏五月に百済俊哲が鎮守将軍の座より追われており、それ以来の将軍の空席を按察使・陸奥守の宇美が兼官のかたちで埋め、俊哲を失脚させた墨縄が権副将軍より副将軍に昇任したのである。これ以降は副将軍の墨縄が、事実上鎮守府軍政を掌握するようになる。

次いで三月には征東副使の人事がおこなわれ、多治比浜成《はまなり》・紀真人《まひと》・佐伯葛城《かつらぎ》・入間広成《いるまのひろなり》の四人が任じられた。さらにその三カ月余り後の七月に、参議・左大弁《さだいべん》・春宮大夫《しゅんぐうたいふ》・中衛中将《ちゅうえのちゅうじょう》を務める紀古佐美が征東大使に任じられている。

このときの征東使の人事はなぜか大使からではなく副使より始められており、しかも副使任命に先立って鎮官の人事がおこなわれていて、鎮官↓副使↓大使の順となっている。最高位の大使の人事が一番後回しにされているのはかなり異例のことであり、おそらくなんらかの特殊な事情が伏在していたものと思われる。

大使に任じられた古佐美は、同年十二月に桓武天皇より節刀を授けられた際に、「如聞《きくな》らく、『承前の別将《べつしょう》ら、軍令を慎まず、逗闕《とうけつ》猶多し』ときく。その所由《よし》を尋ぬるに、方《まさ》に法を軽《かろ》みするに在り。副将軍、死罪を犯すこと有らば、身を禁《いさ》めて奏上し、軍監《ぐんげん》以下は法に依りて斬決《ざんけつ》すべし。坂東の安危《あんき》この一挙に在り。将軍勉むべし」との異例の勅命を受けている（『続日本紀』同年十二月庚辰［七日］条）。あるいは天皇は、寵臣俊哲が失脚したことによる危機感もあって、鎮守府軍政を掌握した墨縄ら東国豪族を中心とするグループが今次征夷において武力討伐に消極的な行動をとることを恐れ、同じく寵臣の古佐美を大使に任じ、彼に対して軍命に服さない者には死罪を含む厳罰を以て臨むよう軍紀の徹底を命じたのではなかろうか。そしてそうした天皇の懸念は後に現実のものとなり、古佐美は戦闘の指揮や部下の統御に悪戦苦闘を重ねることになるのである。

征東使の諸将

ここでこのとき征東使に任命された諸将たちの顔ぶれについてみておきたい。

まず持節征東大使の紀古佐美であるが、天平宝字八年（七六四）十月に従五位下に叙された後、丹後《たんご》・伊勢守や兵部少輔《ひょうぶしょうふ》、式部《しきぶ》少輔、右少弁《うしょうべん》を歴任し、宝亀十一年（七八〇）一月従五位上に進み、同年三月伊治公呰麻呂の乱の鎮圧のため征東副使に任じられた。翌天応元年（七八一）

五月陸奥守となり、同年九月征夷の労により従四位下勲四等に叙された。その後、左衛門督《さえもんのかみ》、但馬《たじま》守、左中弁、式部大輔《たいふ》を経て、延暦四年（七八五）一月中衛中将、同年十月参議となり、翌月従四位上春宮大夫に叙任され、皇太子安殿《あて》親王（後の平城天皇）に仕えた。さらに右大弁、左大弁と進み、同六年（七八七）五月正四位下に叙され、同七年（七八八）五月には桓武天皇夫人《ぶにん》藤原旅子《たびこ》（百川《ももかわ》の娘）の死去に当たり贈位宣命使《ぞういせんみょうし》となり、同年七月に征東大使に任じられた。古佐美はその経歴からみて桓武天皇の信任厚い寵臣であるとともに、呰麻呂の乱や天応元年の征夷戦において戦功があり、陸奥守の経験もあって、まさに大使に適任の人物と目されていたとみられる。

次に征東副使の多治比浜成であるが、宝亀九年（七七八）十二月送唐客使判官《そうとうかくしはんがん》となり、帰国後の天応元年九月従五位下に叙された。同年十二月光仁太上《だじょう》天皇が死去した際に山作司《やまつくりのつかさ》とされ、左京《さきょうの》亮《すけ》、式部少輔を経て、延暦三年（七八四）十二月従五位上に進み、右中弁を務めた後、同六年二月常陸介に任じられた。征東副使に任じられた時点でも現任の常陸介であった。

同じく征東副使の紀真人は、宝亀十一年一月に従五位下に叙され、その後大学頭《だいがくのかみ》、右京亮、摂津《せっつ》亮を経て延暦六年二月相模介となり、翌七年二月には同守に転じ、征東副使に任じられた時点でも現任の相模守であった。なお『日本後紀《にほんこうき》』延暦二十四年（八〇五）八月癸亥（二十七日）条の彼の死亡記事に付された小伝には、「人となり温潤にして、頗《すこぶ》る文藻《ぶんそう》有り」と記されており、典型的な文官タイプの官僚であったらしい。

同じく征東副使の佐伯葛城は、延暦三年十二月に従五位下に叙され、中衛少将、左少弁を経て、同五年（七八六）八月征夷準備のため東海道諸国に遣わされ、軍士を簡閲《かんえつ》し戎具《じゅうぐ》（武器）を検じており、おそらく彼はその時点ですでに、今次征夷における官軍の主力をなす指揮官将校としてのはたらきが期待されていたとみられる。さらに翌同六年二月には陸奥介兼鎮守副将軍となったが、前述したように鎮守府内部の政争の影響を受け、赴任せぬまま下野守に転じている。しかしそれより約一年が経ち、葛城は征東副使に任じられ、征夷軍中枢の一翼を担うこととなったのである。

同じく征東副使の入間広成は、武蔵国入間郡の地方豪族出身で旧姓は物部《もののべ》、天平宝字八年九月藤原仲麻呂（恵美押勝《えみのおしかつ》）の乱で授刀舎人《たちはきのとねり》として戦功を挙げ、神護景雲二年（七六八）七月入間宿禰《すくね》の新姓を与えられ、天応元年九月に征夷の労によって外従五位下に叙された。翌天応二＝延暦元年（七八二）六月陸奥介となり、延暦三年二月には大伴家持を大使とする征東使の軍監に安倍猨嶋墨縄とともに任じられた。同七年二月には近衛将監《しょうげん》となり、その翌月に浜成・真人・葛城とともに征東副使に任じられた。

鎮守府の諸将

次に、陸奥国現地における常備軍の中核をなした軍政府である鎮守府の諸将の顔ぶれもみておこう。

まず鎮守将軍の座にあったのは、陸奥出羽按察使・陸奥守を本官とする多治比宇美であった。彼は宝亀十一年四月に従五位下に叙され、同年六月に陸奥介に任じられた。翌天応元年九月に征夷の労により従五位上に叙され、民部少輔、同大輔を経て、延暦四年一月陸奥守となり、二月陸奥守のまま陸奥出羽按察使兼鎮守副将軍となり、三月には正五位下に進んだ。同七年二月には百済俊哲の左遷により空席となっていた鎮守将軍を兼官し、征東使任命の時点では按察使・陸奥守・鎮守将軍の三官を兼ねていた。

鎮守副将軍の座にあったのは池田真枚と安倍猨嶋墨縄の二人で、権副将軍は一人もいなかった。まず池田真枚であるが、天平宝字八年十月に従五位下に叙され、神護景雲二年十一月検校兵庫軍監《けんこうひょうごぐんげん》、宝亀元年（七七〇）十月上野介《こうずけ》、同五年（七七四）三月少納言、同八年（七七七）一月員外少納言に任じられ、同十年（七七九）六月再び少納言となり、同十一年三月長門守、その後延暦六年二月に鎮守副将軍に任じられた。池田朝臣氏は上毛野朝臣氏の同族で、姓は上野国那波《なわ》郡池田郷の地に因み（佐伯有清『新撰姓氏録の研究　考証篇第二』）、九世紀初頭には平安京の左京に本貫をもっていた。注目すべきなのは、真枚が鎮守副将軍となった年である延暦六年の十二月に、池田郷の近隣の那波郡朝倉《あさくら》郷を本拠地とする在地豪族である朝倉家長《いえなが》が、陸奥国へ軍粮を進め外正七位下から外従五位下に昇叙されていることである。真枚を副将軍に据える人事が、坂東豪族層のもつ経済力・軍事力を奥羽に投入する政策との深い関連の下に実現されたことをうかがわせる。

もう一人の鎮守副将軍安倍猨嶋墨縄については、すでに前章二節で紹介した。彼は呰麻呂の乱の頃より征討軍に従軍し、天応二＝延暦元年六月より鎮守権副将軍、延暦七年二月からは鎮守副将軍として鎮守府内に長きにわたり勢力を張った。かつて上官であった百済俊哲とは征夷の方針や辺境政策をめぐって鋭く対立し、延暦六年閏五月には鎮守将軍の座にあった俊哲を失脚させることに成功した。また坂東北部の豪族勢力と関わりの深い池田真枚を鎮守副将軍とし、多治比浜成・紀真人の両坂東国司と坂東豪族出身の入間広成を征東副使とする人事はいずれも、あるいは当時鎮守府軍政において強大な権力を誇っていた墨縄の根回しによって成ったものではないかとも臆察される。

征夷準備

延暦七年三月二日、中央政府は軍粮三万五〇〇〇余斛《こく》を多賀城に運び収めるよう陸奥国に命じ、また七月を期日に糒《ほしいい》二万三〇〇〇余斛と塩を陸奥国に送るよう東海・東山・北陸三道の諸国に命じた。翌三日には、東海・東山・坂東諸国に対して、歩兵・騎兵合わせて五万二八〇〇余人を徴発し、翌年三月までに多賀城に集結させるよう命じている。なお五万二八〇〇余人という軍兵の数は奥羽両国内より徴発される人数を除外したものと考えられ、実際にはそれを大きく上回る膨大な兵力が見込まれていたものと思われる。

次いで三月二十一日に多治比浜成・紀真人・佐伯葛城・入間広成の四人の征東副使人事があり、その三カ月余り後の七月六日に紀古佐美が征東大使に任じられた。そして同年も残りわずかとなった十二月七日、大使古佐美は長岡宮の内裏で桓武天皇より節刀を授けられ、「坂東の安危この一挙に在り。将軍勉むべし」との激励を受け、直ちに陸奥へ進発したのであった。

2 第一次胆沢合戦

衣川での逗留

年が明けて延暦八年（七八九）の三月九日、多賀城に会集した大軍はいくつかの「道」に分かれて賊地をめざし進軍を始めた。なおこのときの征夷軍の総兵数についてはこれまで、東海・東山・坂東諸国に徴発が命じられた五万二八〇〇余人という人数を根拠にだいたい五、六万人ほどと推測されてきたが、後述のように実際には五年後の延暦十三年（七九四）の征夷とほぼ同規模の総勢一〇万人もの大軍勢であった可能性が高い（樋口知志「延暦八年の征夷」）。また今次の征夷では後述のように、「河道《かどう》」「陸道《りくどう》」「海道《かいどう》」といったいくつかの「道」に分かれて進軍したことが知られ、官軍の軍事行動は内陸部ばかりでなく、太平洋沿岸部の諸地域でもおこなわれたと考えられる。すなわち交戦区域は、従来一般に考えられていたよりもずっと広範な地域におよんでいたと推察されるのである。

三月二十八日、「陸道」軍のうち阿弖流為率いる胆沢蝦夷軍を征討する任務を負った二、三万人ほどの軍勢が衣川《ころもがわ》（北上川支流の小河川で、延暦二十一年［八〇二］以降磐井郡と胆沢郡との郡境をなした）を渡り、その北岸に三カ所の軍営を置いた。同軍の指揮を担当したのは副使の一人入間広成であり、その下で池田真枚・安倍猨嶋墨縄の両鎮守副将軍が作戦の策定にあたった。広成らは、衣川を渡り北岸に軍営を築いた旨を、後方の玉造塞《たまつくりのさい》（宮城県大崎市古川の宮沢遺跡か）より全軍の総指揮を執っていた大使古佐美の許に報じ、古佐美は四月六日付の奏状によってその旨を都へ報告している。ところがその後三〇余日を経ても征東使から中央政府への戦況報告がなく、痺れを切らした桓武天皇は五月十二日に征東使に勅を下し、長期間にわたる逗留の理由と賊軍側の消息についての報告を命じるとともに、直ちに出撃すべきことをつよく促した。

征東将軍に勅して曰はく、「比来《このごろ》の奏状を省《み》るに、官軍進まずして猶《なお》衣川に滞れることを知りぬ。去ぬる四月六日の奏を以て偁《い》へらく、『三月廿八日に官軍河を渡りて営《たむろ》を三処に置く。その勢、鼎《てい》足《そく》の如し』といへり。爾《しか》してより以還《このかた》、卅余日を経たり。未審《いぶか》し。何の事故《ことゆえ》に縁りてか、この留連《るれん》を致して、居りて進まぬ。未だその理《ことわり》を見ず。夫《そ》れ兵は拙速を貴ぶ。未だ巧遅《こうち》を聞かず。また六七月は、計るに極熱《ごくねつ》すべし。如今《いま》入らずは、恐るらくはその時を失はむ。已にその時を失はば、悔ゆとも何の及ぶ所あらむ。将軍ら、機《とき》に応へて進退して、更に間然《かんぜん》すること無かれ。但し、久しく一処に留りて、日を積み粮を費す。朕の怪しぶ所、唯此《ここ》に在るのみ。滞る由と賊軍の消息とを具《つぶさ》にし、駅に附けて奏し来《きた》るべし」とのたまふ。

（『続日本紀』延暦八年五月癸丑［十二日］条）

なお古佐美が四月六日付で都へ送った奏状中の文章の一部が、後に掲げる『続日本紀』同年六月甲戌（三日）条と同月庚辰（九日）条に引用されており、それらによれば奏状には、「胆沢の賊は惣て河の東に集ひて官軍を抗拒《こうきょ》す。先づこの地を征《せ》めて後に深く入ることを謀らむ」の一文があったと推測される。つまり同年の北上盆地における征夷では、まず最初に胆沢の地の北上川東岸に集結した阿弖流為らの軍勢を征し、その後一挙に盆地奥部まで攻め入ることが計画されていたのである。しかし衣川北岸に軍営を築いた後、官軍の大軍勢はなぜかその場で滞留し、しばらく動く気配はなかった。

佐伯葛城の死

その間に征討軍にとって大きな痛手となる出来事が起こった。征東副使の佐伯葛城が突然現地で死去したのである。彼の死亡に関わる記載は、『続日本紀』同年五月丁卯（二十六日）条に、「詔して、征東副将軍民部少輔兼下野守従五位下勲八等佐伯宿禰葛城に正五位下を贈りたまふ。葛城、軍を率ゐて入りて征するとき、中途《みちなかば》にして卒《しゅっ》しぬ。故にこの贈有り」とみえる。四月六日に古佐美が奏状を送った時点ではまだ彼は存命であったと推測され、また都と現地の官軍本営との間のやりとりには片道七日ほどを要したようであるから、仮に『続日本紀』が葛城の死亡と贈位を記した記事の日付とする五月二十六日が、朝廷に彼の死についての情報が到着した日であるとすれば、古佐美が葛城の死を報じる奏状を送ったのは五月十九日頃となる。よって葛城が死亡したのは、四月六日から五月十九日頃までの間のことであったとみられる。

葛城は先述のように、今次の征夷軍指揮官の中でもとくに活躍が期待されていた人物であった。下野守を兼官していた彼はおそらく、入間広成の率いる胆沢征討軍と連携して北上盆地中・北部に攻め込む任務を負った志波・和我征討軍の指揮を担当する征東副使であったと推察される。

葛城の死の真相は全く不明であるが、彼がかつて積極的武力討伐派の鎮守将軍であった百済俊哲の後押しによって鎮守副将軍とされた前歴をもつことからすると、安倍猨嶋墨縄・池田真枚ら鎮守府将吏との間に征夷の方針や具体的戦略をめぐって激しい確執・対立を生じていた可能性も多分にあろう。とすれば、彼がこのとき政争がらみで何者かに暗殺されたという可能性も決してありえなくはないように思われる。

また、衣川北岸に屯営していた胆沢征討軍が予定外の長い逗留を続けたことの背景に、葛城の突然の死が大きく影響していたということも十分に考えられる。志波・和我征討軍の指揮官が突然失われてしまったことが、前述のような官軍側の作戦計画の根本に大きな打撃を与えなかったとはとても思えないからである。

戦闘開始

軍の長期滞留を責め即時進軍を促す前掲の天皇の勅が五月十九日頃に古佐美の許に届くと、古佐美は衣川で逗留していた胆沢征討軍に対して直ちに進軍するよう命じた。またおそらく同日に古佐美は、胆沢征討軍の出撃開始と征東副使佐伯葛城の死亡を併せ報告する奏状を中央政府に宛てて送ったものと推測される。ついに阿弖流為ら蝦夷軍と官軍との直接対決の火蓋が切って落とされたのである。

> 征東将軍奏すらく、「副将軍外従五位下入間宿禰広成・左中軍別将《さちゅうぐんべっしょう》従五位下池田朝臣真枚、前軍《ぜんぐん》別将外従五位下安倍猨嶋臣墨縄らと議《ぎ》すらく、『三軍 謀《はかりごと》を同じくし力を并《あわ》せて、河を渡りて賊を討たむ』といふ。約《ちぎ》れる期《とき》已に畢《おわ》る。是に由りて、中《ちゅう》・後軍《こうぐん》各二千人を抽出《ぬきいだ》して、同じく共に凌き渡る。賊帥《ぞくすい》夷《えみしの》阿弖流為が居《おるところ》に至る比《ころおい》、賊徒三百許人《にんばかり》有りて迎へ逢ひて相戦ふ。官軍の勢《いきおい》強くして賊衆引き遁《に》ぐ。官軍且つ戦ひ且つ焼きて、巣伏《すふし》村に至りて、将《まさ》に前軍と勢を合せむとす。而れども前軍、賊の為に拒《はば》まれて進み渡ること得ず。是に賊衆八百許人、更に来《きた》りて拒《ふせ》き戦ふ。その力太《はなは》だ強くして、官軍稍《やや》く退くとき、賊徒直《ただち》に衝けり。更に賊徒四百許人有りて、東山《ひがしのやま》より出でて官軍の後を絶てり。前後に敵を受けたり。賊衆奮ひ撃ちて、官軍排《お》さる。別将丈部善理《はせつかべのぜんり》、進士《しんじ》高田道成《たかたのみちなり》・会津壮麻呂《あいづのたけまろ》・安宿戸吉足《あすかべのよしたり》・大伴五百継《いおつぐ》等並に戦死す。惣て、賊の居を焼き亡《ほろぼ》せる

は、十四村、宅《いえ》八百許《ばかり》烟《えん》なり。器械・雑物《ぞうぶつ》別の如し。官軍の戦死せるひと廿五人、矢に中《あた》れるひと二百卌五人、河に投《い》りて溺れ死ぬるひと一千卅六人、裸身《はだか》にして游《およ》ぎ来るひと一千二百五十七人。別将出雲諸上《いずものもろかみ》・道嶋御楯ら余衆を引きて還り来れり」とまうす。是に征東将軍に勅して曰はく、「比来の奏を省るに云はく、『胆沢の賊は惣て河の東に集へり。先づこの地を征めて、後に深く入ることを謀らむ』といへり。然るときは軍監已上兵を率ゐて、その形勢を張り、その威容を厳しくして、前後相続きて以て薄《せ》め伐つべし。而るを軍少く将卑《いやし》くして、還りて敗績《はいせき》を致せるは、是れ則ちその道の副将らが計策《けいさく》の失《あやま》れる所なり。善理らが戦亡《せんぼう》と士衆の溺れ死ぬるとに至りては、惻怛《そくたつ》の情、懐《むね》に切なる有り」とのたまふ。（『続日本紀』延暦八年六月甲戌［三日］条）

この記事は、阿弖流為らの猛攻の前に官軍が敗戦を喫したいわゆる巣伏《すふし》村の合戦の戦況について、古佐美が朝廷に報じた奏状の部分と、それを受けて下された桓武天皇の勅の部分とから成る。日付の六月三日は勅が発せられた時点であると考えられ、古佐美が奏状を送ったのはそれより七日くらい遡るとみられる。したがって実際に合戦があったのはだいたい五月下旬〜末頃のことと思われ、先の勅が古佐美の許へ到着した後直ちに出撃に踏み切ったのであろう。まさに「拙速」そのものの進軍であった。

作戦は、征東副使入間広成と鎮守副将軍池田真枚（左中軍別将）、同安倍猨嶋墨縄（前軍別将）の三人によって急遽策定された。前・中・後三軍が相連携し、挟撃作戦で阿弖流為らを胆沢の地に攻め伐つというものであった。

阿弖流為奮戦

五月下旬の某日、官軍は北上川の両岸を北上するかたちで進軍を始めた。東岸（左岸）を攻め上ったのは中・後軍より各二〇〇〇人ずつ選抜された計四〇〇〇人の軍兵、一方西岸（右岸）を進んだのは前軍の軍兵（兵数の明記がないが、中・後軍同様二〇〇〇人か）であった。すなわちこのとき胆沢攻略のために出撃したのは、総勢六〇〇〇人ほどの軍勢であったとみられる。

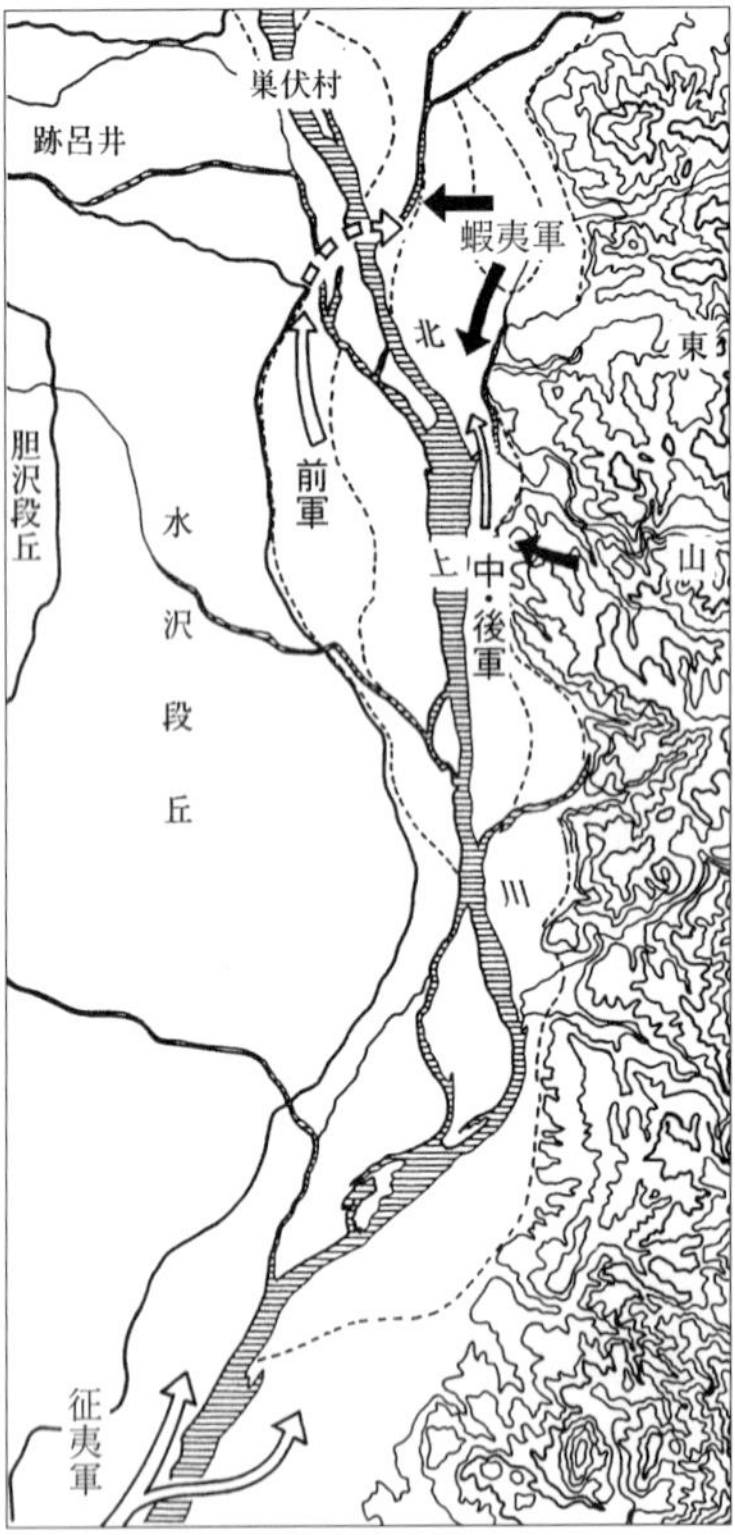

巣伏村の合戦想定図
（細井計ほか『岩手県の歴史』［山川出版社，1999年］より。一部改変）

中・後軍より成る四〇〇〇人の軍勢は、衣川営を出発後、まず北上川本流を渡河してその東岸に沿って北上、阿弖流為らの集結する河東の蝦夷軍の拠点を目ざした。この軍勢は阿弖流為の居宅（奥州市水沢区田茂山《たもやま》のあたりか）よりやや手前の地点で三〇〇人ほどの蝦夷軍と戦ったが、蝦夷軍は北へ退却（陽動作戦か）。官軍はこれを追いつつ途上の村々を焼き払いながらさらに北上し、前軍と合流する予定の巣伏村（同市江刺区愛宕《おだき》から水沢区四丑のあたりか。阿弖流為軍の本営があったとみられる）に向かおうとした。

一方前軍の二〇〇〇人の軍勢は、衣川営を出発後、北上川本流の西岸を北に向かって進軍し、巣伏村にほど近い川の西岸（同市水沢区跡呂井《あとろい》～四丑《しうし》のあたりか）より渡河して巣伏村に至ろうとしたが、対岸で待ちかまえていた蝦夷軍（人数は不明だがあるいは二〇〇～三〇〇人ほどか）に拒まれ、北上川を渡河することができなかった。

そうしたところ、八〇〇人ほどの蝦夷軍が東岸の中・後軍の前に出現し戦闘となった。この八〇〇人の中には先に登場した三〇〇人の遊撃隊も含まれている可能性があるが、その蝦夷軍の力はきわめてつよく、官軍はじりじりと後方へ押し戻された。さらにその時、東の山上に潜んでいた四〇〇人ほどの蝦夷軍が官軍の後ろに回り、退路を絶った。川と山に挟まれたきわめて狭い場所に追い込まれたうえ前後に敵を受けた官軍は、このとき蝦夷軍に翻弄され総崩れとなって大敗戦を喫し、戦闘死と溺死を合わせて一〇六一人にも上る多くの戦死者を出した。なお官軍側が被った人的被害の内訳は、戦闘による死者二五人、矢疵を負った負傷者二四五人、溺死者一〇三六人、裸で泳ぎ生還した者一二五七人である。まさに驚愕的な惨敗であった。

他方の阿弖流為率いる胆沢蝦夷軍の側のこのときの人的被害は手がかりがなく不明であるが、合戦の経過よりみておそらく官軍側よりもはるかに少なかったように推測される。また胆沢蝦夷軍の兵力についてはやや臆測に頼る部分が多いが、巣伏村より出撃して北上川東岸で中・後軍に攻め込んだ兵が八〇〇人ほど（最初に陽動作戦を展開した三〇〇人も含まれるか）、東の山上より下って中・後軍の退路を絶った兵が四〇〇人ほど、そして西岸より渡河して巣伏村に侵入しようとした前軍を川べりで食い止めた兵が二〇〇～三〇〇人ほど（推定）で、だいたい総勢一四〇〇～一五〇〇人くらいの規模だったのではなかろうか。

官軍奮わず

今次の胆沢征討作戦の策定は前述のように入間広成・池田真枚・安倍猨嶋墨縄の三人がおこなったが、なぜかこのときの戦闘においては三人のうちの一人も陣頭指揮を執らなかった。その点は、前掲の六月甲戌条の記事に「軍少く将卑くして、還りて敗績を致せるは、是れ則ちその道の副将軍らが計策の失れる所なり」とあることや、次節の冒頭に掲げる同年六月庚辰（九日）条（二二五～二二六頁に掲出）に「広成・墨縄は、久しく賊地に在りて兼ねて戦場を経たり。故に委するに副将の任を以てして、その力戦の効を佇《ま》てども、営中に静処《せいしょ》して坐《い》ながら成敗を見、裨《ひ》将《しょう》を差し入れて還《かえ》りて敗績を致す」とみえることから明らかである。なお三人のうち池田真枚のみは、後にも述べるように北上川で溺れていた中・後軍の軍兵を救出するために「日上《ひかみ》の湊」に赴いたことが知られるが、広成と墨縄はそれすらもおこなわなかったらしい。

一方出撃した軍勢は、丈部善理・出雲諸上・道嶋御楯といった征東使や鎮守府の諸将よりも格が低い下級将校らによって率いられていた。善理はこのときの合戦で戦死を遂げたが、『続日本紀』延暦十年（七九一）二月乙亥（五日）条には、「外従七位下丈部善理に外従五位下を贈る。善理は陸奥国磐城郡の人なり。八年、官軍に従ひて胆沢に至り、師《いくさ》を率ゐ河を渡りて、官軍利を失へるとき、奮ひて戦ひて死せり」とみえ、陸奥国太平洋側南部の磐城郡の出身で、生前外従七位下を叙されていたことが知られる。胆沢まで進軍し、軍勢を率いて渡河作戦を決行した際に戦死したように読めるので、おそらく前軍の別将の一人であったとみられる。諸上と御楯の両名もこのとき別将の任にあり、ともに敗戦後生き残った軍兵を率いて帰還した。諸上はほかにみえないので詳細は不明であるが、御楯は陸奥国牡鹿郡の道嶋宿禰氏の人物で、伊治公呰麻呂の乱において呰麻呂に殺害された大楯の兄弟ではないかと推測される。すでに触れたとおり、大楯は宝亀末年頃、按察使紀広純の下での胆沢征討計画に深く関与していたので、あるいは御楯も武力討伐に積極的な姿勢を示していたのかもしれない。

また官軍側の戦死者として、高田道成・会津壮麻呂・安宿戸吉足・大伴五百継の四人の進士の名が挙がっている。進士とは、『続日本紀』宝亀十一年（七八〇）五月己卯（十六日）条に、「広く進士を募りて、早《すみやか》に軍所に致《いた》らしむべし」とみえているように、征夷戦に自ら投じた志願兵であった。四人の進士のうち、会津壮麻呂はその姓より陸奥国会津郡の人とみられ、安宿戸吉足は奈良時代の史料で武蔵国に飛鳥部《あすかべ》氏が確認されることから同国の人ではなかったかと推測される（岸俊男「日本における「戸」の源流」）。高田道成についてはほとんど手がかりがないが、『和名類聚抄《わみょうるいじゅしょう》』によれば高田郷は相模国足下郡《あしのしも》・武蔵国橘樹郡《たちばな》・常陸国信太郡《しだ》にあり、彼もやはり弓馬に堪える坂東の富農の出であったか。残る大伴五百継も、奈良時代にはカバネのない大伴姓の人物として武蔵国多摩郡大領大伴赤麻呂（『日本霊異記《にほんりょういき》』中巻第九話）が見出され、また直《あたい》のカバネをもち坂東豪族とみられる大伴直宮足《みやたり》が神亀元年（七二四）二月に私穀を陸奥国に献じて外従五位下に叙されたことも知られるので、やはり坂東出身者であった可能性が高いように思われる。

桓武天皇の落胆

驚愕的な敗戦の報に接した桓武天皇は、戦没した将兵らに哀悼の意を捧げるとともに、その敗因として「副将」たちの失策を挙げ、現地官軍指揮官の無能を責めた。ここでいわれている「副将」とはもちろん、征東副使入間広成と鎮守副将軍池田真枚・同安倍猨嶋墨縄の三人のことであろう。

天皇は、今次の胆沢攻略戦においては、軍監以上のすべての指揮官が軍兵を率いて軍儀を整え相連携しながら敵を攻め伐つべきであったにもかかわらず、わずかな軍勢しか投入せず、しかも実戦指揮を身分の低い指揮官に執らせたことこそが敗因にほかならないとして、「副将」らの失策を厳しく非難したのであった。

たしかに桓武天皇が非難する通り、わずか六〇〇〇人程度の軍勢で、しかも「副将」のうちの一人も陣頭指揮を執ることなく決行されたこの作戦は、どうみても杜撰の誹りを免れないものである。この点については、征東使や鎮守府の側が阿弖流為ら胆沢蝦夷軍の軍事力を過小評価し、その程度の兵力でも十分に征討が可能であると高を括っていたためであったとみる向きも一部にある。しかしながら、伊治公呰麻呂の乱勃発以降の反乱蝦夷軍の猛威はまさに律令国家首脳部をも震撼させるものであったし、桓武天皇自身も胆沢に結集した阿弖流為配下の軍勢が決して弱小な勢力ではないことを事前に予測していたことがその言葉より明確にうかがわれるので、官軍側が阿弖流為らの軍事力を最初から侮っていたとはいささか考えにくい。

見捨てられた軍隊

それではこのとき現地官軍は、なぜそのような消極的で拙劣な作戦を採用したのであろうか。その理由はよくわかっていないが、あるいはその背景には、征討軍首脳部内での征夷戦略をめぐる混乱や迷走が伏在していたのではなかったかと推察される。

まず、作戦策定において中心的役割を果たした一人である鎮守副将軍安倍猨嶋墨縄は、すでに第六章二節で述べたように、延暦六年（七八七）に百済俊哲を鎮守将軍の座より追い落として鎮守府内の積極的武力討伐派を一掃し、鎮守府軍政の実権を掌握することに成功した人物であった。墨縄が鎮守副将軍に就任した後の鎮守府では、むやみに征夷の軍事行動を興すのではなく、懐柔や政治的交渉などを通じて蝦夷勢力を国府や鎮守府の支配下に取り込み直そうとするような、妥協的ではあるがより現実的な路線の対蝦夷戦略が主流をなしていたものとみられる。

ただし、当初征東使の中には積極的武力討伐派に近い立場をとる副使佐伯葛城がおり、現地征夷軍首脳部の間では、「懐柔による征夷」策に傾斜していた墨縄と、「武力による征夷」に意欲を燃やす葛城とを両極として、具体的作戦の策定をめぐってかなり激しい確執や対立が生じていたようである。葛城の急死を挟んで、胆沢征討軍の大軍勢が衣川に一カ月以上もの長期間逗留を続けたことの背後に、そうした深刻な葛藤が存在していたとみられることも、すでに述べたところである。

そして、葛城の死去によって、墨縄・池田真枚の両鎮守副将軍が北上盆地方面における軍事行動の実質的な主導権を掌握することになったのであるが、痺れを切らした桓武天皇に即時出撃を命じられて、五月下旬、まさに苦肉の策として、急遽道嶋御楯・丈部善理ら下級指揮官に総勢六〇〇〇人ほどの軍勢を率いさせて出撃させる作戦が策定されたのであった。なお御楯は先述のように、宝亀末年の胆沢征討計画に深く関与していた大楯と同様、武力討伐に積極的な指揮官であった可能性があり、また善理もその死を桓武天皇が深く悼んだことからみて、征夷開始前に失脚させられた寵臣百済俊哲と関わりの深い積極的武力討伐派の下級指揮官であったように推察される。

すなわち、このとき出撃した前・中・後三軍の計六〇〇〇人の兵から成る軍勢は、軍略上勝算があまり見込まれないにもかかわらず、桓武天皇の出撃命令への違背を責められたくないというだけの理由で無理やり出撃させられたような感を否めない。しかも出撃した下級指揮官の中には、積極的武力討伐路線に傾倒し、作戦策定の主導権を掌握していた墨縄らにとっては厄介で目障りな部将たちが少なくなかった。あるいは墨縄は、それらの積極的武力討伐派の将兵らに無惨な敗軍の屈辱を味わわせることでその勢力をさらに弱体化させようと目論むとともに、その後に懐柔策を用いた征夷戦略を大々的に展開することで事態の収拾をはかることを画策していたのかもしれない。もしもそれが事実であったならば、このとき阿弖流為ら胆沢蝦夷軍に惨敗した六〇〇〇人の軍勢は、はじめから敗色濃厚であることを前提に出撃させられた、いわば「見捨てられた軍隊」であったということになる。

3 第二次胆沢合戦

古佐美征夷の中止を上奏す

巣伏村における官軍の敗戦を責める桓武天皇の六月三日付の勅が征東大使紀古佐美の許に届いたのは同月十日頃であったとみられるが、すでにそれよりも前に、古佐美は今次征夷の中止を決意し、軍を解散し都へ帰還したい旨を申請する奏状を朝廷に送っていた。

征東将軍奏して偁《もう》さく、「胆沢の地は、賊奴《ぞくど》の奥区《おうく》なり。方《まさ》に今、大軍征討して村邑《そんゆう》を翦《か》り除《そ》けども、余党伏し竄《かく》れて、人・物を殺し略《かす》めり。また、子波《しわ》・和我《わが》は僻《さ》りて深奥《しんおう》に在り。臣ら遠く薄《せ》め伐たむと欲《おも》へども、粮運《ろううん》艱《かん》有り。その玉造塞より衣川営に至るまで四日、輜重《しちょう》の受納二箇日なり。然るときは往還十日なり。衣川より子波の地に至るまで、行程仮令《たと》へば六日ならば、輜重の往還十四日ならむ。惣て、玉造塞より子波の地に至るまでは往還廿四日の程《みちのり》なり。途中にて賊に逢ひて相戦ひ、及《また》雨に妨げられて進むことえぬ日は程の内に入らず。河陸両道の輜重一万二千四百卌人、一度に運ぶ所の糒《ほしいい》六千二百十五斛、征軍二万七千四百七十人、一日に食《くら》ふ所は五百卌九斛なり。此を以て支度するに、一度に運ぶ所は僅《わずか》に十一日を支ふるのみなり。臣ら商量《しょうりょう》するに、子波の地を指《めざ》すときは支度交《こもごも》闕《か》け、征兵を割きて輜重に加ふるときは、征軍の数少くして征討するに足らず。加以《しかのみならず》、軍入りてより以来《このかた》、春夏を経渉《へわた》りて、征軍・輜重並に是れ疲弊せり。進まむとすれば危きこと有り、持《たも》たむとすれば利無し。久しく賊地に屯《いわ》みて、粮を百里の外に運ぶは良策に非ず。蠢爾《しゅんじ》とある小寇《しょうこう》、且《しばら》く天誅を逋《のが》ると雖も、水陸の田、耕し種《う》うること得ずして、既に農《たつく》る時を失へり。滅せずして何をか待たむ。臣らが議する所は、軍を解き粮を遺して非常を支擬《しぎ》するに若《し》くは莫《な》し。軍士の食ふ所日に二千斛なり。若し奏を上《たてまつ》りて裁を聴かば、恐るらくは更に糜費《びひ》多からむ。故に今月十日より以前の解出《げしゅつ》の状を牒《ちょう》して諸軍に知らしめむ。臣らが愚議、且《か》つ奏し且つ行はむ」とまうす。勅し報《こた》へて曰はく、「今、先後《せんご》の奏状を省るに曰はく、『賊、河の東に集ひて官軍を抗拒《こうきょ》す。先づこの地を征《せ》めて後に深く入ることを謀らむ』といへり。然るときは深く入ること利あらず。以て軍を解くべくは、状を具《つぶさ》にして奏上して、然して後に解出するも未だ晩《おそ》からじ。而るに、曾《かつ》て進み入らず、一旦に兵《いくさ》を罷《や》む。将軍らが策、その理《ことわり》安《いずく》にか在る。的《いちしろ》く知る、将軍ら兇賊《きょうぞく》を畏れ憚りて、逗留せるが為《いた》す所なるを。巧《たくみ》に浮詞《ふし》を飾り、罪過《ざいか》を規避《きひ》すること、不忠の甚しき、斯《これ》より先なるは莫し。また、広成・墨縄は、久しく賊地に在りて兼ねて戦場を経たり。故に委するに副将の任を以てして、その力戦の効を佇《ま》てども、営中に静処《せいしょ》して坐《い》ながら成敗を見、裨将《ひしょう》を差し入れて還りて敗績《はいせき》を致す。君に事《つか》ふる道、何ぞ其れ此《かく》の如くならむ。夫《そ》れ師《いくさ》出でて功無きは、良将の恥づる所なり。今、軍を損ひ粮を費して、国家の大害を為す。閫外《こんがい》の寄、豈《あに》其れ然らむや」とのたまふ。

（『続日本紀』延暦八年六月庚辰［九日］条）

記事の日付の六月九日は古佐美の奏状に対する天皇の勅が出された日であるとみられ、奏状が書かれたのは六月二日頃であろう。奏状を読んだ天皇は激怒し、直ちに勅を下して大使古佐美以下征夷軍指揮官たちの無能を厳しく叱責した。

奏状に記された古佐美の言い分は次のようなものであった。

(1)玉造塞から衣川営までは移動に四日を要し、さらに輜重が運ぶ軍粮・軍需品の受納に二日かかる。するとこの間の往還には一〇日を要する。

(2)また衣川営から子波《(志)》までは仮に片道六日の行程であるとすれば、同様に算定して往還には一四日を要する。よって玉造塞から子波《(志)》までの行程を総計すれば、往還に二四日を要することになる。その中には、途中で敵軍と遭遇し戦闘する日数や、雨に妨げられ進軍できない日数は含まれない。

(3)河・陸両道の輜重は一万二四四〇人で、それらが一度に運べる糒は六二一五斛である。征軍の人数は二万七四七〇人で一日に五四九斛を食し、輜重が一度に運ぶ糒は征軍の一一日分の食糧でしかない。子波《(志)》への遠征には食糧の補給が困難で、かといって輜重を増やせば征軍の人数が減り征討ができなくなる。またすでに春夏を経て征軍・輜重ともに疲弊しており、無理に進軍させることとは危険である。

(4)まだ蝦夷軍の残党が潜伏しているとはいっても、すでに春夏の農時を失い水陸の田の収穫をえられない状態で、最早それらが滅びるのも時間の問題である。

(5)以上のことから、この際軍を解散し軍粮を温存しておくのが最も得策である。

(6)なお軍士は一日に二〇〇〇斛を食し、朝廷に上奏し裁許を待ってから軍の解散をおこなうとなるとその間に相当な軍粮を費消する。よって朝廷への上奏をおこなうと同時に、六月十日以前に軍を解散したい。

征東大使の古佐美は奏状中で以上のような論理を展開し、征討の中止と軍の解散、軍粮の温存こそが最善の選択であると主張したのであった。

五四九斛と二〇〇〇斛

ところで右にまとめた古佐美の主張には、意図が非常にわかりにくいところが一点ある。それは、(3)で征軍の一日分の食糧（糒）が五四九斛であるとされているのに、なぜかその後の(6)では軍士は一日に二〇〇〇斛を食すると述べられていて、一日分の軍粮の消費量について二通りの数字がみられる点である。

この点に関してはこれまで、征夷に失敗した古佐美が早く軍を解散し帰京したいために、虚妄の数字を織り込んで進軍が不可能であるとの理屈を無理やり捏造し誤魔化そうとしたものであろうとする臆測がしばしばおこなわれてきた。しかしながらそうした従来の説には、古佐美をはじめとする征夷軍の指揮官たちを無能で臆病な凡将と決めつけ、彼らの主張を単なる欺瞞とみるようなある種の先入観に影響されていたきらいがなくもない。ここは今一度虚心に、史料の語るところをじっくりと読み直してみたい。

まず「征軍二万七千四百七十人、一日に食ふ所は五百卌九斛なり」とあるので、五四九斛が軍兵二万七四七〇人の一日分の軍粮にあたることは間違いない。一人一日に約二升である。ここで問題となるのは、二万七四七〇人の軍兵がこのときの征夷軍全体の中でどのくらいの割合を占めるものであったかということであろう。

従来の諸見解の多くは、この軍勢を衣川営に集結していた官軍の大半または全部とみなしてきたようであるが、おそらくそれは誤りである。なぜかといえば、この二万七四七〇人の軍兵は、(1)・(2)で進軍・帰還の行程が玉造塞→衣川営→志波→衣川営→玉造塞と、玉造塞を起点とした往復とされている点からみて、当時衣川営ではなくて後方の兵站《へいたん》である玉造塞で待機していたものと考えられ、依然衣川営に滞在中ですでに五月下旬〜末頃に胆沢での合戦を経験した胆沢征討軍とは別個の軍勢であったことが明らかだからである。もし衣川営にいる胆沢征討軍の進軍計画であれば、往路の玉造塞→衣川営分の軍粮は計上されないはずである。

ということは、志波・和我方面への遠征が予定されていたこの二万七四七〇人の軍兵は志波・和我征討軍と称すべき軍勢であって、あくまでこのときの征夷軍の一部にすぎなかったことになる。なおこの志波・和我征討軍は本来、副使の一人である佐伯葛城の指揮下で志波・和我遠征をおこなう予定であったが、葛城の死後は指揮官不在のまま玉造塞で待機を続けていたのであろう。そしてこのときの征夷軍は、入間広成を指揮官とする胆沢征討軍と志波・和我征討軍とから成る「陸道」軍、北上川水運のルートによって主に軍需物資の輸送を担う「河道」軍、それに後述する太平洋沿岸方面に進軍したとみられる「海道」軍の三者によって構成されていたと考えられる。なお「陸道」軍が胆沢攻略を担当する胆沢征討軍と盆地北半に攻め入る志波・和我征討軍の二軍より成っていたことは、前掲の六月庚辰条中に、「賊、河の東に集ひて官軍を抗拒す。先づこの地を征めて後に深く入ることを謀らむ」とみえている点ともよく符合していよう。

さて、以上のように考えることができるならば、二〇〇〇斛の方こそがこのときの征夷軍の全軍士が一日に食する糒の量であったとみるのが至当であろう。それが何人分の兵士の軍粮に相当するかというと、兵士一人が一日に食する量が約二升であるから、二〇〇〇斛だとおよそ一〇万人分となる。もしもそれに信を置くならば、このときの征夷軍の総兵数は、後の延暦十三年（七九四）の征夷と同じく一〇万人であったことになるのである。なおその点についてはほかにいくつかの傍証を挙げることもできるが（樋口知志「延暦八年の征夷」）、やや繁雑になるのでここでは割愛させていただく。

古佐美の真意

話を元に戻そう。軍粮の損耗を理由に志波・和我遠征の中止と軍の解散を主張する古佐美の論理は、一見いささか言い訳じみていてあまり説得力はないように思える。「はじめから、だめだだめだというように計算されている」と酷評した先学の指摘にもそれなりに的を射たところがあることも否めない（高橋富雄『蝦夷』）。しかしながら、果たして古佐美は阿弖流為らの猛攻の前に、負け犬のように怖じ気づいて都へ帰還することを決めてしまったのだろうか。私にはどうもそうは思えない。

五月下旬～末頃の胆沢合戦で官軍は確かに阿弖流為ら蝦夷軍に大敗戦を喫したが、しかし官軍はその際に胆沢の地の「十四村、宅八百許烟」を焼き討ちしている（六月甲戌条）。「宅八百許烟」とは竪穴住居八〇〇棟ほどを指すものと考えられ、当時の胆沢地方で平均的な規模の竪穴住居は床面積が二〇平方メートル前後であったと考えられているから（八木光則「馬淵川流域の様相」）、一棟に四、五人ほどが居住したとして、八〇〇棟ではだいたい三二〇〇～四〇〇〇人ほどの人々が住み家を失った計算になる。これは実に三、四郷分の人口に相当する。

また古佐美が六月二日頃に都へ書き送った奏状中に、「且《しばら》く天誅を逋《のが》ると雖も、水陸の田、耕し種《う》ふること得ずして、既に農《たつく》る時を失へり。滅せずして何をか待たむ」とある（六月庚辰条）のも全くの虚飾とは考えがたく、官軍側は田畑を破壊することで胆沢の地に住む蝦夷に対して相当甚大なダメージを与えていた可能性がある。もしも多くの村を焼かれたうえに田畑までもことごとく破壊されていたとしたら、阿弖流為ら胆沢蝦夷の側の戦災被害もきわめて深刻なものであったと考えざるをえない。

なお実際に、奥州市水沢区の杉の堂・熊之堂遺跡群の奈良時代後期のものとみられる竪穴住居は火災によって一時に焼亡したらしいことが発掘調査によって推測されており、火災痕跡の年代観やこのときの征夷軍（前軍）の進軍ルートとの一致からみて、官軍による焼き討ちに遭った可能性があると指摘されている。

おそらく古佐美は、入間広成ら胆沢征討軍より受けた報告をもとに、官軍が阿弖流為ら胆沢蝦夷に対して相当なダメージを与えたことを戦果として積極的に評価し、中央政府に宛てた奏状中で強調したのであろう。それは決して単なる強弁ではなかったと思われる。

また古佐美ら征夷軍は、前述のように多賀城を発ってほどない四、五月頃に、志波・和我征討軍を率い進軍する予定だった副使佐伯葛城を失うという想定外のアクシデントに遭遇していた。そのことが、今次征夷の遂行をきわめて困難なものにしたのも確実であろう。戦略の要をなすはずだった志波・和我征討軍は総指揮官を欠き、作戦決行もままならない状態に陥ってしまった。そのうえ胆沢攻略作戦でも阿弖流為らの奇襲によって手痛い敗戦を喫してしまったのだから、「陸路」軍の志気が大いに低下してしまうのは当然であった。せめて胆沢攻略作戦がある程度の成功を収めていたならば、軍粮や軍需物資の補給機能を玉造塞より北方の衣川営に移すこともあるいは可能になったかもしれないが、それが失敗に終ったこの時点においては、古佐美の奏状中に「久しく賊地に屯みて、粮を百里の外に運ぶは良策に非ず」といわれているように（六月庚辰条）、はるか後方の玉造塞より「賊地」まで直接軍粮・軍需物資の補給をおこなうのは、確かに軍略上たいへん危険きわまりないことでもあった。

以上のような事情を考えるならば、古佐美の論法には少々疑念の余地はあるものの、彼が志波・和我遠征の中止と軍の解散を方針として定めたことについては、それなりに合理的な根拠も認められないわけではない。彼の言葉が、決して単なる自己保身のためだけのものではなかったことは確かであろう。

戦闘再開

ところが、桓武天皇は古佐美の奏状を読み、現地官軍指揮官たちへの不信感をあらわにし、返信の勅の中で、「将軍ら兇賊を畏れ憚りて、逗留せるが為《いた》す所なるを。巧に浮詞を飾り、罪過を規避すること、不忠の甚しき、斯より先なるは莫し」とまで非難した（六月庚辰条）。その勅はおそらく六月十六日頃に陸奥国の古佐美の許に届いたとみられるが、それほどに激しい怒りに満ちた天皇の言葉を目の当たりにした彼の心の動揺はいかばかりであったろうか。「夫れ師出でて功無きは、良将の恥づる所なり。今、軍を損ひ粮を費して、国家の大害を為す」（同右）とまで責められては、古佐美としても最早そのままなんの戦果も挙げぬまま帰京するわけにはいくまい。

その後は古佐美が、次節の冒頭に掲げる『続日本紀』延暦八年七月丁巳（十七日）条（二三七～二三八頁に掲出）で引用されている七月十日付の奏状を都へ送るまで、二〇日間以上にもわたり、現地官軍と中央政府との間で交信がおこなわれた記録はない。そのためか、従来は結局古佐美ら征東使は、阿弖流為らにひとたび大敗を喫した後もなんら反撃をおこなわず、そのまま帰京したものとされることが多かった。しかしながらそうした見解には大いに疑問がある。

まず、前掲の六月甲戌条と後に掲げる七月丁巳条との間で、官軍側軍兵の死傷者数の記載が大きく食い違っている点に注目したい。六月甲戌条では、「官軍の戦死せるひと廿五人、矢に中《あた》れるひと二百卌五人、河に投《い》りて溺れ死ぬるひと一千卅六人、裸身にして游《およ》ぎ来るひと一千二百五十七人」とある。しかし七月丁巳条には、「今先後の奏状を検《み》るに、斬獲せる賊首《ぞくしゅ》八十九級にして、官軍の死亡千有余人なり。その傷害せらるる者殆ど二千ならむ。夫れ、賊の首を斬るは未だ百級に満たず、官軍の損は已に三千に及ぶ」とみえ、官軍側の人的被害は死亡が一〇〇〇人余り、戦傷者は約二〇〇〇人で合わせて三〇〇〇人におよんだとされている。

戦死者数については前者が一〇六一人（二五人＋一〇三六人）、後者が「千有余人」とほぼ対応するものの、戦傷者数は後者が約二〇〇〇人とするのに対して、前者では矢疵を負った者二四五人が報じられているにすぎない。甲や衣類を脱ぎ裸身で泳ぎ帰った一二五七人の中にも戦傷者がかなりいた可能性もあるが、仮にその全数を加えても合計一五〇二人にしかならず、二〇〇〇人には大きく不足する。また後者では官軍側の人的被害が全体で三〇〇〇人以上におよんだとされるが、前者では最大でも二五六三人（二五＋二四五＋一〇三六＋一二五七）を超えることはない。つまり戦傷者数で数百～一〇〇〇人規模のずれが生じていると見なさざるをえない。

また七月丁巳条には「斬獲せる賊首八十九級」、すなわち八九人の敵軍兵士の首を取ったとあるが、他方六月甲戌条には「官軍の戦死せるひと廿五人」とみえ、官軍側の純粋な戦闘死は二五人であったと解されるから、これらがともに同じ合戦における両軍の戦闘死者数であったとするならば、官軍側は相当善戦したことになる。しかしながら、六月甲戌条の内容を虚心に読むかぎり、官軍側はこのとき阿弖流為の率いる蝦夷軍に翻弄され、全くよいところなく惨敗を喫しているようである。その際に敵の首を八九級も挙げることができたとはいささか考えがたいのではなかろうか。

とすれば、五月下旬～末頃の合戦の後に、官軍側に数百～一〇〇〇人規模の戦傷者、阿弖流為ら蝦夷軍側に数十人規模の戦死者を発生させた別の合戦が再び胆沢の地で起こったと考えるのが、最も自然な想定であると思われる。

第二次胆沢合戦の実態

また七月丁巳条に引用された同月十日付の古佐美の奏状の文章には、「所謂《いわゆる》胆沢は、水陸万頃《ばんけい》にして、蝦虜《えみしども》存生《いきながら》へり。大兵一挙して、忽ち荒墟《こうきょ》と為る。余燼仮《たと》へ息むとも、危きこと朝《あした》の露の若《ごと》し」とか「一時に凌き渡りて、且つ戦ひ且つ焚《や》きて、賊の巣穴《そうけつ》を攫《さら》ひて、還りて本営を持《じ》す」といった言辞がみえる。これらは従来、虚偽の戦況報告ではないかとしばしば疑われてきたものであるが、二度目の胆沢合戦が存在した可能性が考えられるのであれば、そのように決めつけるわけにはいかない。私はこれらは第二次胆沢合戦の戦況報告に関わる文章であって、多少の誇張を含む可能性はあるものの全くの事実捏造ではないと考える。

ただし、前掲の六月庚辰条に、「今月十日より以前の解出の状を牒して諸軍に知らしめむ」とあることから、六月十日までにすでに各地の軍は解散し戦地より撤退をはじめていたとみられ、桓武天皇の激怒の念があからさまに記された勅が古佐美の許に届いた十六日頃には、胆沢再征のための軍兵の確保が容易ではない情況となっていた可能性も高い。しかし桓武天皇の厳しい譴責を受けた古佐美にとっては、最早胆沢蝦夷軍に何の反撃もせぬまま帰京するわけには到底いかなかったであろう。古佐美は、急遽多賀城で胆沢再征に従軍する軍兵を徴集し（あるいはその中核をなしたのは鎮兵であったか）、その軍勢を副使入間広成に授け、今次の征夷に多大な期待を懐いていた天皇に対してせめてもの面目を示そうと、再度進軍を命じたものと推察される。それが決行されたのは、おそらく六月末より七月上旬にかけての頃かと思われる。なおその軍勢の規模は不明であるが、先の胆沢合戦で出撃した六〇〇〇人の軍を天皇に少軍勢と非難された古佐美が、後に掲げる七月丁巳条中の奏状でこの再征軍のことを「大兵」と表現しているので、六〇〇〇人を上回っていた可能性は高いとみられるものの、せいぜい多くても一万人程度にとどまったのではなかろうか。

再征軍の攻撃に対してはもう前と同様の奇襲作戦は使えず、今度は阿弖流為の率いる蝦夷軍の側も簡単に戦勝を挙げられたとは思われない。桓武天皇の勅によって奮い立たされた官軍の猛攻を正面から受け、小さからぬダメージを受けたことであろう。官軍側に首級をとられた八九人の蝦夷軍兵の全部が第二次胆沢合戦による戦死者とも思えないが、過半はその可能性がある。一方官軍側の戦死者数は、七月丁巳条が官軍側の全戦死者数を「千有余人」としていて、六月甲戌条にみえる戦死者数（一〇六一人）をそれほど大きく上回っていたとは考えにくいことから、一〇〇人には及ばず数十人程度に留まっていたものか。とすれば第二次胆沢合戦においては、戦死者数では蝦夷軍の方が官軍よりも上回っていた可能性もなくはない。

戦傷者数は不明な要素が多いけれども、官軍側の戦傷者は最低でも五〇〇人前後とみられ、六月甲戌条中の「裸身にして游ぎ来るひと一千二百五十七人」の中に戦傷者がそれほど多くいなかったとすれば、一〇〇〇人を超えていた可能性も低くはない。当然蝦夷軍側の戦傷者も、数百の多きにおよんだことだろう。この第二次胆沢合戦が、両軍が互いに正面から激突するようなまさに大激戦であったことを物語る。

また官軍側は第一次胆沢合戦の際にすでに「十四村」「八百許烟」の胆沢蝦夷の村々を焼き討ちしており、第二次合戦でも再びこの焦土作戦が繰り返された可能性がある。あるいはさらに多くの蝦夷の村々が焼かれたのかもしれない。

以上のように考えれば、同年における胆沢合戦の実態は、前後二回の戦いをトータルでみれば、阿弖流為ら胆沢蝦夷軍の大勝利とはいいがたいものだったのではなかろうか。

4　征討軍の帰還

七月十日になって大使古佐美は朝廷に奏状を送った。その内容は今次征夷戦における勝利を報じる凱表《がいひょう》であった。奏状は七日後の十七日に都へ届いたものとみられ、同日にはそれを読んだ桓武天皇が返答の勅を下している。

古佐美凱表を献ず

持節征東大将軍紀朝臣古佐美らに勅して曰はく、「今月十日の奏状を得るに偁《い》はく、『所謂胆沢は、水陸万頃《すいりくばんけい》にして、蝦虜《えみしども》存生《いきながら》へり。大兵一挙して、忽ち荒墟と為る。余燼仮《たと》へ息むとも、危きこと朝《あした》の露の若し。至如《しかのみならず》、軍船纜《ともづな》を解きて舳艫《じくろ》百里、天兵《てんぺい》の加ふる所、前に強敵無く、海浦《かいほ》の窟《くつ》宅《たく》、復《また》人烟《じんえん》に非ず。山谷《さんこく》の巣穴、唯鬼火《おにび》のみを見る。慶快《けいかい》に勝《た》へず、飛駅して上奏す』といへり。今先後の奏状を検《み》るに、斬獲せる賊首八十九級にして、官軍の死亡千有余人なり。その傷害せらる者殆ど二千ならむ。夫れ、賊の首を斬るは未だ百級に満たず、官軍の損は已に三千に及ぶ。此を以て言はば、何ぞ慶快するに足らむ。また大軍還り出づる日、兇賊追ひ侵すこと、唯一度のみに非ず。而るに云へらく、『大兵一挙して、忽ち荒墟と為る』といふ。事の勢《いきおい》を准《なずら》へ量るに、虚飾に似れりと欲《おも》ふ。また、真枚・墨縄ら、裨将《ひしょう》を河の東に遣すときは、軍敗れて逃げ還り、溺れ死ぬる軍一千余人なり。而るに云へらく、『一時に凌き渡りて、且つ戦ひ且つ焚《や》きて、賊の巣穴を攫《さら》ひて、還りて本営を持す』といふ。是れ溺れ死ぬる軍は弃《す》てて論ぜず。また浜成ら賊を掃《はら》ひ地を略すること、差《やや》他の道より勝れり。但し、『天兵の加ふる所、前に強敵無く、山谷の巣穴、唯鬼火のみを見る』といふに至りては、この浮詞《ふし》、良《まこと》に実に過ぎたりとす。凡《おおよ》そ凱表を献《たてまつ》ることは、賊を平《たいら》け功を立てて、然して後に奏すべし。今その奥地《おうち》を究めず、その種落《しゅらく》を称して馳駅《ちやく》して慶と称する、亦《また》愧《は》ぢざらむや」とのたまふ。

（『続日本紀』延暦八年七月丁巳［十七日］条）

古佐美の戦勝報告に対して桓武天皇は官軍側の甚大な被害を指摘、多数の死傷者を出したことを棚に上げ、虚飾の疑いのつよい戦果を報告し、凱表を献ったとして厳しく非難した。桓武天皇の疑念はおよそ次の三点にまとめられよう。

(1)官軍が斬獲した賊の首が八九級にすぎないのに官軍の戦死者は一〇〇〇人以上、戦傷者はほぼ二〇〇〇人におよんでいる。賊の首をまだ一〇〇級も斬っていないのに、官軍の損（死傷者）は三〇〇〇人に達している。それなのにどうして慶快することができようか。

(2)官軍が退却した日に敵軍の追撃が数度あったと聞く。「大兵一挙して、忽ち荒墟と為る」とは虚飾ではないのか。

(3)「一時に凌き渡りて、且つ戦ひ且つ焚きて、賊の巣穴を攪ひて、還りて本営を持す」との報告は、真枚・墨縄らが裨将（征東副使・鎮守副将軍より格下の部将）を河の東に遣わして敗戦を喫したときに一〇〇〇人以上の溺死者を出した事実を棚上げした論である。また副使多治比浜成の戦果はほかの「道」の将よりも勝っていると認められるが、しかし「天兵の加ふる所、前に強敵無く、山谷の巣穴、唯鬼火のみを見る」というのはやはり実に過ぎた「浮詞」であろう。

桓武天皇が懐いた疑念にはもっともな点もあるが、阿弖流為らにしてやられた緒戦での屈辱的敗戦の衝撃があまりに大きかったためか、現地官軍側の戦果報告に対して過剰に懐疑的になっている観がある。しかし実際には、前述のように第二次胆沢合戦での官軍側の反撃は阿弖流為ら胆沢蝦夷軍にある程度のダメージを与えたと推察されるし、また次に述べるように浜成らの「海道」軍が三陸沿岸地方で順調に軍事行動を展開していたようであるから、同年の征夷にみるべき戦果がなかったわけでは決してなかった。

海路の征夷

ここで、副使の一人である多治比浜成が率いた軍勢による軍事行動について考えてみる。前掲の七月丁巳条に引用された古佐美の奏状の文章には、「軍船纜を解きて舳艫百里、天兵の加ふる所、前に強敵無く、海浦の窟宅、復人烟に非ず。山谷の巣穴、唯鬼火のみを見る」とみえるが、同条の後段で桓武天皇は、「また浜成ら賊を掃い地を略すること、差他の道より勝れり」と述べ、さらに続けて、「但し、『天兵の加ふる所、前に強敵無く、山谷の巣穴、唯鬼火のみを見る』といふに至りては、この浮詞、良に実に過ぎたりとす」と評しているので、軍船を用いた水路の征夷をおこなったのが浜成らの軍勢であったことは文脈上明らかである。

ここで注目されるのは、この部分の文章表現が明らかに海路での征夷をうかがわせるものである点である。それは「海浦の窟宅」の語に顕著であり、「山谷の巣穴、唯鬼火のみを見る」という部分も

「水陸万頃」の平原が広がる胆沢の地の景観とするにはかなり違和感がある。だが従来は、同年の征夷が単に〝胆沢合戦〟としか認識されていなかったため、そうした点は全く見落とされてきたのである。

一つの考え方として、この部分は漢籍の表現を模倣したただの文飾にすぎず、同年の征夷で海路ルートの遠征がおこなわれたことの証拠にはならないとする見解もありえよう。しかしながら、仮にこの部分が漢籍を模倣した表現だとしても、曲がりなりにも天皇への戦況報告であるからには、実際の進軍時の情景とは全然異質でかけ離れた文章をそのまま嵌め込んで用いるとはいささか考えがたいのではなかろうか。

また古佐美の奏状では、胆沢での〝戦勝〟について記した直後に、「至如《しかのみならず》」で受けるかたちで、「軍船纜を解きて舳艫百里」以下の文章が置かれており、その文章構成からも両者は別の場所での軍事行動なのではないかとつよく疑われる。そのうえ「水陸万頃」と「海浦の窟宅」とは景観があまりにも対照的であって、これらがともに同じ胆沢合戦に関わる文章であるとはやはりいかにも考えがたいのである。

さらに水路の征夷の指揮を執った副使浜成は、同年の征夷の関係者の中ではただ一人、桓武天皇より「賊を掃ひ地を略すること、差他の道より勝れり」と戦功を褒められ、戦後の延暦九年（七九〇）三月には陸奥出羽按察使兼陸奥守に栄進している。浜成らの軍事行動が仮に北上川を遡上しての水軍戦であったとしたら、主戦場は主力軍（「陸道」軍の中の胆沢征討軍）と同様に胆沢の地ということになるとみられるから、結局交戦区域は区別しがたく一体化してしまうはずであり、その中で彼だけが戦後一人栄進するほどの特別な戦功を挙げることができたというのはきわめて考えがたいことのように思われる。とすればやはり、浜成が船団を率いて進軍したのは、まさに『続日本紀』の文章表現の通り海辺の地域であったと考えるのが最も穏当であろう。なお「海浦の窟宅、復人烟に非ず。山谷の巣穴、唯鬼火のみを見る」という表現は、宮城県北部から岩手県南部にかけての三陸沿岸地方を海上から望んだときの景観とみれば非常に理解しやすいものである。

ちなみに時代は大きく異なるが、江戸時代には旧北上川河口の石巻港より北上盆地中部の黒沢尻河岸《くろさわじりかし》（岩手県北上市）までは、艜船《ひらたぶね》と呼ばれる平底で長さ約一八メートル、幅約五メートル、約一八〇石積みの河川航行専用船が往来していた。つまり胆沢の地までは平底の川船でなければ航行できなかったのであり、例えば宝亀七年（七七六）七月に安房・上総・下総・常陸四国によって購入され、陸奥国に配備された五〇隻の船（『続日本紀』同年同月己亥［十四日］条）などは外洋航行用の船であったから、北上川中流域の胆沢の地における征夷に用いることはほとんど不可能であった。さらに「軍船纜を解きて舳艫百里」以下の表現は、小さな川船を用いた行軍にはあまりにも違和感が大きすぎよう。

なお副使多治比浜成の率いる「海道」軍による海路の征夷がこのときどこまで達したかは不明であるが、気仙沼湾《けせんぬま》や広田湾《ひろた》、大船渡湾など後に気仙郡《けせ》が建てられる地域にまではおよんでいた可能性がある（樋口知志「律令制下の気仙郡」）。太平洋沿岸方面への征夷としては、征夷大将軍（大使）坂上田村麻呂《さかのうえのたむらまろ》による延暦二十年（八〇一）の征夷における閉伊村《へい》への進攻が知られているが（『日本後紀《にほんこうき》』弘仁二年［八一一］十二月甲戌［十三日］条）、延暦八年における浜成らの桃生・気仙方面への征夷にはその歴史的先駆としての位置付けが与えられるべきであろう。

征東使への勘問

九月八日、持節征東大将軍（大使）紀古佐美は陸奥国より帰京し節刀を返上した。なお前月末には桓武天皇の勅により、陸奥国内より徴発された軍兵の当年の田租と二年分の課役を免除すべきこと、黒川以北十郡に住む軍兵については蝦夷の地と近接する特殊性に鑑みさらに課役の免除を延長すべきことが命じられた。おそらく七月十七日付の勅が同月下旬（七月二十四日頃）に古佐美の許へ届いた後、古佐美は天皇に対して再度帰京の許可を伺う奏状を進め、戦況と現状についてより具体的な説明をおこなったのであろう。結局桓武天皇は、征東使の願いを聞き入れ帰京を認めたものとみられるが、しかし天皇の胸中には、阿弖流為に大敗を喫した五月下旬～末頃の第一次胆沢攻略作戦に関係した指揮官たちの責任を追及しようとする強い執着があった。

九月十九日、桓武天皇の命によって、征東大将軍紀古佐美・同副将軍（副使）入間広成・鎮守副将軍池田真枚・同安倍猨嶋墨縄の四人に対して「逗留・敗軍」の責任を問う勘問（取り調べ）がなされた。なお多治比浜成・紀真人の両征東副使が勘問されなかったのは、ともに当該方面の作戦策定や軍事行動に全く関与していなかったためであろう。取り調べにあたったのは大納言藤原継縄《つぐただ》・中納言藤原小黒麻呂《おぐろまろ》・同紀船守《きのふなもり》らで、継縄・小黒麻呂両名はともに伊治公呰麻呂の乱の直後の宝亀十一年（七八〇）に征東大使に任じられた前歴をもっていた。

勅して、大納言従二位藤原朝臣継縄、中納言正三位藤原朝臣小黒麿・従三位紀朝臣船守、左兵衛《さひょうえの》佐《すけ》従五位上津連《つのむらじ》真道《まみち》、大外記《だいげき》外従五位下秋篠《あきしのの》宿禰安人《やすひと》らを太政官の曹司《そうし》に遣して、征東将軍ら逗留して敗軍せる状《さま》を勘問せしめたまふ。大将軍正四位下紀朝臣古佐美、副将軍外従五位下入間宿禰広成、鎮守副将軍従五位下池田朝臣真枚・外従五位下安倍猨嶋臣墨縄ら、各《おのおの》その由を申し、並に皆承伏《しょうふく》しぬ。是《ここ》に詔《みことのり》して曰はく、「陸奥国の荒びる蝦夷等を討ち治めに任《ま》け賜ひし大将軍正四位下紀古佐美朝臣等《ら》い、任け賜ひし元《はじめ》の謀《はかりごと》には合《あ》ひ順はず、進み入るべき奥地も究め尽さずして、軍を敗《やぶ》り粮を費して還り参来《まいき》つ。是を法の任《まにま》に問ひ賜ひきため賜ふべく在れども、承前《さき》に仕へ奉りける事を念《おもお》し行《め》してなも勘《かんが》へ賜はず免し賜ふ。また、鎮守副将軍従五位下池田朝臣真枚・外従五位下安倍猨嶋臣墨縄等愚頑《かたくな》に畏拙《おじな》くして、進退度を失ひ軍の期《ちぎり》をも闕《か》き怠れり。今法を検《かんが》ふるに、墨縄は斬刑に当り、真枚は官を解き冠を取るべく在り。然れども墨縄は久しく辺戍《へんじゅ》を歴て仕へ奉れる労《いさお》在るに縁りてなも、斬刑をば免し賜ひて官冠《つかさかがふり》をのみ取り賜ひ、真枚は日上の湊にして溺るる軍を扶《たす》け拯《すく》へる労に縁りてなも冠を取る罪は免し賜ひて官をのみ解き賜ひ、また小功《いささけきいさお》も有る人をば其の重き軽きに随ひて治め賜ひ、小罪有る人をば勘へ賜はず免し賜はくと宣《の》りたまふ御命《おおみこと》を、衆《もろもろ》聞きたまへと宣る」とのたまふ。（『続日本紀』延暦八年九月戊午［十九日］条）

まず大使古佐美は、当初の軍略に反して奥地まで攻め究めることなく敗軍し、軍粮のみを費やし帰還したことの責任を問われたが、それまでの政治的実績が顧みられ、法による断罪を免れた。次に鎮守副将軍の真枚と墨縄は、ともに愚かで臆病、拙劣な指揮によって軍の進退を誤り戦機を逸してしまったことを責められた。墨縄は本来斬刑とされるべきところを、長く辺境の軍務にあたってきた功労によって官・位を剝奪されることとされ、また真枚は官・位を剝奪されるべきところを、「日上の湊」で溺れた軍兵を救出した功労によって官のみを解かれることとされた。二人は同様の罪状を指摘されているのに墨縄の方が量刑が重いが、それは胆沢攻略作戦の策定・遂行において墨縄こそが最も主導的な役割を演じていたことが勘問を通じて明らかになったためであろう。擅興律征人稽留条《せんこうりつせいじんけいりゅう》には、「軍の征討に臨みて期を稽《とど》めらば、流《る》三千里。三日は斬」と定められているが、当初その規定通りの量刑を適用されたのは墨縄だけであった。

ところで四人のうちでただ一人、副使入間広成への処分についてはなぜか桓武天皇の詔の中に全く言及がなく、勘問の場には引き出されたものの結局無罪放免されたようである。広成は征東使の中で胆沢征討軍の指揮を担当しており、しかも部下である真枚・墨縄とともに胆沢攻略作戦の策定に関与したことが明らかであるにもかかわらず、ここで何一つ罪を問われていない点はいかにも不思議であるといわざるをえない（詔の原文には広成の免罪とその理由を記した文章があったが、『続日本紀』編纂の際になんらかの事情により脱落したものか）。そればかりか、広成は戦後の延暦九年（七九〇）二月に外従五位下より従五位下に叙され、翌月常陸介に任じられている。広成に「逗留・敗軍」に関する処断が一切なく、逆に論功行賞ともとれる優賞が与えられていることは、やはり彼がこの年の征夷戦の中で、「逗留・敗軍」への責めを不問に付されてなお余りあるほどの戦功を挙げていたためと考えるほかないように思われる。やはり広成は、六月末か七月上旬頃の第二次胆沢合戦において自ら軍勢の指揮を執り、阿弖流為ら蝦夷軍を相手にある程度の戦果を挙げていたのではなかろうか。

第八章　試練の秋《とき》

1　征東使任命

征夷準備

延暦九年（七九〇）に入ると、早くも次回征夷に向けての諸準備が進められる。三月には前回征夷において特に殊勲を褒められた前征東副使多治比浜成を陸奥出羽按察使兼陸奥守に任じ、閏三月には東海道の駿河《するが》以東、東山道の信濃《しなの》以東の国々に対して三年以内に革甲《かわよろい》二〇〇〇領を製造することを命じ、また東海道の相模《さがみ》以東、東山道の上野《こうづけ》以東の諸国に軍粮の糒一四万斛を備えさせている。さらに十月に全国の富饒《ふにょう》の輩《やから》（資産に富んだ豪農）に甲を造らせるよう命じ、十一月には征夷の負担や疫病・干害に苦しむ坂東諸国の同年の田租を免じている。

翌延暦十年（七九一）には、征東使や鎮官といった次回征夷を担う指揮官の人事もおこなわれ、準備は着々と進んでいく。まず同年一月には東海道諸国に百済俊哲と坂上田村麻呂が、東山道諸国に藤原真鷲《まわし》が遣わされ、征夷戦に備えて軍士と武具の検閲がなされた。また同月には文室大原《ふんやのおおはら》が陸奥介に任じられ、翌月には鎮守副将軍を兼ねた。次いで七月には征東使の人事がおこなわれ、征東大使に大伴弟麻呂《おとまろ》が、同副使に百済俊哲・多治比浜成・坂上田村麻呂・巨勢野足《こせののたり》が任じられた。またその間、三月に右大臣以下五位以上の官人に甲の製造を、六月に諸国に鉄甲三〇〇〇領の修理をそれぞれ命じており、十月には東海・東山二道の諸国に征箭《そや》三万四五〇〇余具の製作を命じ、十一月には坂東諸国に対して軍粮の糒一二万余斛を備えさせるなど、武器・武具や軍粮の準備も急ピッチで進められていったことが知られる。

征東使の面々

ここで征東大使・副使に任じられた五人について経歴などを簡単にみておきたい。

まず大使の大伴弟麻呂であるが、宝亀十年（七七九）一月に従五位下に叙され、衛《え》門佐《もんのすけ》、中宮亮《ちゅうぐうのすけ》、左衛士佐《さえじのすけ》を歴て天応元年（七八一）八月従五位上、天応二＝延暦元年（七八二）六月常陸介となり、延暦二年（七八三）には大伴家持を持節征東将軍（大使）とする征東使の副将軍（副使）に文室与企《よき》とともに任じられた。その後右中弁《うちゅうべん》、次いで左中弁となり、同十年一月従四位下に進み、七月征東大使に任じられた。『公卿補任』大同四年（八〇九）条によれば同年五月に七九歳で死去したとあり、征東大使に任じられた時点では六一歳であった。

副使の百済俊哲については、すでに第五章三節・第六章二節でやや詳しく述べた。鎮守将軍の座にあった彼が権副将軍安倍猨嶋墨縄との権力闘争に敗れて失脚・左遷させられたのは延暦六年（七八七）閏五月のことであったが、同九年三月に罪が許され日向国より帰京している。同八年（七八九）九月の征東使勘問の際、安倍猨嶋墨縄の罪状に関する取り調べの中で墨縄主導下の鎮守府軍政の実態が明らかにされたことも、俊哲の復権をうながす要因となったと推測される。なお俊哲は延暦十年一月に田村麻呂とともに東海道諸国に軍士と武具の検閲のために遣わされたことからみても、桓武天皇より次回征夷における主力をなす指揮官として大いに活躍が期待されていたと考えられる。また彼は同月に下野守となり、七月に征東副使に任じられ、九月には鎮守将軍をも兼ねた。

多治比浜成はすでにみたとおり、延暦八年の征夷でも副使を務めた。延暦九年三月に陸奥出羽按察使兼陸奥守となり、鎮守将軍の百済俊哲とともに陸奥国内での征夷準備に中心的な役割を果たしたとみられる。

坂上田村麻呂像（清水寺蔵）

坂上田村麻呂は苅田麻呂《かりたまろ》の子で、宝亀十一年（七八〇）に近衛将監《このえしょうげん》に任じられ、延暦四年（七八五）十一月に従五位下に叙され、同六年九月近衛将監より近衛少将に進んだ。その間内匠助《たくみのすけ》、越後介を兼官し、同九年三月には近衛少将に越後守・内匠助の二官を兼ねた。十年一月に百済俊哲とともに東海道諸国へ遣わされ、同年七月に征東副使に任じられた。坂上氏は、阿知使主《あちのおみ》を祖と伝える渡来氏族東漢《やまとのあや》氏の一族で、百済系渡来氏族和《やまと》氏出身の高野新笠を母にもつ桓武天皇とも親近な関係にあり、田村麻呂の姉妹である又子《またこ》は桓武が皇太子山部親王であった頃に側室となり、高津内親王《たかつないしんのう》を産んでいる。また田村麻呂自身も、右にみたように長く近衛府武官の職にあり、桓武天皇の信任が厚かったものとみられる。

巨勢野足は延暦八年十月に従五位下に叙され、鎮守副将軍に任じられた。また征東副使に任じられた後の同十一年（七九二）九月には陸奥介を兼ねた。「為人《ひととなり》鷹・犬を好む」との人物評が伝わる（『公卿補任』弘仁七年［八一六］条）。

このときの征東使人事の大きな特徴は、四人の副使のうち三人までが陸奥国現地機関の顕職を兼帯していることである。俊哲の鎮守将軍、浜成の按察使・陸奥守、野足の鎮守副将軍・陸奥介がそれに該当する。前回の征夷においては、坂東国司を兼任する副使が浜成（常陸介）、紀真人（相模守）、佐伯葛城（下野守）と三人もおり（今次の副使では下野守の俊哲のみ。田村麻呂は越後守を兼ねるが本来遙任）、しかも按察使・陸奥国司・鎮官といった現地機関に籍を置く者が一人もいなかったことと比較すれば、まさに対照的である（中村光一「「三十八年戦争」と坂東諸国」）。その点は、陸奥国の現地機関を担う官人が今次征夷軍首脳部の主導権を握ったことを示すものと考えられ（北啓太「征夷軍編成についての一考察」）、同時に征夷軍内における坂東豪族層の独自の利害意識にもとづく自律的活動はつよく抑制されることになったのではないかと推察される。また前回の征夷で露呈した指揮命令系統の脆弱さも、現地機関を担う官人をその中核に据えた陣容をとることによって根本的な克服が図られたのであった。

2　蝦夷族長たちと阿弖流為

胆沢公阿奴志己《いさわのきみあぬしこ》

延暦十一年（七九二）一月、斯波村《（志）》に住む蝦夷族長の胆沢公阿奴志己らが使者を陸奥国府に送り、降伏を請願した。またその際阿奴志己は、伊治村《これはり》の蝦夷集団が阿弖流為ら反乱勢力に与して道を遮っているので、国家の力でそれらを制して蝦夷が帰降するための「降路《こうろ》」を開いて欲しいと申し出ている。

陸奥国言さく、「斯波《しわ》村の夷《えみし》胆沢公阿奴志己等、使を遣して請ひて曰《もう》さく、『己《おのれ》等王化《おうか》に帰せむと思ふこと、何《いずれ》の日か之《これ》を忘れむ。而れども伊治村の俘等の遮る所と為り、自達《じたつ》するに由無し。願はくは、彼の遮闘《しゃとう》を制し、永《とこしな》へに降路を開かむことを』と。即ち朝恩《ちょうおん》を示さむが為に物を賜ひて放還《ほうかん》す」とまうす。「夷狄の性《ひととなり》、虚言にして不実なり。常に帰服を称すれども、唯《ただ》に利のみ是れ求む。今より以後、夷の使者有れども、常賜《じょうし》に加ふること勿《な》かれ」とのたまふ。

（『類聚国史《るいじゅこくし》』延暦十一年正月丙寅［十一日］条）

すでに第二章三節で指摘しておいたように、阿奴志己は本来胆沢の地に古くから勢力を張った譜代蝦夷族長家の胆沢公一族の人物であるとみられる。そうした出自をもつ彼がここで志波村の住人として登場する理由は明らかではないが、あるいは延暦八年（七八九）の征夷戦によって本拠の村を追われ、妻子眷属を率いて志波村に移り住んでいたものであろうか。

阿奴志己は本来阿弖流為とも同盟関係にあり、延暦八年の合戦ではともに力を合わせて官軍を相手に戦ったものとみられる。その阿奴志己がこのとき、国家への帰降を願い出るとともに、これから国家に降伏しようとする蝦夷らのために「降路」を開くよう要請までおこなっているのである。

ここで「降路」とは何なのかが問題となる。阿奴志己の言によれば、国家に服属していない蝦夷が正式に帰降するためには、「降路」を通って国府か城柵へ上り服属の意を示すことが必要不可欠と考えられていたらしいことがうかがえる。すなわち蝦夷の帰降が正式に認められるにはただ単に帰順の意志を表明するだけでは不十分で、陸路を歩行して国府や城柵へ達することそれじたいが服属儀礼の重要な一部分であると認識されていたのであろう。「陸奥の夷俘の来り降る者、道に相望めり」（『続日本紀』宝亀八年［七七七］三月是月条）といった国史の記述も、そうしたことを前提として初めて意味がよく理解できるものである。

爾《に》散《さ》南公《なのきみ》阿《あ》波《わ》蘇《そ》と宇《う》漢米公《かにめのきみ》隠《お》賀《が》

なお前掲の正月丙寅条では、「降路」を開くために伊治村の俘らを討ってほしいとの阿奴志己の請願に対して、陸奥国は朝恩を示すために阿奴志己らに物を与えて放還したとされており、一見彼は軽くあしらわれたようにもみえるが、実際には陸奥国はその後間もなく、彼の請願どおりに伊治村の蝦夷集団を排して「降路」を開いたものと推察される。というのは、半年ほど後の同年七月に、陸奥の蝦夷族長である爾散南公阿波蘇が王化《おうか》（王者の徳の恩恵に浴すること）を慕って入朝したいと望んだところ、朝廷はそれを許して路次の国々に国境での迎接《げいせつ》を命じたことが知られ、二つの出来事の間に因果関係のあったことが想定されるからである。

勅すらく、「今聞く、『夷爾散南公阿波蘇、遠く王化を慕ひ、情《こころ》に入朝を望む』と。其の忠款《ちゅうかん》を言へば、深く嘉《よみ》す可《べ》きもの有り。宜しく路次の国、壮健の軍士三百騎を択びて国堺《こっかい》に迎接し、専ら威勢を示すべし」とのたまふ。
（『類聚国史』延暦十一年七月戊寅［二十五日］条）

その三カ月ほど後の十一月に阿波蘇は、同じく陸奥の蝦夷族長の宇漢米公隠賀や俘囚の吉弥侯部荒《あら》嶋《しま》とともに長岡京へ上った。三人は長岡宮の朝堂院《ちょうどういん》で饗宴を受けるとともに、荒ぶる蝦夷らを手懐けた功を賞され、阿波蘇・隠賀の両名は蝦夷爵の第一等を、荒嶋は外従五位下をそれぞれ授けられた。

陸奥の夷俘爾散南公阿波蘇・宇漢米公隠賀、俘囚吉弥侯部荒嶋等を朝堂院に饗す。阿波蘇・隠賀に並びに爵第一等を授く。荒嶋に外従五位下。荒を懐《なず》くるを以てなり。詔して曰はく、「蝦夷爾散南公阿波蘇・宇漢米公隠賀、俘囚吉弥侯部荒嶋等、天皇《すめら》が朝《みかど》に参り上《のぼ》り仕へ奉りて、今は已が国に罷り去りて仕へ奉らむと白《もう》すと聞き食《たま》行ひて、冠位上げ賜ひ、大御手物《おおみてつもの》賜はくと宣《の》りたまふ。又宣りたまはく、今より往前《いくさき》も、いさをしく仕へ奉らば、益々《ますます》す治め賜はむ物ぞと宣りたまふ大命《おおみこと》を、聞き食《たま》へと宣りたまふ」とのたまふ。
（『類聚国史』延暦十一年十一月甲寅［三日］条）

台太郎遺跡（第55次調査）の巨大竪穴住居跡
（盛岡市遺跡の学び館提供）

阿波蘇と隠賀の本拠地がどこであるのかはともに不明であるが、「降路」を開くべきことを請願したのが当時志波村に住んでいた阿奴志己であったことからすれば、二人のうちの一人が同村の蝦夷族長であった可能性は決して低くはないように思われる（二人とも同村の族長であった可能性もありえなくはない）。

志波村はすでに第四章三節でみたように、宝亀七年（七七六）に同村の蝦夷の軍勢が出羽国軍を相手に激しい戦いを展開したことで知られ、阿弖流為没後の延暦二十二年（八〇三）には志波城が造営された北上盆地北部における枢要の地である。また近年盛岡市の西南部で台太郎《だいたろう》遺跡をはじめとする大規模な古代の集落遺跡が発見されており、そのあたりに奈良時代末～平安時代初期の志波村の中枢部が存在した可能性が高いとみられている。しかし現存する文献史料中に、「志（斯）波公」などという姓をもった蝦夷族長の存在は全く確認されていない。あるいは、二人のうち入朝を申請した爾散南公阿波蘇の方が志波村の譜代蝦夷族長であったのかもしれない。

なお、阿波蘇と隠賀の両族長がこれ以前に阿弖流為と手を結び、蝦夷軍を背後で支援していたかどうかは定かではないが、延暦八年の征夷戦では官軍が志波村を含む北上盆地中北部をも攻撃目標としていたことが知られており、また彼らのうちのどちらかが、胆沢の地より移った阿奴志己の一家を保護していた可能性がわりあい高いことをも併せ考えれば、そのようなことは十分に考えられよう。

そうした阿波蘇と隠賀が、開かれて間もない「降路」を経て東山道の陸路を通り、路次の国々で迎接の儀礼を受けながら長岡京へ上り饗宴・叙位に与ったことは、すなわち阿弖流為の下で官軍への抵抗を続けていた各地の蝦夷たちに対して降伏をうながすための広告塔としての役割を演じさせられたことをも意味していたであろう。つまり阿波蘇と隠賀も、阿奴志己に同じく、延暦八年の合戦の時点では阿弖流為の同盟勢力であったものが、このとき蝦夷軍側より離脱し国家の下に帰服したということになる。

蝦夷大連合は解体したか

阿波蘇・隠賀・荒嶋への饗宴・叙位の一カ月前、荒嶋と同じく陸奥国の俘囚である吉弥侯部真麻呂《ままろ》と大伴部宿奈麻呂《すくなまろ》の二名が「外虜を懐」けた功によって外従五位下に叙されている（『類聚国史』延暦十一年十月朔［一日］条）。吉弥侯部真麻呂については、伊治城造営の際に同名の人物が「狄徒」を馴服させる功績を挙げたことがみえており（第三章三節参照）、両者を同一人と考える見解が有力である（今泉隆雄「三人の蝦夷」）。なお真麻呂の人物像をめぐっては、次節で彼の死をめぐる事件について述べる際に再度取り上げたい。

さて、以上のように延暦十一年頃には、真麻呂や宿奈麻呂、荒嶋といった官軍側の俘囚らが、阿弖流為を頂点とする蝦夷大連合への切り崩しや蝦夷集団間の離間作戦を画策してある程度の成果を挙げ、また阿奴志己・阿波蘇・隠賀らの有力な蝦夷族長が、阿弖流為との同盟関係より離脱していく動きがみられたことになる。桓武天皇が即位して間もない延暦年間初め頃に、阿弖流為を総帥格とする蝦夷大連合が形成されていったとみられることは第五章三節で述べたところであるが、前掲の三つの史料の語る内容だけを素直に読むならば、その阿弖流為らの蝦夷大連合がこのときあたかも解体してゆく兆しをみせ、その軍事力が大きく弱体化させられていったような印象を受ける。しかし、本当にそうなのか。とくに阿奴志己・阿波蘇・隠賀らは、果たして本心より阿弖流為と袂を分かち国家側へ寝返ったのであろうか。

前掲の『類聚国史』延暦十一年十一月甲寅条によれば、阿波蘇や隠賀が長岡宮で、本拠地へ帰還した後に国家のために功労を立てることを誓約し、桓武天皇も「いさをし」き軍功を彼らにつよく期待していたことが知られるが、しかしその後彼らが阿弖流為傘下の蝦夷軍と直接戦闘におよんだ形跡は一切確認されていない。「夷を以て夷を制す」が国家の伝統的な常套戦略であったことはよく知られているが、延暦十三年の征夷戦の前の二年間に、北上盆地やその周辺地域において阿弖流為傘下の蝦夷軍と帰降蝦夷軍との内戦があったようには全くみえないのである。その点はきわめて奇異なことであるといわねばならない。

やや後の時代のことになるが、嵯峨《さが》天皇在位期の弘仁《こうにん》二年（八一一）の征夷戦においては、互いに〝仇敵《きゅうてき》〟として反目し合う蝦夷村同士が、官軍側の軍事計画とは関わりなくあちこちで戦い合う混戦状況がみられた。そして出羽国や鎮守府がそれらの蝦夷勢力の片方の側に支援を与え、「夷を以て夷を制す」る作戦を積極的に展開する一幕もあった（樋口知志「弘仁二年の征夷と徳丹城の造営」）。だがこの延暦十一年以降の北上盆地周辺の情勢をみるかぎり、国家に帰服した蝦夷族長らの率いる軍勢が国家に抵抗を続ける蝦夷軍を攻撃した史実は一切伝わっておらず、逆に自分たちより離反した蝦夷族長らの側の村々を阿弖流為ら蝦夷軍が憎んで狙い撃ちしたような形跡も全くうかがわれないのである。

また、もしもこの頃阿弖流為らの蝦夷大連合が解体の危機に瀕しており、傘下の軍事力も著しく弱体化していたのならば、続く延暦十三年の征夷戦において、なぜ官軍は前回征夷と同規模の総勢一〇万人もの大軍を送り込まなければならなかったのか、その必然性がいささか不可解となる。ちなみに、元慶《がんぎょう》二年（八七八）に出羽国秋田平野を中心に勃発したいわゆる元慶の乱の際には、当初反乱軍方に与し後に官軍方に寝返った添河《そえかわ》・覇別《はべつ》・助川《すけかわ》三村の俘囚ら（彼らは現地官軍に「義従《ぎじゅう》の俘囚」とも呼ばれた）が反乱軍による報復を極度に恐れ、官軍に反乱軍の「殲滅」をしきりに懇願していた事実が知られている（樋口知志「藤原保則――激動の時代を生きた良吏」）。他方、阿波蘇・隠賀の二人は前掲史料によれば、長岡宮で饗宴・叙位を受けた後はともに各々の本拠地に帰還したようであるが、果たして彼らにとって阿弖流為の存在はなんら恐怖の対象ではなかったのであろうか。仮にもしも阿弖流為ら蝦夷軍が彼らにまるで恐れられぬほどにまで没落していたのならば、最早戦いの雌雄はとうに決していよう。しかしながら実際には、桓武天皇ら律令国家首脳部は阿弖流為率いる蝦夷軍への警戒を一切緩めることなく、延暦十三年の征夷戦では総勢一〇万人もの大軍勢が動員された。しかも阿弖流為はその征夷戦においても、大きな苦戦を強いられたとはいえ最後まで官軍の手にかかることなく、抵抗の旗標をなおも高々と掲げ続けたのである。

そのように考えてくると、あるいはこのとき、実は蝦夷大連合の紐帯は断ち切られてはいなかったのではないか、との疑念が湧いてくる。阿奴志己が陸奥国へ降伏の申請をおこなった際、中央の太政官が「夷狄の性、虚言にして不実なり。常に帰服を称すれども、唯に利のみ是れ求む」と警戒の言を発していたように、阿波蘇や隠賀の帰降も、決して国家側の傭兵となり阿弖流為らを討とうとする意図があってのことではなく、あくまで各々の本拠地を悲惨な戦禍より守るための方策として選択されたものだったのではなかったか。また国家への帰降が認められれば、官軍側の征夷計画に関する諸情報もある程度収集が可能になるし、今後征夷戦を終結へ導いていくための方途を探るうえでも少なからぬ便宜がえられよう。おそらく阿波蘇や隠賀の帰降の裏にはしたたかな戦略的意図が潜んでいたのであり、彼らが長岡宮でおこなった国家に功労で報いる旨の誓約は、結局のところ空手形で終わったのであろう。

そもそも「降路」を開くべきことを請願し、阿波蘇や隠賀が帰降するきっかけを作ったのが、阿弖流為と同郷で元来かなり近しい関係にあったとみられる阿奴志己だった点も、この際いささか示唆的である。あるいは阿奴志己の行動じたいが、阿弖流為との深い連携の下に仕組まれたものだった可能性があろう。すなわち、延暦八年の合戦によって故郷胆沢が焦土と化した現実に直面した阿弖流為は、傘下の村々の村人らを守るために各村の族長が国家へ帰降することをあえて認め、その替わりに帰降した族長らには諜報・工作活動などによって征夷戦の終結のために貢献することを求めたのではなかろうか。他方で彼自身は、自らが直接率いる胆沢蝦夷の義勇軍を含め官軍の侵略に対して根強く抵抗終結させるための道筋をつけることをめざすようになったのではなかろうか。

密に連携することで、故郷東北を極力侵略・破壊の魔手より守り、できるだけ良好な条件下で戦争を

を続けるための一定の軍事力を維持し、またその裏では国家側に帰降した蝦夷族長らとも引き続き緊

3 延暦十三年の征夷

田村麻呂征夷に赴く

延暦十一年（七九二）閏十一月、征東大使大伴弟麻呂が桓武天皇に辞見《じけん》（地方への下向にあたって別辞を述べる儀式）をおこなった。翌同十二年（七九三）二月に征東使は征夷使と改称され、その直後には今度は征夷副使の坂上田村麻呂が天皇に辞見をおこなっている。

次いで延暦十三年（七九四）一月一日、征夷大使（大将軍）の弟麻呂に節刀が授けられ、間もなく陸奥国へ再度下向したものとみられる（『日本紀略』は弟麻呂への節刀授与を一月一日のこととするが、最近紹介された『節度使将軍補任例《せつどししょうぐんぶにんれい》』の記す二月一日が正しい。石田実洋「宮内庁書陵部所蔵『節度使将軍補任例』の基礎的考察」）。大使弟麻呂が最初に辞見をおこなってから節刀をともなって下向するまで一年余も経過しているのはやや不審であり、近年では長岡京から平安京への遷都を征夷の戦果によって飾るために、当初の予定よりも大幅に派遣の日程が繰り下げられたとする見解も提出されている（鈴木拓也「桓武朝の征夷と造都に関する試論」）。

『日本紀略』同年六月甲寅（十三日）条には、「副将軍坂上大宿禰田村麿已下蝦夷を征す」との短い記事があるが、残念ながら本来『日本後紀』中に存在したはずの同年の征夷の関係記事は散逸してしまっており、このときの戦いの具体的な経過や情況はほとんど不明である。わずかに知りうるのは、征夷使の布陣が大使一人・副使四人・軍監一六人・軍曹五八人で、総兵士数が一〇万人ほどであったこと（『日本後紀』弘仁二年［八一一］五月壬子［十九日］条）と、戦闘終了時に近いとみられる十月下旬時点での官軍側の戦果が「斬首《ざんしゅ》四百五十七級、捕虜百五十人、獲馬《かくば》八十五疋《ひき》、焼落《しょうらく》七十五処」であったこと（『日本紀略』延暦十三年十月丁卯［二十八日］条）くらいである。

なお今次の征夷でも延暦八年（七八九）の征夷と同様に、一〇万人もの大軍がすべて胆沢再征のために投入されたわけではなく、やはり陸・河・海の各道より内陸部・沿岸部の諸地域に向かって一斉に進攻したものであろう。またあえて臆測するならば、百済俊哲と田村麻呂は北上盆地攻略を主任務とする「陸道」軍、巨勢野足は北上川水運のルートより進軍し食料や軍需物資の補給をも担う「河道」軍、そして多治比浜成は前回の征夷と同じく「海道」軍の指揮をそれぞれ担当したのではなかろうか。

激しい戦闘

ここで注目されるのは、副使の一人であった田村麻呂がこのときの征夷においてかなり重要な役割を果たしたとみられる点である。先に引用した『日本紀略』同年六月甲寅条には副将軍田村麻呂以下の諸将が蝦夷を征したとみえており、彼は事実上持節大使弟麻呂に替わり、今次の征夷戦において主導的な役割を果たしていたと考えられる。田村麻呂はこのとき三七歳。

大使・副使五人の中でも最年少であった。

また彼は百済俊哲とともに「陸道」軍の指揮官を務めたと推測されるが、おそらくは今次征夷戦での最重要の攻撃目標であった胆沢方面における軍事指揮を担当し、阿弖流為の率いる胆沢蝦夷軍と直接対峙することになったものと思われる。なお前述のように、彼は大使弟麻呂が節刀をともない下向する一年近く前の延暦十二年の春頃より陸奥国にあったとみられ、すでにその間に征夷の軍事行動を展開していた可能性もある。

このとき両雄の間でどれだけ激しい戦闘の応酬があったのかは一切知る由もないが、おそらく阿弖流為ら蝦夷軍が相当な苦戦を強いられたことは想像にかたくない。「斬首四百五十七級、捕虜百五十人、獲馬八十五疋、焼落七十五処」という官軍側の戦果はあくまで延暦十三年の征夷戦全体についてのものであって、すべてが胆沢方面の合戦に関わるものではないと思われるけれども、あるいはその半分以上は北上盆地の蝦夷社会が被った損害だったのかもしれない。前回征夷戦において官軍が「斬首八十九級」を挙げ、「十四村、宅八百許烟」以上の蝦夷の村々を焼き討ちしたことと比較しても、蝦夷社会側の損害は桁はずれに大きく、まさに征夷史上最大の激戦が展開されたとみてよい。夥しい大軍勢にものをいわせた官軍の猛攻を真っ正面より受けたのであるから、阿弖流為らの率いる蝦夷軍がいかに粘り強く善戦したにしても、結果としてきわめて深い痛手を負ったであろうことはおそらく疑いない。

しかしそれでも、官軍がこの戦いで完全な勝利を収めたわけではなかった。敵の大軍（前回と同様に胆沢征討軍は総勢二、三万人ほどか）の総攻撃を蒙ってもなお、阿弖流為は最後まで官軍の手にかかることなく、また彼らに率いられた蝦夷軍も依然として国家に対する抵抗の姿勢を崩すことがなかったからである。さらに先に掲げた官軍側の戦果も、おそらくは夥しい数の官軍兵士の戦死・負傷との引き換えでようやく獲られたものであったろう。延暦十四年（七九五）十二月には、軍より逃走した三四〇人の兵士が、死罪を免されて陸奥国内の柵戸とされているが、彼らの多くは北上盆地の戦場において敵前逃亡をはかった兵士たちであったとみられる。それらの戦場は、多くの官軍兵士の戦意を喪失させるほどに凄惨な修羅場であったのだろう。

延暦十四年一月二十九日、征夷大使大伴弟麻呂は桓武天皇に節刀を返上した。征夷使はおよそ晩秋か初冬頃には征討を終え、年が明けてから凱旋・入京したものとみられる。その後二月七日には論功行賞の叙位があり、弟麻呂は従四位下より従三位に、田村麻呂は従五位上より従四位下にそれぞれ昇叙された。

俊哲・真麻呂の死

延暦十四年には、征夷戦の帰趨にも重大な影響力をもっていたとみられる二人の人物が相次いで世を去った。一人は前年の征夷において副使を務めた百済俊哲であり、鎮守将軍に在任のまま八月七日に現地で死去している。桓武天皇の寵臣として、その命令どおりの積極的武力討伐路線を懸命に貫いたこの精悍な武人は、延暦十三年の征夷戦においても相当な戦功を挙げたものとみられるが、政界追放の逆境よりカムバックを果たし征夷の最前線に返り咲いたにもかかわらず、結果的には田村麻呂の登場によって脇役的存在に追いやられてしまった感を否めない。彼の死は、律令国家と蝦夷社会との戦いの歴史に、この頃大きな転機が訪れつつあったことを象徴しているようにも思える。

いま一人は、官軍側の俘囚有力者として、延暦十一年頃より阿弖流為ら蝦夷軍を内部から切り崩すための工作活動に関与していたとみられる吉弥侯部真麻呂である。同十四年五月には、真麻呂と彼の子息の二人が大伴部阿弖良《おおともべのあてら》という名の俘囚の手にかかり殺害され、阿弖良はその罪によって、妻子親族六六人とともに日向国へ流されている。

真麻呂は、第三章三節でも触れたように、伊治城造営の際に道嶋三山の指揮下で伊治村周辺の蝦夷豪族らを帰順させる功績をなしたが、伊治公呰麻呂の乱の際に国家側より離反して蝦夷軍側に転じたと推察される。それが延暦八年の合戦の後に再び官軍側に寝返り、そこで蝦夷軍の内部分裂を画策する作戦に関与していたようにみられるのであるが、その間の政治的事情については少々注意を要する。というのは、真麻呂を殺害した阿弖良は、先に登場した宿奈麻呂と同様に大伴部の姓を負う俘囚であるが、この姓は陸奥国北部の北上盆地に住む蝦夷系住人には認められず、第三章六節でもみたように牡鹿郡や小田郡といったいわゆる黒川以北十郡の俘囚の間でよくみられるものであった（黒川以北十郡の俘囚らは宝亀元年［七七〇］年にほぼ全員が公民身分に編入されたと考えられるが、阿弖良の場合はその後ひとたび離脱し蝦夷軍側に加担したことがあったために俘囚身分に戻されていたものか）。とすれば、阿弖良が阿弖流為ら蝦夷軍側の人物で、官軍側へ寝返った真麻呂を憎悪し殺害したとはいささか考えにくい気もするのである。むしろ彼が牡鹿郡や小田郡などの住人である可能性があるのならば、延暦八年以来征夷に従軍し奮戦している道嶋御楯との深い関係も想定できなくはない。

とすれば右の見立てとは逆に、官軍の命を承けて蝦夷軍の切り崩しを謀る作戦に従事しているようにふるまっていた真麻呂が実は裏で蝦夷軍方に内通しており、そのことを察知した阿弖良が真麻呂父子を殺害したという可能性も決してありえないことではない。ただしそう考えると、敵への内通者を粛清する功をなした阿弖良が処罰されている点に一見矛盾が生じるが、外従五位下の高位をもち官軍側俘囚のリーダー格的存在であった真麻呂の敵方への密通を公にしてしまうと官軍内部に疑心暗鬼が生じて深刻な混乱を招く恐れもあり、また阿弖良の六六人もの妻子親族全員を他国へ移配するというのも、表向きは処罰のように見せかけておいて、実は彼らの身辺の安全や同族集団の維持に配慮しているもののように解釈できなくもないのである。

結局真相は不明とするほかないが、いずれにしても真麻呂は、征夷の時代の歴史に翻弄され、人生を大きく狂わされた挙げ句に破滅的な最期を遂げた悲運な人であったといってよいであろう。

第九章　平和の恢復

1　戦間期の政治情勢

田村麻呂の懐柔策

延暦十五年（七九六）一月、坂上田村麻呂は陸奥出羽按察使兼陸奥守に任じられ、同年十月には鎮守将軍をも兼任した。すなわち阿弖流為の好敵手というべき田村麻呂が、東北における行政・軍政の頂点の地位に就いたのである。

田村麻呂が按察使・陸奥守・鎮守将軍の三官を兼ねて間もない同年十一月には、伊治城と玉造塞との間に駅が置かれ、さらに相模・武蔵・上総・常陸・上野・下野・出羽・越後八国の民九〇〇〇人が伊治城に移住させられている。なおその間に小規模な戦闘も生じたようで、外正六位上の位階をもつ上毛野朝臣益成《ますなり》ら五人が戦功によって外従五位下を授けられている。しかしこのとき叙位された五人は姓からみていずれも一般公民の地方豪族・有力者であり、これ以前に国家の下に帰降した蝦夷族長らの名は一人もみえない。

同年十二月二十八日には太政官符《だじょうかんぷ》が下され、陸奥国の屯田《とんでん》より徴収される地子《じし》を一町《ちょう》ごとに稲二〇束《そく》とすべきことが定められた（『類聚三代格』巻十五損田幷地子事所収延暦十五年十二月二十八日太政官符）。地子とは国家が直接所有する田（公田＝屯田）を貸し与える際に収める賃貸料であり、奥羽両国では鎮兵や帰降夷俘の食料などの用途に充てられていた（平川南「岩手県遠野市高瀬Ⅰ遺跡の墨書土器」）。この屯田地子徴収体制の整備は、帰降した蝦夷族長らへの食料支給のための財源確保とも深く関わっていたものと考えられる。

また延暦十七年（七九八）六月には、相模・武蔵・常陸・上野・下野・出雲の六国の国司に対して、奥羽より移住してきた帰降夷俘に毎年時服《じふく》（律令制下の官人に対する給与の一種）や禄を支給して優遇し、帰郷の望みを懐かせないようにすべきことが命じられた（『類聚国史』延暦十七年六月己亥［二十一日］条）。これら六国の夷俘とは、おそらく延暦十三年の征夷戦の前後に帰降し諸国へ移配された人々であったと考えられるが、この頃には奥羽両国に住む帰降夷俘だけでなく、他国に移住した帰降夷俘に対しても諸々の優遇策が講じられるようになったことが知られるのである。

延暦十九年（八〇〇）五月には、陸奥国の申請により、帰降夷俘の食料が不足しているため、佃《つくだ》（特定の用途のための公田）三〇町をその財源に充てるべきことが定められた。

陸奥国言さく、「帰降せる夷俘、各《おのおの》城塞に集ひ、朝参相続《つ》ぎて、出入寔《まこと》に繁《しげ》し。夫《そ》れ荒を馴《なら》すの道は、威と徳とに在り。若し優賞せざれば、恐らくは天威を失はむ。今夷俘の食料、充用するに足らず。伏して請ふらくは、三十町を佃《たづく》りて、以て雑用に充てむことを」とまうす。これを許す。

（『類聚国史』延暦十九年五月戊午〔二十一日〕条）

これによれば、陸奥国内では抵抗を止め国家へ帰降した蝦夷族長が相当多数に上っており、彼らが頻繁に「城塞」（城柵）に朝参していたことが知られる。それに対して田村麻呂ら陸奥国・鎮守府の首脳部は、彼らへの優遇策を積極的に講じなければ「恐らくは天威を失はむ」と考え、こうした措置を提言したのであった。もちろん政策の意図は一応理解できるけれども、それまで徹底的な蝦夷征討を推進してきた律令国家の側の政策としてみるとき、なにか過度に譲歩的で腰が引けているような感を禁じえないのはなぜであろうか。

やや前後するが、延暦十六年（七九七）二月十三日に撰進された『続日本紀』の上表文の中には、「威は日河《にっか》の東に振ひ、毛狄《もうてき》をして息を屏《ひそ》めしむ」との表現がみられる（『日本後紀』同年二月己巳〔十三日〕条）。一見「日河」（北上川）の東の蝦夷の地をすべて国家が平定したことの表現のようにもみえるが、まだ阿弖流為は依然降伏していないのであるから、やはり多くの蝦夷たちを懐柔によっておとなしくさせた成果を宣揚しているにすぎないと読むべきであろう。しかもそのためにはきわめて大きな譲歩が必要だったのである。

また、延暦十九年の春には、出雲国で奥羽より移住させられた俘囚が法の規定以上の優遇を受けていることが問題とされ、同国の介の石川清主《きよぬし》に対して注意が与えられている。清主は以前より国内に住む俘囚たちに対して冬の時服として絹と田一町を与え、さらに新来の俘囚には寒いおりに遠くより赴いたことへの慰労として絹一疋・綿一屯を与えたうえに饗宴し禄を賜い、また毎月一日には欠かさず慰問をおこなっていたという（『類聚国史』延暦十九年三月朔〔一日〕条）。

それにしても、国家に帰順し他国への移住に従ったからといって、かつて阿弖流為に与同し国家に服従していなかった蝦夷族長らを、なぜそこまで手厚く保護し優遇する必要があったのであろうか。

和平交渉

その疑問を解くカギは、東北地方現地の蝦夷社会側の動向にあると思われる。陸奥国内や諸国における帰降蝦夷・俘囚に対する国家側の保護・厚遇政策の根底にあったのは、おそらく蝦夷の存在そのものに対する恐怖心であったとみられる。

延暦十三年の征夷戦では、かつて同盟勢力だった多くの蝦夷族長らに離反され孤立化しているかにみえた阿弖流為ら蝦夷軍が、大軍の猛攻に最後まで持ちこたえて、未だ反旗を翻し続けている。その存在がたとえようもないほど不気味であったことは、もちろんいうまでもない。また阿弖流為の率いる軍勢だけでもそれほどに手ごわくなかなか殲滅できないのに、もしも陸奥国内の帰降した夷俘らが再び反乱軍側についたとしたら、どれほど恐ろしい事態になるのか。さらには、諸国へ移配された夷俘らが陸奥へ帰還して蝦夷軍に加わったら、果たしてどうなるのか。陸奥や他国の国司らが、夷俘らに過剰な譲歩や優遇をおこない彼らの顔色を常に注視していた理由は、まさにそうした点にあったのであろう。

もちろん当の夷俘たちも、国家官僚や国司らの意識の中で自分たちへの恐怖が増幅され、積極的征夷への意欲が次第に衰えつつあることをよく知っていた。というよりも彼らは、延暦八年（七八九）の征夷戦の後に蝦夷大連合の総帥格である阿弖流為の下で、貴族官僚・国司や官軍指揮官たちの征夷への意欲を萎えさせるための巧妙な戦略を策定していて、着実に計画を実行していたのであろう。またそのような情況を想定すれば、国家より優遇を受けていた数多くの蝦夷族長の中から阿弖流為ら蝦夷軍の追討に手を貸す者が全く現われなかった点もうなずける。陸奥国としては彼らに再び叛かれてはたまらないので、ただ怖くて追討を強制することができなかっただけのことだったのであろう。おそらくそれもまた、阿弖流為ら蝦夷たちの読みのとおりであった。

陸奥国府と鎮守府のトップを兼ねる田村麻呂が現地で直面した現実はおよそ以上のようなものであったとみられるが、しかし彼の頭を悩ませた問題はそれだけではなかった。それまで征夷のために甚大な兵力を奥羽へ送り、軍粮や軍需物資の供給をも一手に引き受けていた東国、とくに坂東諸国が、総勢一〇万人が従軍した巨大な征夷が延暦八年と同十三年の二度にわたって実施されたことの煽りを受け、いまや疲弊の極みに達していたのである。最早これ以上の先行きがみえない泥沼の長期戦の続行は、国家にとっても決して得策ではありえない。

そうした中、延暦十六年十一月五日に田村麻呂は征夷大将軍（大使）に任じられた。右に述べたような事態の中でも、やはり桓武天皇はあくまで征夷の遂行にこだわりをもっていたのである。

だがその後は前二度の征夷のように着々と戦争準備が進められた形跡は明確にはうかがわれず、むしろ逆に、すでに述べたような陸奥国内や他国に住む蝦夷族長らへの懐柔政策に関わる記事がいくつか見出せる。同十九年十月七日に征夷戦に備えて鼓吹司《こすいし》の大笛長上《おおぶえちょうじょう》を鉦鼓《しょうこ》長上に替えることが定められたのが、初の戦争準備に関わる記事であり（『類聚三代格』巻四加減諸司官員幷廃置事所収延暦十九年十月七日太政官符）、その後同月二十八日に至ってようやく征夷副将軍（副使）が任命されている。大将軍の任命より征夷使の陣容が定まるまでに三年近くもの歳月が経過しているのは、これまでに例がない。しかもそれまで恒例だった征夷軍指揮官による官軍兵士や武具の検閲もおこなわれず、そのかわりに大将軍田村麻呂その人が同年十一月六日に諸国の夷俘の「検校《けんこう》」をおこなっている。その意味するところはよくわからないが、あるいは坂東などの諸国に移配された夷俘の代表格である蝦夷族長らを一カ所に集め、今次征夷の実施について説明し理解を求めたうえで、それぞれの現住地で反乱を起こしたり、陸奥への帰還を企てたりすることがないように諭したものでもあったろうか。

阿弖流為と田村麻呂の両雄が、この頃戦争終結に向けて直接和解のための話し合いをもったことなどを直接示唆する史料は一切みられない。しかしながら右で述べたように延暦十六年以降には、『続日本紀』上表文の「威は日河の東に振ひ、毛狄をして息を屏めしむ」との表現からもうかがえるように、按察使・陸奥守・鎮守将軍の三官を兼ねる田村麻呂の下で、陸奥の国政は蝦夷社会に対する懐柔・譲歩路線へと大きく転換しつつあった。蝦夷社会側へ向けて大幅な譲歩を示すことで、彼らを国家の秩序の下に取り込み直し、最早双方にとって無益な戦争を早期に終結させようとする考えに傾いていた田村麻呂が、阿弖流為の許に使者を送り和睦のために動き出したという可能性は、決して低くはなかろう。また阿弖流為たち蝦夷の側も、抵抗勢力と帰降勢力とに分裂したようにみせつつも、相互に協力・提携しながらよりよい和平条件の下での戦争の終結と平和の恢復を求めて粘り強く戦い続けていたと考えられ、自分たちにとって十分な条件が確約されるのであれば、戦争終結のための和解に応じる準備はすでにできていたとみられるのである。

おそらく延暦十六年以降のある時点より、征夷大将軍田村麻呂と蝦夷大連合の総帥格である阿弖流為との間で、この長きにわたる戦争を終結させ平和を恢復させるための非公式の和平交渉が、水面下で着々と進められることとなったのではなかろうか。

2　延暦二十年の征夷

実態不明の征夷

延暦十九年（八〇〇）十月、征夷副将軍（副使）以下の任命人事があり、ようやく征夷使の陣容が整った。なお『日本紀略』の任命記事には副将軍以下の人名が省略されており、誰が副将軍に任じられたのかも不明であるが、『日本三代実録《にほんさんだいじつろく》』貞観二年（八六〇）五月十八日丁卯条によれば、小野恒柯《つねえだ》の祖父永見《ながみ》がこのとき征夷副将軍（副使）に任じられたらしい。また『日本後紀』弘仁二年（八一一）五月壬子（十九日）条が伝えるところによると、このときの征夷軍は総勢四万人で、軍監《ぐんげん》が五人、軍曹《ぐんそう》が三二人であったことが知られる。なお同条では、四人の副将軍が任命されたことが知られる延暦十三年（七九四）の征夷軍は総勢一〇万人で、軍監が一六人、軍曹が五八人であったと記されているから、あるいは延暦二十年の征夷における副将軍は二人程度だったのではなかろうか。また前二度の征夷では、ともに二、三人の副将軍クラスの使者が東海・東山両道に派遣され、兵士や武具の検閲がおこなわれているが、今回はそれがなされた形跡もみられない。史料の残存状況による影響も考慮されるが、具体的な戦争準備をうかがわせる記事がほとんど見出せないのはどうしたことであろうか。

翌延暦二十年（八〇二）一月二十四日には、征夷大将軍（大使）田村麻呂が桓武天皇より節刀を賜っており、その後間もなく征夷に赴いたとみられる。このときの合戦も延暦十三年の合戦と同様、その部分の『日本後紀』の記事が散逸しているため具体的な情況はほとんど知りえない。ただ同書、弘仁二年十二月甲戌（十三日）条に嵯峨《さが》天皇の詔として、「又故大納言坂上大宿禰田村麻呂等を遣して、伐平《ことむ》けしめ給ふに、遠く閉伊《へい》村を極めて、略《おおかた》は掃《はら》ひ除きてしかども、山谷に逃げ隠れて、尽頭《こぞ》りて究殄《ほろぼ》すこと得ずなりにたり」と所見することから、岩手県太平洋沿岸部の閉伊地方にまで征夷の行軍がおよんだらしいことがうかがえるのみである。この閉伊への征夷は、あるいは副将軍が率いる「海道」軍による海路の軍事行動によるものであったとも考えられ、一方大将軍田村麻呂の指揮下の北上盆地方面の主力軍は、実戦よりもむしろ示威や懐柔の手法による蝦夷社会の武装解除に重きを置いた軍事行動を展開していたのではなかろうか。官軍側が、かつてのように徹底的に蝦夷軍の殲滅を図ろうとしていたわけではなかったことだけは確かであろう。官軍側の戦果についての記事が、『日本紀略』の中にわずかな断片すら見出せないことも、おそらくそうした事情と深く関わっていよう。

九月二十七日、田村麻呂は夷賊を討ち伏せた旨を朝廷へ報じ、十月二十八日には桓武天皇に節刀を返上している。十一月七日には論功行賞により従四位上より従三位に昇叙されており、そのときの詔では、「陸奥国の蝦夷等、代《みよ》を歴《へ》時を渉りて、辺境を侵し乱し、百姓を殺し略《かす》む。是を以て従四位上坂上田村麻呂大宿禰等を遣して、伐ち平げ掃ひ治めしむるに」との画期的な勲功を賞する讃辞が述べられた。なお『公卿補任《くぎょうぶにん》』大同五年（八一〇）条によれば、同日には出羽権守《ごんのかみ》の文室綿麻呂《ふんやのわたまろ》が正五位上に叙されており、このときの征夷で活躍があったものと思われる。綿麻呂は弘仁二年（八一一）の征夷をおこなった人物として知られるが、それについては後で再び触れる。

停戦合意

先にも述べたように、阿弖流為と田村麻呂との間での和平・停戦に向けての話し合いは、すでに延暦十六年以降のある時点より水面下で徐々に進行していたと推測される。会談における両者の意見がどのようなものであったのかは具体的史料を欠き全く明らかではないが、おそらく田村麻呂の側は、延暦二十年の征夷戦の後に阿弖流為が正式に国家に降伏するというシナリオこそが、戦争を終結に導くために最も効果的であると踏んでいたと思われる。戦争を終結させるうえで最も顕著な障碍となるのが、最大の征夷論者であり征夷戦の最高指導者でもあった桓武天皇の征夷への強い執着であることは、天皇の寵臣として身近に仕えたことのある田村麻呂には嫌というほどよくわかっていたであろう。それゆえ戦争を終結させるためには、官軍の完全勝利を天皇に十分に確信させるための演出、すなわち官軍による蝦夷軍の完全平定と、蝦夷大連合の頂点にあった阿弖流為の降伏というかたちがどうしても必要であると田村麻呂は考えていたと推察される。

対する阿弖流為の側も、そうしたシナリオにとくに異議はなかったであろう。もとより彼は、蝦夷社会と国家との間で長く戦争がなかった平和で穏やかな時代に生まれ育っており、かつて自分たちが享受していた平和の恢復をつよく希求していた。また阿弖流為は、延暦八年（七八九）の合戦後も一〇年以上にわたって自らの率いる義勇軍とともに粘り強く戦いを続けていたが、実はそうした彼らの〝抵抗〟そのものも、兵力が圧倒的に寡なく、しかも自らの故郷を戦場とせざるをえないという著しく不利な情況の下で、蝦夷社会側にとって最もよい条件下で戦争を終結させるための戦略にほかならなかったのである。それゆえ、田村麻呂との協議によってえられる和戦案において、征夷戦の完全終結や蝦夷社会の側の様々な利益・権益の保護、政治的・社会的地位の優遇などの諸要求が十分なかたちで約束される可能性があるのであれば、交渉の座につくことを拒否すべき理由はほとんど存しなかったものと思われる。

ただもしも両者の間で何か大きな議論の焦点となることがあったとすれば、それは阿弖流為本人の処遇に関わることであったろう。田村麻呂は次節で掲げる史料から知られるように、翌延暦二十一年（八〇二）に阿弖流為とその盟友磐具公母礼《いわとものきみもれ》（阿弖流為とともに蝦夷軍を指揮した蝦夷族長。本拠地は不明）に造営工事中の胆沢城《いさわじょう》で降伏の儀礼をおこなわせ、さらに両人をともなって平安京へ上っている。当時朝廷では、征戦勝利の証拠として捕虜を天皇に献上するならわしがあり（鈴木拓也『蝦夷と東北戦争』）、またとりわけ長きにわたった征夷戦の幕引きのためには、蝦夷軍の領袖阿弖流為の上京が絶対に不可欠であると認識されていたからである。しかしながら、それに対して阿弖流為の周囲の蝦夷族長たちの側では、阿弖流為の身柄を都へ送ることは、自分たちにとって長年におよぶ抵抗運動の指導者であった彼を国家側の処刑に委ねることになるとして、それにつよく反対する向きがあったように推察される。

阿弖流為の上京をめぐっては、そうした双方の議論の応酬があったものと想像されるが、結局最後には阿弖流為本人が田村麻呂の提案に同意し、胆沢城での降伏後、田村麻呂につきしたがうかたちで母礼とともに上京することが決められたものと考えられる。なお田村麻呂は蝦夷族長たちを説得する際に、阿弖流為らの生命は必ず自分が守り、再び故郷へ送り届けることを力づよく約したと推測されるが、後にみるようにその約束は結局果たすことができなかった。しかしながら当の阿弖流為本人は、後にも述べるように、そもそもいったん上京した後に自分が生きて故郷に帰還できるなどとは全く考えておらず、最初から死に赴く覚悟で都へ上る道を選んだものと思われる。

3　阿弖流為の最期

胆沢城造営

延暦二十年（八〇一）十月に戦勝報告・節刀返上のために入京した坂上田村麻呂は、翌同二十一年（八〇二）一月九日に陸奥国胆沢城を造営するため再び胆沢の地に派遣された。また同月十一日には、駿河・甲斐・相模・武蔵・上総・下総・常陸・信濃・上野・下野一〇カ国の浪人四〇〇〇人を胆沢城の周辺に移住させることが勅によって命じられている。

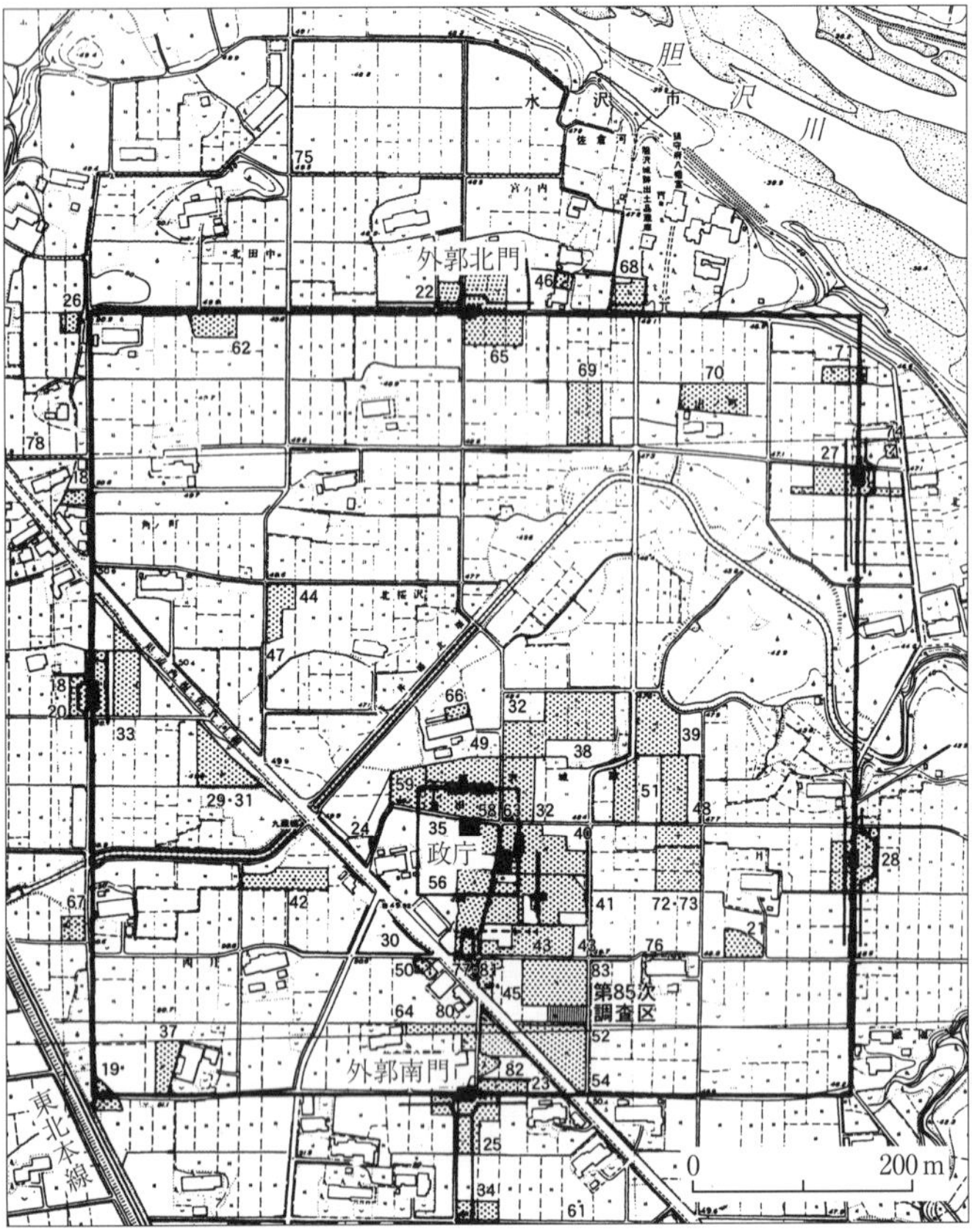

胆沢城跡全体図（奥州市教育委員会提供）

胆沢城の遺跡は岩手県奥州市水沢区佐倉河《さくらかわ》に所在し、北上川とその支流胆沢川が合流する地点の南西隅に立地する。胆沢城の外郭線は一辺約六七〇メートルの築地塀で、南北両辺の中央にはそれぞれ外郭南門・北門が開いており、各辺には一定間隔で櫓《やぐら》も設置されていた。外郭施設の中軸線上やや南寄りには一辺約九〇メートルの材木列塀で区画された政庁があり、正殿と東西脇殿など数棟の建物がその中に配置されている。胆沢城の遺構には大きく分けて三期の変遷があり、施設は一〇世紀第3四半期（九五一〜九七五年）くらいまで存続するが、九世紀初頭の創建期の官衙建物はすべて掘立《ほったて》柱《ばしら》建物で、瓦葺きの礎石建物は存在しない（高橋千晶「胆沢城と蝦夷社会」）。

なお胆沢城の造営については、阿弖流為らを最終的に降伏に追い込む契機ともなった出来事ではなかったかとの指摘がこれまでしばしばなされてきた。だがそれはたぶん逆であって、和平交渉の結果阿弖流為らの正式降伏に向けてのシナリオが定まり、それにともない戦闘が全面的に終結したことによって、本格的な造営工事への着手が可能となったのであろう。またそれまで阿弖流為のリーダーシップの下に従っていた地元の蝦夷系住人たちの多くも、造陸奥国胆沢城使《ぞうむつのくにいさわじょうし》となった田村麻呂の指揮下で同城造営のための労役に服したものとみられる。

阿弖流為降伏

延暦二十一年四月、阿弖流為と磐具公母礼の二人が、五〇〇余人の軍兵とともに坂上田村麻呂の下に正式に投降した。母礼は史料上このとき初めてその名がみえ、阿弖流為と同じく岩手県北上盆地地方の蝦夷族長であったと思われるが、磐具公氏がどこを本拠としていたかなどのことはよくわかっていない。

造陸奥国胆沢城使陸奥出羽按察使従三位坂上大宿禰田村麻呂等言さく、「夷《えみし》大墓公阿弖利《（流）》為・盤《（磐カ）》具公母礼等、種類五百余人を率ゐて降る」とまうす。（『類聚国史』延暦二十一年四月庚子［十五日］条）

ごく簡単な記事であるので、投降の際にどのような儀式や所作がおこなわれたのかは知る由もない。中国古代の礼法である「面縛待命《めんばくたいめい》」（両手を後ろ手に縛って顔を前方にさし出し、死生の裁決を待つこと）がおこなわれた可能性もしばしばいわれるが、両者和平交渉を重ねた末の降伏であるので、本当にそこまで厳しい礼法が実施されたとはやや考えがたい感もある。

阿弖流為・母礼両人に従って降伏した「種類五百余人」がどのような人々であったかについてもこれまで諸説があり、すなわちこの五〇〇余人の人々を蝦夷族長層とみるか、精鋭兵とみるか、敗残兵とみるか、さらには老若男女合わせた人数とみるかなど、様々な見解が示されている。確かに色々な解釈が可能であるが、やはり「種類五百余人」とは、阿弖流為・母礼の直接指揮下で転戦を続けていた胆沢蝦夷の義勇軍のこの時点での生存者の人数とみるのが、最も穏当なのではないかと思う。延暦八年（七八九）の第一次胆沢合戦では、第七章二節でみたように阿弖流為は推定一四〇〇〜一五〇〇人ほどの軍勢を率いて六〇〇〇人の官軍を相手に大勝利を挙げたが、その後同年の第二次胆沢合戦、延暦十三年の合戦と戦闘を重ねるごとに数多くの戦死者を出し、また一三年もの間に病死したり衰弱して戦列を離れた兵もいて、この段階では五〇〇余人ほどにまで人数が減少していたという可能性も少なからず考えられよう。しかしながら、阿弖流為らが武運尽き果てて追い詰められた挙げ句に惨めな敗軍の将として降伏させられたわけではなかったことは、最早いうまでもない。
その後、阿弖流為と母礼の二人は田村麻呂にともなわれて平安京に向かった。

造陸奥国胆沢城使田村麻呂来たる。夷大墓公等二人、並びに従ふ。

（『日本紀略』延暦二十一年七月甲子［十日］条）

田村麻呂に率いられた二人は七月十日に入京した。同月二十五日には、百官が桓武天皇に上表して蝦夷平定の成功を祝賀している。

阿弖流為の処刑

上京後、田村麻呂は公卿らに対して、阿弖流為・母礼の二人を生かしたまま故郷に帰し、彼らの力を利用して蝦夷らを招き寄せ現地を治めるのが得策であると主張したが、結局その意見が受け容れられることはなかった。

夷大墓公阿弖利（流）為・盤（磐カ）具公母礼等を斬《ざん》す。此の二虜《りょ》は、並びに奥地の賊首《ぞくしゅ》なり。二虜を斬する時、将軍等申して云へらく、「此の度は願《ねがい》に任せて返入《へんにゅう》せしめ、其の賊類を招かむ」とまうす。而るに公卿執論して云へらく、「野性獣心《やせいじゅうしん》にして、反復定《さだめ》无《な》し。儻《たまた》ま朝威《ちょうい》に縁《よ》りて此の梟帥《きょうすい》を獲《とら》ふ。縦《も》し申請に依りて奥地に放還《ほうかん》すれば、所謂《いわゆる》虎を養ひて患《うれい》を遺すならむ」といへり。即ち両虜を捉へて、河内国の植山《うやま》に斬す。

（『日本紀略』延暦二十一年八月丁酉［十三日］条）

右の史料中には、田村麻呂が公卿らの前で、「願に任せて返入せしめ、其の賊類を招かむ」と主張したことがみえ、一見阿弖流為・母礼両人が帰郷を望んでいたようにも読めるが、その点は先にも触れたようにきわめて疑わしい。とくに阿弖流為は、延暦八年の合戦において官軍に大打撃を与え、その後も根づよく抵抗を続けてきた自分が、桓武天皇や公卿たちの脅威と憎悪の的であったことを自覚していなかったはずはなかろう。むしろ彼らは最初から田村麻呂による助命嘆願に期待しておらず、自分たちの命と引き換えに征夷戦の完全終結を実現することを期して上京の要請に応えたものと推測されるのである。

また史料中では、「公卿執論して云へらく」と、公卿らによる言葉として阿弖流為処刑の理由が語られているが、実際には朝威を重んじ軍事を正当化することにこだわった桓武天皇本人の意志によって、阿弖流為らの処刑が決定されたとみる論が提出されている（鈴木拓也「桓武朝の征夷と造都に関する試論」）。史料の語るところはごくわずかなので確言はしがたいが、しかし田村麻呂による二人の助命嘆願を天皇が受け容れる可能性があったとは、これまでに述べてきた経緯に照らしてもいささか考えがたい。おそらく公卿たちが出した結論は、天皇の意志を十分に思い量って詮議を重ねた結果まとめられた見解であったとみるべきで、桓武天皇自身の真の意志ともほとんど異なるところはなかったと考えるのが自然であろう。

八月十三日、阿弖流為・母礼の二人は河内国植山《うやま》または椙山《すぎやま》で斬刑に処された。なお『日本紀略』の諸写本には「植山」と記すものと「椙山」と記すものの二様があり、一方これまで最も標準的なテキストとして広く利用されてきた新訂増補国史大系『日本紀略』が「杜山」としているのは、宮内《くない》庁書陵部《ちょうしょりょうぶ》所蔵久邇宮《くにのみや》文庫本の「植」のくずし字を読み誤ったものであることが明らかにされている（神英雄「蝦夷梟帥阿弖利為・母礼斬殺地に関する一考察」）。したがって本来の正しい文字は「植山」か「椙山」のどちらかであろう。ちなみに植山の比定地とされるのは大阪府枚方市の宇山《うやま》、椙山の比定地とされるのは同じく枚方市の字名杉《すぎ》であるが、面白いことに両地は地理的に互いに比較的近い位置にある。

宇山や杉の周辺は桓武天皇がしばしば遊猟をおこなったことで知られる交野《かたの》の地であり、また桓武天皇の外戚を以て称された百済王《こにきし》一族の本拠地の付近であった。もしもそのあたりで阿弖流為・母礼両人の処刑がおこなわれたのであれば、二人の命を助けようとした田村麻呂の誇りを傷つけぬためのせめてもの配慮から、公衆の目に晒されない閑静な山野で秘やかに刑が執行されたと解釈できないこともない。しかし、天皇の領有する禁野《きんや》であった交野の地を処刑によって穢すことは考えがたいとする宇山・杉両説への有力な批判もあり（馬部隆弘「蝦夷の首長アテルイと枚方市」）、結局のところ阿弖流為と母礼の処刑地は、河内国内のどこかであるということ以外は現時点では不詳であるといわざるをえない。

いずれにせよ、阿弖流為と母礼の二人は、助命嘆願をしてくれた田村麻呂に後事を託し、国家と蝦夷との間に真の平和が恢復されることを念じながら旅立っていったものと思われる。

4　阿弖流為が遺したもの

反乱起こらず

阿弖流為が再び故郷胆沢の土を踏むことはなかった。彼らが刑死したとの報は、ほどなく胆沢や周辺地域の人々の耳にも伝わったことであろう。しかしなぜか、彼らを殺されたことに報復する弔い合戦の反乱が発生した形跡は一切みられない。おそらく事実として反乱は起こらなかったものと考えられる。

前述のように、田村麻呂が朝廷に対して阿弖流為と母礼の助命嘆願をした際に、「願に任せて返入せしめ、其の賊類を招かむ」と述べていることからみて、阿弖流為は降伏直後の時点でも現地の蝦夷社会においてかなり鞏固な支持基盤をもっていたと思われる。田村麻呂が二人、とくに阿弖流為の蝦夷社会における人望や指導力を高く評価していたからこそ、そのような献策をおこなったと考えるのが最も自然な推測であろう。

また本書では、蝦夷大連合が阿弖流為の下の抵抗勢力と帰降勢力とに表面上は分裂した後も、征夷戦の完全終結と和平の実現をめざして粘りづよく戦い続ける阿弖流為の存在は、広く奥羽の蝦夷社会において依然としてきわめて大きな影響力をもっていたと推察した。百歩譲って仮にそうした見解を前提としない場合であっても、阿弖流為・母礼両人は投降時に五〇〇余人もの義勇軍兵士をともなっていたのであるから、彼らだけでも阿弖流為・母礼殺害に報復する弔い合戦の反乱を起こさないわけはない。しかしそれすら起こった形跡がないのである。

胆沢や周辺地域の人々は、阿弖流為らが斬刑に処されたにもかかわらず、どうして一切反抗しなかったのであろうか。その点に関する手がかりは何もないが、そうした情況を十分論理整合的に説明できる仮説は、おそらくただ一つだけしか存在しないであろう。

すなわち、阿弖流為らは上京する前に、もしも自分たちが故郷へ生きて帰ることができなくとも決して反乱を起こさないようにと、あらかじめ蝦夷社会の人々に対して言葉を尽くして説得していたものと考えられる。前述のように阿弖流為にはその後も生き長らえようとする意志はなく、逆に自分の首を国家側に差し出せば桓武天皇より征夷停止の決断を引き出せるかもしれないと考えていた節がある。また彼は、田村麻呂との和平協議において、蝦夷社会の側の様々な利益・権益の保護、政治的・社会的地位の優遇を極力実現させるよう田村麻呂に求め、彼の確約をえていたものと推測される。つまり阿弖流為は、それまでの忍耐強い努力の積み重ねによってようやく手に入れた和平・停戦のための好条件が、決して水泡に帰することがないようひたすら願っていたと考えられるのである。そして、阿弖流為のつよい意志を深く察した蝦夷社会の人々はその約束を守り、彼らの刑死というあまりにも悲しい現実に直面しても決して未来への希望を捨てることなく、その後も辛抱強く耐えたのではなかろうか。

阿弖流為と母礼は死して蝦夷社会の人々にますます畏敬され、まさに彼らの誇りとしてかけがえのない存在となったのである。

志波城造営

延暦二十二年（八〇三）二月、越後国の米と塩が造志波城所《ぞうしわじょうしょ》（志波城の造営を掌る官司）に送られ、翌月には造志波城使《ぞうしわじょうし》に任命された坂上田村麻呂が桓武天皇に辞見している。志波城の造営工事は、田村麻呂が陸奥へ下向した同年三月頃より着手されたものとみられる。また翌同二十三年（八〇四）五月には、陸奥国が志波城と胆沢郡家《ぐうけ》との間に郵駅《ゆうえき》を置くべきことを朝廷に申請して許されており、おそらくその頃までに志波城の主要施設はほぼ完成していたのであろう。阿弖流為が没した翌年には、北上盆地の北部にも城柵の造営がおよんだのである。

志波城は北上川の支流雫石《しずくいし》川の南岸に立地し、胆沢城からの直線距離は北に約五四キロメートルで、古代陸奥国で最北の城柵である。また志波城は、陸奥国府が所在する多賀城と相並ぶ最大級の規模を誇る城柵でもあり、築地塀で構成された外郭は一辺約八四〇メートルという巨大さであり（総面積は多賀城の外郭とほぼ同じ）、さらにその外側に一辺九二八メートルの外大溝《そとおおみぞ》がめぐっている。また政庁区画の大きさは一辺約一五〇メートル（区画施設は築地塀）で、胆沢城の政庁（一辺約九〇メートル）を大きく上回り、多賀城の政庁（南北一一九メートル、東西一〇五メートル）をも凌ぐやはり最大級の規模である。

こうした志波城の規模の巨大さについては、その造営の時点において律令国家が以前と同様の積極的な征夷政策を採っていたことの反映であると解するのがこれまでの通説的見解であった（熊谷公男「平安初期における征夷の終焉と蝦夷支配の変質」）。しかし近年では、志波城が造営された志波村は懐柔政策によって在地蝦夷社会がほぼ温存されたまま国家に帰服した地であり、同城の造営は一面では蝦夷

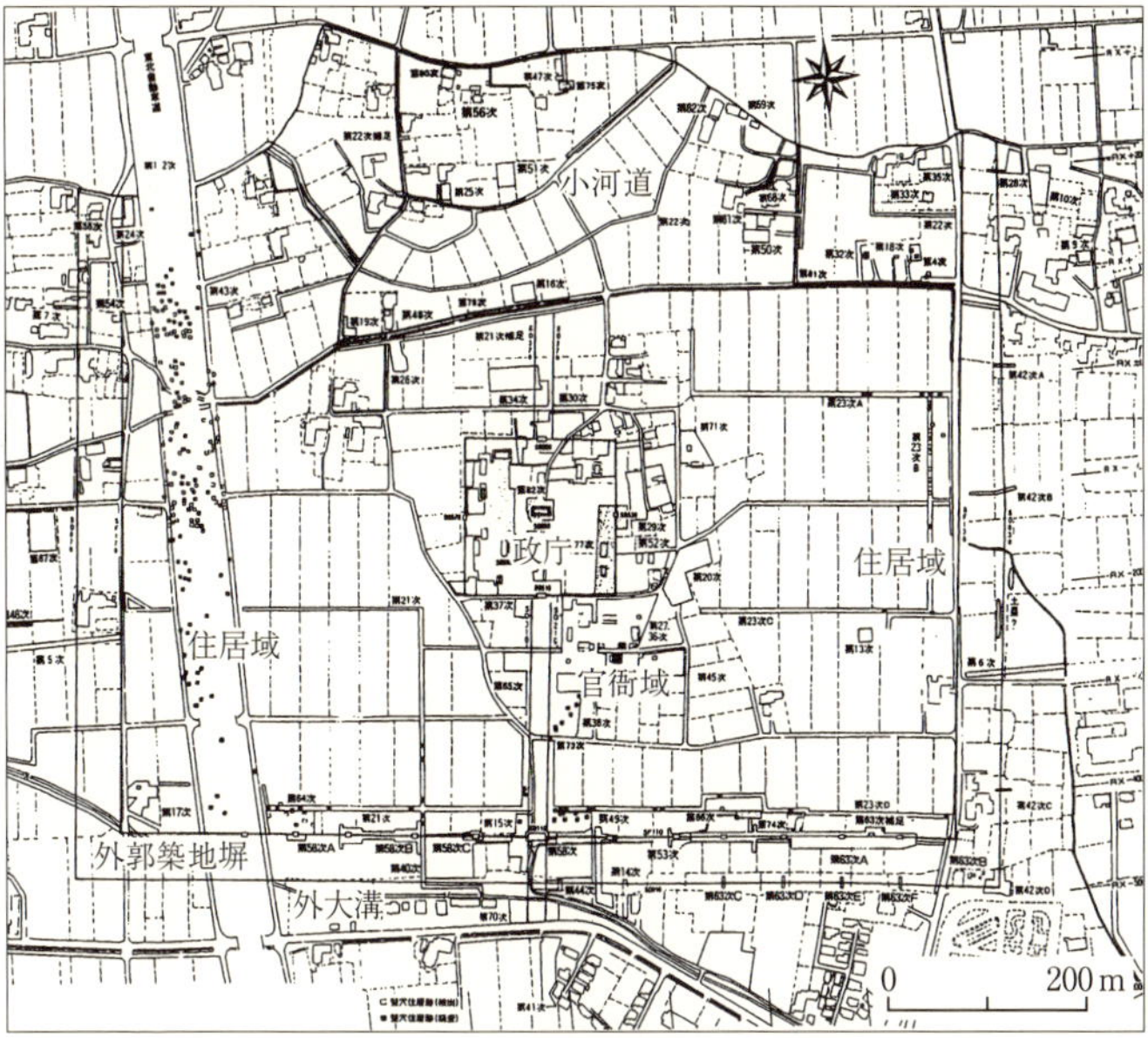

志波城跡全体図

(『志波城跡——第Ⅰ期保存整備事業報告書』[盛岡市教育委員会, 2000年]より)

社会との共存関係を基礎としておこなわれたとする新見解も提出されている（津嶋知弘「志波城と蝦夷社会」）。志波城の外郭線の内側約一〇八メートル（＝一町《ちょう》）の額縁状の地帯（総面積約一九万五〇〇〇平方メートル）には約一〇〇〇～二二〇〇棟の竪穴住居が集中的に配置されているが、竪穴住居の竈《かまど》のうち約六割が長い煙道《えんどう》をもついわゆる蝦夷タイプであり、短い煙道をもついわゆる坂東タイプの約四割を上回っていて、それらの住居には少なからぬ蝦夷系住人が居住していた可能性もある。またいずれのタイプの住居からも、在地蝦夷社会で八世紀後期頃より使われていた非轆轤《ろくろ》成形の土師器の甕《かめ》が多量に出土し、中でも胴部が丸く張り出したいわゆる球胴甕《きゅうどう》が全体の約四割の竪穴住居で確認されていることにも大いに注目される。

本来城柵とは、律令国家が蝦夷社会を上から支配する目的で置いた施設であり、蝦夷はいわば支配の客体であるから、志波城内に蝦夷が住み活動した可能性を示唆する痕跡が認められる点はやや特異に思われなくもない。しかし実際にはすでに八世紀後期の段階より、陸奥国伊治城と栗原（伊治・此治）郡大領伊治公呰麻呂との関係のように、城柵とその周辺に本拠をもつ蝦夷族長の政治権力とが深く関わり合いつつ共存するケースは存在したのである。志波城にうかがえる右のような様相は、阿弖流為の降伏によってもたらされた講和をきっかけに、城柵と蝦夷社会との相互依存の傾向が一層顕著に現われるに至ったことを示しているのではなかろうか。

また、志波城が巨大な城柵であったことについても、国家の積極的な征夷政策とは別の理由付けによって解釈できる余地がある。志波城は胆沢城をはじめとするほかの陸奥国内の諸城柵とは異なり、史料上で「陸奥国」を冠して称された形跡が一切みられない唯一の城柵である。近年、志波城が出羽国とも深く結びついていた可能性を指摘する見解も出されていて（平川南「古代における地域支配と河川」）、同城が陸奥国一国によって管掌されていたとは即断できないのである。あるいは志波城は、陸奥出羽按察使兼陸奥守として奥羽両国の民政を統轄した田村麻呂（なお鎮守将軍は、『節度使将軍補任例』によれば延暦二十一年〔八〇二〕七月に百済教雲《きょううん》が就任）の下で、奥羽両国の協同管理によって運営されることを前提に造営された城柵であったために、胆沢城よりも大規模に造られたのではなかろうか

（樋口知志「九世紀前半における奥羽北部の城柵」）。なお志波城が概ね完成した頃とみられる延暦二十三年十一月に、出羽国の秋田城が城柵としての機能を廃され郡家とされていることも（『日本後紀』延暦二十三年十一月癸巳〔二十二日〕条）、右の推論の傍証となるように思われる。

払田柵跡（写真提供：秋田県大仙市）

志波城造営とほぼ同時期には、北上盆地の西に位置する横手盆地でも新たな城柵の造営がおこなわれていた。秋田県大仙市《だいせん》・美郷町《みさと》の境に所在する払田柵《ほったのさく》跡の城柵がそれである。同柵跡はかつて天平宝字三年（七五九）に造営された雄勝城の有力な擬定地とされていたが、創建期の材木列塀に用いられた角材を年輪年代測定法によって鑑定したところ西暦八〇一年という伐採年代がえられ、九世紀初頭に造営された城柵の遺跡であることが判明した。近年の研究では、払田柵跡を奈良時代後期に造営された雄勝城が征夷の北進にともない北方へ移転した「第二次雄勝城」の遺跡と解する見解がきわめて有力となっており（鈴木拓也「払田柵と雄勝城に関する試論」）、その論拠とするところも説得力に富んでいる。

桓武天皇死去

延暦二十四年（八〇五）十二月、桓武天皇は参議の藤原緒嗣《おつぐ》と同じく参議の菅野真《すがののま》道《みち》に勅して、天下の徳政《とくせい》（人民に恩徳を施す政治）について討議させた。いわゆる徳政相論《そうろん》である。その結果、桓武天皇は緒嗣の意見を容れて、蝦夷征討と平安京造営の停止を決定した。すでに前年の一月には坂上田村麻呂を征夷大将軍（大使）とする征夷使の人事がおこなわれていたが、結局その征夷計画も白紙に戻された。

中納言近衛大将従三位藤原朝臣内麻呂《うちまろ》殿上《てんじょう》に侍《じ》す。勅有りて、参議右衛士督《うえじのかみ》従四位下藤原朝臣緒嗣をして、参議左大弁《さだいべん》正四位下菅野朝臣真道と天下の徳政を相論ぜしむ。時に緒嗣議して云へらく、「方今《ただいま》天下の苦《くるし》ぶ所は、軍事と造作となり。此の両事を停むれば百姓安《やす》むぜむ」といふ。真道異議を確執し、聴くことを肯《がえ》むぜず。帝、緒嗣の議を善しとす。即ち停廃《ていはい》に従ふ。有識之《ゆうしきこれ》を聞きて、感歎せざる莫《な》し。

（『日本後紀』延暦二十四年十二月壬寅［七日］条）

当時三二歳の青年参議だった緒嗣が、「軍事」＝征夷と「造作」＝造都こそが天下の民を疲弊させている原因であるとしてそれらの停止をつよく主張したのに対し、六五歳の老参議である真道は、頑強に異議を唱えて聞き容れず、二人の論は真っ向から対立した。桓武天皇が生涯を賭けて推進した二大事業こそが、まさに征夷と造都にほかならなかったことを思えば、緒嗣の論はまるで天皇の失政をあけすけに批判したようにも聞こえ、それにつよく反駁した真道の意見の方が桓武天皇の心情に寄り添ったもののようにも思える。しかし、天皇が最終的に支持したのは、両政策の停止を主張する緒嗣の意見のほうであった。桓武天皇は自らの判断で征夷と造都に幕を下ろしたのである。

真道は『続日本紀』（延暦十六年［七九七］完成）の編者の一人として、緒嗣は『日本後紀』（承和七年［八四〇］完成）の中心的編者としてそれぞれ名が知られている。桓武天皇は、後世に律令国家の歴史を伝える役割を果たすことになる賢明な二人の文人政治家に、自らの治世に対する評価と新たな時代における政治のありかたを問うたのであった。桓武天皇はその頃病をえて久しく、心身ともに衰えすでに死期を悟る心境に至っていたとみられる。帝王として君臨し、国を治めることのみにひたすら邁進してきた自らの生き方を顧み、死ぬ前くらいは現世の荷をすべて下ろし、一人の人間に戻ってからあの世へ旅立ちたいと考えたのではないか、などと臆測されなくもない。あるいは天皇がそうした思索に耽った最晩年の日々に、人生を力の限り生きぬいた阿弖流為の勇気や闘志に敬意を捧げ、同じ時代を生きた人間同士として魂の共鳴を感じる時間があったのかもしれない。

延暦二十五＝大同元年（八〇六）三月十七日、桓武天皇は七〇歳の生涯を閉じた。皇太子であった天皇の子息安殿《あて》親王（即位して平城《へいぜい》天皇）は悲しみのあまり声を上げて泣き、もがきながら臥して起き上がれない状態であったという。天皇は、愛情豊かにわが子を育み、子どもたちに深く敬慕される慈父のぬくもりをもった人でもあった。

緒嗣らの編になる『日本後紀』は桓武天皇の功績について、「宸極《しんきょく》に登りてより、心を政治に励し、内には興作《こうさく》を事とし、外には夷狄を攘《う》つ。当年の費《ついえ》と雖も、後世頼《たより》とす」と評している（大同元年四月庚子［七日］条）。

征夷停止後の蝦夷社会

阿弖流為の降伏・刑死後の延暦二十一～二十二年頃には、東北の地を舞台とする戦争はひとまず収まり、すでに平穏な時代へと移行しつつあったが、まだその段階では桓武天皇の征夷への執着がなくなっていたわけではなかった。同二十三年一月には征夷使の任命があり、坂上田村麻呂は再度征夷大将軍（大使）に任じられ、副将軍（副使）には百済教雲・佐伯社屋《もりや》・道嶋御楯の三人が任じられた。しかしその後は征夷の準備もさしたる進捗をみないまま、前述のように同二十四年十二月に徳政相論を受けて征夷政策の停止が決定されたのである。

桓武天皇より平城天皇に代替わりして一年後の大同二年（八〇七）三月、陸奥国司が蝦夷族長たちに対して位階や村長の地位を濫発していることが問題とされ、以後それらは陸奥出羽按察使の決裁事項とされることになった。

制すらく、「夷俘の位《くらい》は、必ず有功に加ふ。而るに陸奥国司、夷俘を遷出《せんしゅつ》し、或は位階を授け、或は村長に補《ほ》す。寔《まこと》に繁く徒《いたず》らなる有り、其の費極《きわまり》無し。今より以後、輒《たやす》く授くるを得ざれ。若し功効灼然《こうこうしゃくぜん》として、酬賞《しゅうしょう》已《や》む無き者有らば、按察使処分し、然る後に叙補せよ。国司輒く行ふことを得ざれ」といふ。

（『類聚国史』大同二年三月丁酉［九日］条）

この頃陸奥国司は蝦夷族長をしきりに「遷出」（城柵の下に移住させることか）し、位階や村長の地位を授けていて、それにともなう禄などの支給量の増大が同国の財政を大きく圧迫していたとみられる。いったいどうしてそのような事態に至っていたのであろうか。

本章一節で掲げた『類聚国史』延暦十九年（八〇〇）五月戊午条の記事（二六四～二六五頁に掲出）でも、帰降した多くの蝦夷族長らが城柵に朝参し食料や禄の支給を受けていたことが知られており、右の事態とよく似た情況は、すでに延暦二十年（八〇一）の征夷の直前の時期よりみられた。それは前述のように、阿弖流為の指導下で蝦夷勢力が、自分たちの利益・権益の保護や政治的・社会的地位の優遇を求める組織的な戦略を展開していき、国家側がそうした働きかけに動かされて譲歩・懐柔政策へと転じていったことにより実現したものであったが、同二十一年に阿弖流為が降伏した際には、さらにより一層の譲歩や待遇改善に向けての政策遂行を田村麻呂に確約させていたものと推察される。

他方で田村麻呂の側も、停戦後には蝦夷族長を積極的に登用することによって奥羽辺境の地を治める意図をもっていたと考えられる（阿弖流為・母礼の助命嘆願をおこなった際に、「願に任せて返入せしめ、其の賊類を招かむ」と述べたとされることからもそれはうかがえる）。結局阿弖流為と母礼は桓武天皇や公卿らの意志により斬刑に処されたが、しかし逆にそのことによって、律令国家首脳部は北上・横手両盆地以北の現地統治に関しては田村麻呂の顔を立て、彼に全権を委ねるほかなくなったものとみられる。そして田村麻呂は、阿弖流為との約束を果たし、蝦夷族長への利益・権益の保護や政治的地位の優遇、蝦夷系住人への生活条件の保障や社会的地位の向上などを旨とした新たな蝦夷政策を、胆沢・志波二城や払田柵（第二次雄勝城）を拠点として推進していったのであろう。さらにそのうえ、延暦二十四年末の徳政相論によって国家の征夷政策自体が廃止されたのであるから、蝦夷族長たちの縦横無尽の活動はいやがうえにも盛り上がりをみせていたのである。

大同三年（八〇八）五月、徳政相論における一方の立役者であった藤原緒嗣が、田村麻呂に替わって陸奥出羽按察使に任じられた。しかし彼は平城天皇に対して三度も就任を固辞し、翌同四年（八〇九）三月にようやく辞見し赴任している。その三度目の辞状にいわく、「臣前《さき》に数《しばし》ば言《もう》さく、『陸奥の国は、事成熟し難し。』と。今日に至るまで、臣を用て彼に委ぬ。退きて前言を慮《おも》ふに、益《ますま》す堪へざるを知る。加以《しかのみならず》今聞く、『国中疫に患ひ、民庶《みんしょ》死に尽し、鎮守の兵、差発《さはつ》するに人無し。又狂《きょう》賊《ぞく》に病無く、強勇《きょうゆう》常の如し』とまうす。降者《こうしゃ》の徒、叛端《はんたん》既に見《あら》はる。茲《ここ》に因りて奥郡の庶民は、出《しゅっ》走《そう》すること数度なり。儻《も》し隙に乗じて梗《こう》を作《な》さば、何を以てか支擬《しぎ》せむ」（『日本後紀』大同三年十二月甲子［十七日］条）、と。陸奥の蝦夷に対する恐怖心のなんとあらわなことか。この文章は、緒継自身が編纂に中心的役割を果たした『日本後紀』に引用されていて、緒継本人の偽らざる当時の心情が吐露されているものと考えられるが、彼ほどに有能な文人官僚が思わず懼れをなし逃げ出したくなるほどに、戦後の蝦夷社会は旺盛な活力に満ち溢れていたのである。戦いの勝者であるはずの律令国家の支配者たちが、敗者であるはずの蝦夷族長たちに対してなすすべもなく諦観《ていかん》するしかないさまは全く異様というほかないが、それがまさにこのときの現実であった。

かつて陸奥出羽按察使・陸奥守・鎮守将軍の三官を兼ね奥羽の行政・軍政を主導した坂上田村麻呂は、延暦二十四年六月に参議に就任したが、すでにその前年の同二十三年以降には陸奥へ下向することはなかったとみられる（大塚徳郎『みちのくの古代史』）。おそらく田村麻呂は、自分の手を離れて以来、制御が著しく困難となってしまっていた蝦夷の地の政治情勢をつよく懸念していたことであろう。

大同五＝弘仁元年（八一〇）九月には、一年余り前に同母弟の嵯峨天皇に譲位し、尚侍《しょうじ》藤原薬子《くすこ》やその兄の右兵衛督《うひょうえのかみ》仲成《なかなり》らとともに平城宮に移っていた平城上皇が、再び皇位に就くためにクーデターを起こそうとして失敗し、嵯峨天皇方によって鎮圧されるという政変が起こった（薬子の変、平城上皇の変）。そのとき田村麻呂は嵯峨天皇方についたが、天武天皇の孫文室浄三《ふんやのきよみ》（智努王《ちぬ》）を祖父に持つ武人文室綿麻呂《わたまろ》は、平城上皇方に従ったため左衛士府《さえじふ》の獄に禁錮された。しかし田村麻呂は、「綿麻呂は、武芸の人にして、頻《しき》りに辺戦を経たり。募りて以て同行せむ」と上奏し、嵯峨天皇は彼の罪を許して直ちに正四位上参議《さんぎ》に叙任し、田村麻呂とともに平城上皇方の追討をおこなわせた（『日本後紀』弘仁元年九月戊申［十一日］条）。綿麻呂は先にも触れたように、田村麻呂が征夷大将軍（大使）を務めた延暦二十年の征夷で出羽権守として戦功を挙げたとみられるが、近年の研究ではその前の同十三年（七九四）の征夷にも従軍した可能性が高いとされている（中村光一「文室氏と律令国家東北経略」）。事件後の同年九月十六日に綿麻呂は参議のまま大蔵卿《おおくらきょう》兼陸奥出羽按察使に任じられたが、その頃田村麻呂は綿麻呂を自らの後継者と認め、後事を託したものと思われる。そして田村麻呂は翌弘仁二年（八一一）五月、五四歳で死去した。

綿麻呂は田村麻呂が死去する直前の同年四月に征夷将軍に任じられ、二万人ほどの軍勢を以て弊伊《へい》

（閉伊、岩手県宮古市・山田町周辺）・爾薩体《にさったい》（岩手県二戸市周辺）・都母《つも》（青森県おいらせ町周辺）三村およびその周辺で征討をおこなった（弘仁二年の征夷）。一見徳政相論によって決められた施政方針が破られ、征夷の時代が復活したような印象を受けるが、このときの征夷は阿弖流為の時代のそれとはかなり様相を異にしていた。弊伊村は北海道など北方社会への玄関口でもあった太平洋海上交通の交易拠点であり、爾薩体村は馬淵《まべち》川・安比《あっぴ》川の河川交通と河谷に開けた陸路交通を抑える交易拠点であるとともに中央貴族社会で需要のあった鷹や陸獣の毛皮などの集散地でもあり、さらに都母村は当時陸奥国北部における最重要の産物ともいえる馬を産出する馬産地であった。このときの征夷は、蝦夷社会の中でもとくに経済力に富む有力な村であった三村を、大同三年（八〇八）に成立しすでに北東北における行政・軍政の中心拠点となっていた胆沢城鎮守府の支配下に取り込み、また大規模な行軍によって律令国家の軍威を見せつけ、国家の蝦夷社会に対する優位性を誇示することを目的としたものだったと考えられる（樋口知志「蝦夷と太平洋海上交通」）。とどまるところを知らない蝦夷社会の旺盛な活力を警戒した国家の側が、それをなんとかして自らの支配体制の内に押し留めようと試みた弥縫策《びほうさく》であったともとらえることができよう。

綿麻呂による軍事行動を最後に律令国家の征夷は終焉し、早くも弘仁四年（八一三）以降には〝民《みん》夷融和《いゆうわ》政策〟と呼ばれる公民と蝦夷との身分差の解消をはかろうとする一種の同和政策が推進されていく（熊谷公男「九世紀奥郡騒乱の歴史的意義」）。国家の支配者たちはもうすでに、蝦夷系の人々を単なる差別的抑圧の下に支配していくことが不可能であることをよくわかっていたのである。

弘仁五年（八一四）十二月一日、嵯峨天皇は次のような勅を発した。

勅すらく、「帰降の夷俘《いふ》、前後数《あまた》有り。仍りて便宜を量りて安置す。官司・百姓、彼《か》の姓名を称せずして、常に夷俘と号す。既に皇化《おうか》に馴れて、深く以て恥と為《な》す。宜しく早く告知して、夷俘と号すること莫《な》かるべし。今より以後、官位に随ひて称せ。若し官位無ければ、即ち姓名を称せ」とのたまふ。

（『日本後紀』弘仁五年十二月朔［一日］条）

嵯峨天皇御影（宮内庁蔵）

すなわち、官人や百姓らがすでに帰降している蝦夷や俘囚の個人に対して「夷俘」と蔑称することを禁じ、官職・位階をもつ人に対しては官位姓名で、それらをもたない人に対しても姓名で呼ぶべきことを命じたものである。もちろんこの勅一つが出されたことによって蝦夷系の人々に対する差別や偏見が直ちに一切解消されたとは考えがたいけれども、天皇の命によってこうした政策が言明されたことの意味は決して小さくはない。まさに征夷の時代の終焉を象徴する出来事であったといってよかろう。

以上で述べたように、阿弖流為らが願っていた征夷の時代の終焉は、彼の死より一〇年余り後に、おそらく彼らがかつて思い描いていたものに近いかたちで実現した。阿弖流為はそれを自らの眼で見届けることができなかったが、彼やその仲間たちの真の平和を求める辛抱づよい戦いによって蒔かれた種が、奥羽現地や諸国に住む数多くの蝦夷系の人々の手で育まれ、この時代に至って大きな果実を結んだのであった。

阿弖流為の人生の軌跡を一とおりたどり終えた今、とくに印象深く思われる一点を最後に述べて、拙い本書を閉じたい。それは、阿弖流為をはじめ蝦夷社会における戦時指導者として戦った蝦夷族長たちの多くが、戦争のない平和な時代に生まれ育っていたと推測される点である。彼らは決して好戦的な人々ではなく、平和な時代に生きられることの幸福の貴さや重みを実体験によって深く知っていた。そうした時代に育った人々のもつ〝希望力〟や、ひとたび失われた平和・幸福な社会を取り戻すために何をなすべきかを考えようとする〝将来展望力〟が、凄惨な戦争に明け暮れた暗黒の時代を終焉に導いていくうえでとても重要な力となったことは、最早疑う余地のないところであろう。

おそらく阿弖流為は、〝憎しみと報復の連鎖〟の呪縛に心を奪われた反乱主導者などではなく、そうした感情を乗り越えた高い次元での平和・共生のありようを模索しつつ、自らの人生を精一杯生きぬいた東北北部社会の指導者であった。すなわち彼の戦いは、故郷や村人たちを守る戦いであるとともに、将来に真の平和・共生を実現するための戦いでもあったのである。

主要参考文献

史料

新日本古典文学大系『続日本紀』一～五（岩波書店、一九九四～九八年）
訳注日本史料『日本後紀』（集英社、二〇〇三年）
新訂増補国史大系『類聚国史』（吉川弘文館、一九三三年）
新訂増補国史大系『日本紀略』（吉川弘文館、一九二九年）
日本古典文学大系『日本書紀』上・下（岩波書店、一九六五・六七年）
日本思想大系『律令』（岩波書店、一九七六年）
新訂増補国史大系『類聚三代格』（吉川弘文館、一九三六年）
新訂増補国史大系『延喜式』（吉川弘文館、一九三七年）
新訂増補国史大系『公卿補任』第一篇（吉川弘文館、一九三八年）
新訂増補国史大系『尊卑分脈』第一篇（吉川弘文館、一九五七年）
『青森県史　資料編古代1文献史料』（青森県、二〇〇一年）
『青森県史　資料編古代2出土文字資料』（青森県、二〇〇八年）
鎌田純一『先代旧事本紀の研究　上巻　校本の部』（吉川弘文館、一九六〇年）
『和名類聚抄（名古屋市博物館資料叢書二）』（名古屋市博物館、一九九二年）

中田祝夫編『倭名類聚抄（元和三年古活字版二十巻本）』（勉誠社、一九七八年）
筒井英俊校訂『東大寺要録』（国書刊行会、一九七一年）
日本古典文学大系『菅家文草・菅家後集』（岩波書店、一九六六年）
日本思想大系『古代政治社会思想』（岩波書店、一九七九年）
『大日本古文書』巻之二十一（東京帝国大学、一九三五年）
新日本古典文学大系『日本霊異記』（岩波書店、一九九六年）

著書・論文

池邊　彌『和名類聚抄郡郷里驛名考證』（吉川弘文館、一九八一年）
石田実洋「宮内庁書陵部所蔵『節度使将軍補任例』の基礎的考察」（『続日本紀研究』三八一、二〇〇九年）
伊藤博幸「河川流域の古代社会の変容――北上川中流域の場合」（『アジア流域文化論研究』I、二〇〇五年）
井上光貞「陸奥の族長、道嶋宿禰について」（同氏著『日本古代国家の研究』岩波書店、一九六五年）
今泉隆雄「蝦夷の朝貢と饗給」（高橋富雄編『東北古代史の研究』吉川弘文館、一九八六年）
今泉隆雄「多賀城の時代」（渡辺信夫編『図説宮城県の歴史』河出書房新社、一九八八年）
今泉隆雄「秋田城の初歩的考察」（虎尾俊哉編『律令国家の地方支配』吉川弘文館、一九九五年）
今泉隆雄「三人の蝦夷――阿弖流為と呰麻呂・真麻呂」（門脇禎二編『日本古代国家の展開　上』思文閣出版、一九九五年）
今泉隆雄「多賀城の創建――郡山遺跡から多賀城へ」（『条里制・古代都市研究』一七、二〇〇一年）
今泉隆雄「天平九年の奥羽連絡路開通計画について」（『国史談話会雑誌』四三、二〇〇二年）
内山俊身「征夷事業における軍事物資輸送について――関東の二大河川水系の問題から」（『茨城県立歴史館報』

二五、一九九八年）
及川　洵「アテルイをめぐる二、三の問題」（『岩手考古学』四、一九九二年）
及川　洵「アテルイは良字を朝廷から与えられている」（『アテルイ通信』九、一九九四年）
大塚徳郎『みちのくの古代史――都人と現地人』（刀水書房、一九八四年）
大坪秀敏「桓武朝の百済王氏」（同氏著『百済王氏と古代日本』雄山閣出版、二〇〇八年）
角川日本地名大辞典編纂委員会編『角川日本地名大辞典3　岩手県』（角川書店、一九八五年）
鐘江宏之「八、九世紀における陸奥・出羽国域と北方管轄についての覚書」（『市史研究あおもり』五、二〇〇二年）
川崎利夫「出羽の古墳とその時代」（同氏編『出羽の古墳時代』高志書院、二〇〇四年）
岸　俊男「日本における「戸」の源流」（同氏著『日本古代籍帳の研究』塙書房、一九七三年）
北　啓太「征夷軍編成についての一考察」（『書陵部紀要』三九、一九八八年）
工藤雅樹『古代蝦夷』（吉川弘文館、二〇〇〇年）
熊谷公男「黒川以北十郡の成立」（『東北学院大学東北文化研究所紀要』二一、一九八九年）
熊谷公男「道嶋氏の起源とその発展」（『石巻の歴史　第六巻　特別史編』石巻市、一九九二年）
熊谷公男「平安初期における征夷の終焉と蝦夷支配の変質」（『東北学院大学東北文化研究所紀要』二四、一九九二年）
熊谷公男「九世紀奥郡騒乱の歴史的意義」（虎尾俊哉編『律令国家の地方支配』吉川弘文館、一九九五年）
熊谷公男「養老四年の蝦夷の反乱と多賀城の創建」（『国立歴史民俗博物館研究報告』八四、二〇〇〇年）
熊谷公男『蝦夷の地と古代国家』（山川出版社、二〇〇四年）
熊谷公男『古代の蝦夷と城柵』（吉川弘文館、二〇〇四年）

佐伯有清『新撰姓氏録の研究　考証篇第二』（吉川弘文館、一九八二年）
佐々木恵介「六国史錯簡三題」（皆川完一編『古代中世史料学研究　上』吉川弘文館、一九九八年）
佐藤禎宏「庄内地域の古墳」（川崎利夫編『出羽の古墳時代』高志書院、二〇〇四年）
佐藤敏幸「律令国家形成期の陸奥国牡鹿地方(2)――古代牡鹿地方の歴史動向」（『宮城考古学』六、二〇〇四年）
神　英雄「蝦夷梟帥阿弖利為・母礼斬殺地に関する一考察」（日野昭博士還暦記念会編『歴史と伝承』永田文昌堂、一九八八年）
鈴木拓也「陸奥・出羽の調庸と蝦夷の饗給」（同氏著『古代東北の支配構造』吉川弘文館、一九九八年）
鈴木拓也「古代東北の城柵と移民政策」（同右）
鈴木拓也「払田柵と雄勝城に関する試論」（同右）
鈴木拓也「桓武朝の征夷と造都に関する試論」（『文学・芸術・文化　近畿大学文芸学部論集』一三―二、二〇〇二年）
鈴木拓也「天平九年以後における版図拡大の中断とその背景」（『今泉隆雄先生還暦記念論文集　杜都古代史論叢』今野印刷、二〇〇八年）
鈴木拓也『蝦夷と東北戦争』（吉川弘文館、二〇〇八年）
関口　明『蝦夷と古代国家』（吉川弘文館、一九九二年）
関口　明「古代東北における建郡と城柵――出羽国雄勝郡を中心に」（同氏著『古代東北の蝦夷と北海道』吉川弘文館、二〇〇三年）
高橋克彦『火怨――北の耀星アテルイ』（講談社、一九九九年）
高橋千晶「胆沢城と蝦夷社会」（蝦夷研究会編『古代蝦夷と律令国家』高志書院、二〇〇四年）
高橋富雄『蝦夷』（吉川弘文館、一九六三年）

高橋誠明「多賀城創建にいたる黒川以北十郡の様相――山道地方」(『第二九回古代城柵官衙遺跡検討会資料集』同実行委員会事務局、二〇〇三年)
武廣亮平「八世紀の「蝦夷」認識とその変遷」(『国立歴史民俗博物館研究報告』八四、二〇〇〇年)
舘野和己「律令制下の交通と人民支配」(同氏著『日本古代の交通と社会』塙書房、一九九八年)
舘野和己「ヤマト王権の列島支配」(歴史学研究会・日本史研究会編『日本史講座　第一巻　東アジアにおける国家の形成』東京大学出版会、二〇〇四年)
津嶋知弘「志波城と蝦夷社会」(蝦夷研究会編『古代蝦夷と律令国家』高志書院、二〇〇四年)
土橋　寛『古代歌謡の世界』(塙書房、一九六八年)
寺崎保広「陸奥・出羽の貢進物」(渡辺信夫編『宮城の研究2　古代篇・中世篇I』清文堂、一九八三年)
虎尾俊哉『律令国家と蝦夷』(評論社、一九七五年)
中村光一「「三十八年戦争」と坂東諸国」(『町史研究　伊奈の歴史』六、二〇〇二年)
中村光一「文室氏と律令国家東北経略」(『町史研究　伊奈の歴史』八、二〇〇四年)
奈良国立文化財研究所飛鳥資料館編『日本古代の墓誌』(同朋舎、一九七九年)
奈良文化財研究所編『地下の正倉院展――コトバと木簡』(同研究所、二〇一一年)
新野直吉『古代東北史の人々』(吉川弘文館、一九七八年)
新野直吉『東北古代史の基礎的研究』(角川書店、一九八六年)
新野直吉『田村麻呂と阿弖流為――古代国家と東北』(吉川弘文館、一九九四年)
馬部隆弘「蝦夷の首長アテルイと枚方市――官民一体となった史蹟の捏造」(『史敏』三、二〇〇六年)
林　陸朗『桓武朝論』(雄山閣出版、一九九四年)
樋口知志「律令制下の贄について」(『東北大学附属図書館研究年報』二一・二二、一九八八・八九年)

樋口知志「律令制下の気仙郡――陸前高田市小泉遺跡の周辺」（『アルテス　リベラレス（岩手大学人文社会科学部紀要）』七四、二〇〇四年）
樋口知志「延暦八年の征夷」（蝦夷研究会編『古代蝦夷と律令国家』高志書院、二〇〇四年）
樋口知志「蝦夷と太平洋海上交通」（『日本史研究』五一一、二〇〇五年）
樋口知志「九世紀前半における奥羽北部の城柵」（『国史談話会雑誌』五〇、二〇一〇年）
樋口知志「弘仁二年の征夷と徳丹城の造営」（『アルテス　リベラレス（岩手大学人文社会科学部紀要）』九一、二〇一三年）
樋口知志「藤原保則――激動の時代を生きた良吏」（吉川真司編『古代の人物4　平安の新京』清文堂出版、近刊予定）
平川　南「律令制下の多賀城」（『多賀城跡　政庁跡本文編』宮城県教育委員会・宮城県多賀城跡調査研究所、一九八二年）
平川　南「古代における東北の城柵について」（『日本史研究』二三六、一九八二年）
平川　南「俘囚と夷俘」（青木和夫先生還暦記念会編『日本古代の政治と文化』吉川弘文館、一九八七年）
平川　南「岩手県遠野市高瀬Ⅰ遺跡の墨書土器」（『遠野市埋蔵文化財調査報告書第五集　高瀬Ⅰ・Ⅱ遺跡――県営圃場整備事業松崎地区関連遺跡発掘調査』遠野市、一九九二年）
平川　南「古代における地域支配と河川」（『国立歴史民俗博物館研究報告』九六、二〇〇二年）
平川　南「多賀城の創建年代」（同氏著『古代地方木簡の研究』吉川弘文館、二〇〇三年）
藤沢　敦「激動する仙台平野」（『仙台市史　通史編2古代中世』仙台市、二〇〇〇年）
簑島栄紀「古代の陸奥・出羽における交易と交易者」（同氏著『古代国家と北方社会』吉川弘文館、二〇〇一年）
簑島栄紀「古代の「昆布」と北方社会――その実態と生産・交易」（『環太平洋・アイヌ文化研究』一〇、二〇一

三年）
村田晃一「飛鳥・奈良時代の陸奥北辺――移民の時代」（『宮城考古学』二、二〇〇〇年）
村田晃一「三重構造城柵論――伊治城の基本的な整理を中心として　移民の時代2」（『宮城考古学』六、二〇〇四年）
村田晃一「陸奥北辺の城柵と郡家――黒川以北十郡の城柵からみえてきたもの」（『宮城考古学』九、二〇〇七年）
森嘉兵衛監修『日本歴史地名大系3　岩手県の地名』（平凡社、一九九〇年）
八木光則「馬淵川流域の様相」（『第一四回古代城柵官衙遺跡検討会資料』同事務局、一九八八年）
八木光則「城柵の再編」（『日本考古学』一二、二〇〇一年）
八木光則『古代蝦夷社会の成立』（同成社、二〇一〇年）
柳澤和明「「玉造柵」から「玉造塞」への名称変更とその比定遺跡――名生館官衙遺跡Ⅳ期から宮沢遺跡へ移転」（『宮城考古学』九、二〇〇七年）

あとがき

もう一〇年以上も前、日本史専攻四年生とともに奈良・京都に研修旅行に出かけたときのこと、奈良文化財研究所平城宮跡資料館を訪れた際、ボランティアガイドの方が日本各地より平城宮に送られた貢進物名を記した大きな地図を指さし、学生に対して「みなさんの出身地からは何が送られていましたか」と質問された。学生は全員、岩手・秋田・宮城・山形四県の出身だったので、「ありません」と答えた（当時は陸奥国名取郡の贄の昆布の荷札木簡は未発見）。私が補足のつもりで、「東北地方の北半分は、平城京の時代にはまだ国家の支配下に組み込まれていないところだったのです」とお話ししたら、そのガイドの方は「それは本当ですか。信じられない」と真剣な面持ちで途惑っておられた。

古代の蝦夷は、近年でも蝦夷＝アイヌ説に立脚した論著が散見されるように、古代日本人の外側に位置した異族的集団であったように捉えられることも少なくない。だが現在ではほぼ学界の共有財産となる標準的な見解が成立しており、それによれば、蝦夷の中には渡嶋《わたりしま》（北海道）の蝦夷などきわめて僻遠の地の集団も含まれているが、本州内に居住していた蝦夷についていえば、概ね彼らは私たち現代日本人の祖先のうちの一群であったことが明らかである。また奈良～平安時代初期には奥羽両国の蝦夷が関東から九州までのほぼ全国に移住させられたことがあり、彼らはその後各地に血統を伝えたこともうかがい知られる。

第一章でも述べたように、蝦夷の原型は古墳時代頃に未だヤマト王権の下に従属していなかった東日本各地の民＝「毛人」であった。統一国家の形成が、王権による日本列島各地・集団の併呑によって進められる中で、東北方の未服属の民である「毛人」の居住域も次第に東へ北へと狭められていき、大宝律令が制定・施行された八世紀初頭には宮城県北部・山形県北部より北の地が「毛人」の後身である「蝦夷」の主たる居住域となったのである。また西日本方面における古墳時代以降のヤマト王権の支配領域拡大も、だいたい右と同様な歴史的経過をたどったものと思われる。

以上のように考えられるとすれば、私たち現代日本人の身体の中には大概、征服者と被征服者の双方の血がともに流れていることになる。東北人だけが蝦夷の後裔として敗れし者の血を承け継いでいるわけではない。東北の蝦夷や南九州の隼人、また四・五世紀以降朝鮮半島方面よりやって来て日本列島に住み着いた渡来人などの歴史を明らかにすることは、私たち日本人の成り立ちを歴史的に解明するため、さらにいえば「日本人とは何か」を問い直すうえでもきわめて重要な仕事なのである。

本書では阿弖流為という一人の蝦夷族長に焦点を当て、征夷の時代における国家と蝦夷社会との険しい相剋を政治史的に描き出すことを試みた。従来は、蝦夷が国家に対して徹底的な不服従を貫き抵抗しながらも、最終的には国家による圧倒的な軍事力の前に圧伏させられたとされることが多かったが、それに対して本書では、蝦夷の側が巧みな政治的・軍事的戦略を展開し、将来自分たちの社会が国家の支配下に組み込まれた後のことまで見据えながら、したたかに戦いぬいたことを論じた。しかしもとよりそれらは確実な証明が尽くされているわけではなく、学界には異論も多いことと思う。読者諸賢の率直なご批判を賜りたい。

最後に、本書の刊行にあたっては、編集を担当していただいた岩崎奈菜氏にたいへんお世話になった。厚く御礼申し上げたい。

二〇一三年八月一三日

樋口知志

阿弖流為略年譜

和暦	西暦	齢	関係事項	一般事項
養老 四	七二〇		9月陸奥蝦夷反乱し、按察使上毛野広人を殺害。	
神亀 元	七二四		3月陸奥国海道蝦夷反乱し、陸奥大掾佐伯児屋麻呂を殺害。この年多賀城が造営され、陸奥国府が郡山遺跡Ⅱ期官衙より移される。	2月聖武天皇即位。
天平 元	七二九			2月長屋王の変。8月光明子立后。
天平一〇～天平勝宝五	七三八～七五三	1	**阿弖流為誕生。**	
天平勝宝元	七四九			7月孝謙天皇即位。
天平宝字元	七五七	5～20		5月養老律令施行、7月橘奈良麻呂の変。
二	七五八	6～21		8月淳仁天皇即位。
三	七五九	7～22	9月陸奥国桃生城・出羽国雄勝城が完成する。	
八	七六四	12～27		9月藤原仲麻呂、近江国高島

				郡で敗死（恵美押勝の乱）。10月淳仁天皇廃され、孝謙太上天皇重祚（称徳天皇）。
神護景雲元	七六七	15〜30	10月陸奥国伊治城が完成する。12月道嶋嶋足が陸奥国大国造、同三山が陸奥国国造に任じられる。	3月法王宮職が置かれる。
二	七六八	16〜31	9月陸奥国の調庸物が一〇年に一度京進されるよう改められる。	
三	七六九	17〜32	1月蝦夷の正月上京朝貢が復活する。3月陸奥国大国造道嶋嶋足の仲介により陸奥国諸郡の住人六四人に新姓が与えられる。6月陸奥国に栗原郡が置かれる。11月牡鹿郡俘囚の大伴部押人が俘囚身分を免じられる。	
宝亀元	七七〇	18〜33	4月陸奥国黒川以北十郡の俘囚三九二〇人が俘囚身分を免じられる。8月蝦夷族長の宇漢迷公宇屈波宇が徒族を率いて本拠地に逃げ帰り、城柵襲撃を揚言。道嶋嶋足が勘問をおこなう。	8月称徳天皇死去。10月光仁天皇即位。
三	七七二	20〜35	9月大伴駿河麻呂、按察使に任じられる。	5月他戸親王廃太子。
四	七七三	21〜36		1月山部親王立太子。
五	七七四	22〜37	1月蝦夷の上京朝貢が停止される。7月海道蝦夷の間で騒擾発生。光仁天皇、大伴駿河麻呂に征夷	

			を命じる。海道蝦夷、桃生城を襲撃する。8月大伴駿河麻呂、征夷中止を進言するも、光仁天皇に譴責される。9月大伴駿河麻呂、陸奥国遠山村を征討。
七	七七六	24～39	1月大伴駿河麻呂、四月上旬を期日に陸奥国軍二万人をもって山海二道の蝦夷を征討する計画を上申。3月大伴駿河麻呂、任地において死去。5月志波村蝦夷軍、出羽国軍四〇〇〇人を攻めこれを圧倒する。**11月阿弖流為、胆沢に侵攻した陸奥国軍三〇〇〇人と対峙する。**
八	七七七	25～40	4月官軍、山海二道の蝦夷を征討する。
一〇	七七九	27～42	**この年蝦夷反乱し、**鎮守権副将軍佐伯久良麻呂苦戦する。
一一	七八〇	28～43	2月光仁天皇、陸奥国に覚鱉城を造り胆沢を征すべきことを命じる。3月此《(伊)》治郡大領伊治公呰麻呂反乱し、按察使紀広純・牡鹿郡大領道嶋大楯を殺害する。4月大伴益立を持節征東副使とする征討使が派遣される。9月藤原小黒麻呂が持節征東大使に任じられ、征討使の最高指揮権が益立より小黒麻呂に移る。

天応 元	七八一	29~44	**5月**征東大使藤原小黒麻呂、戦勝を報じるも桓武天皇に叱責される。**8月**征東大使藤原小黒麻呂、征夷を終えて入京する。	**4月**桓武天皇即位。**12月**光仁太上天皇死去。
延暦 元	七八二	30~45	**6月**大伴家持、按察使・鎮守将軍に任じられる。	**1月**氷上川継謀反。
二	七八三	31~46	**1月**道嶋嶋足死去する。**4月**鎮守府官人が軍粮の穀を「軽物」に交易して都に運ぶことなどが禁じられる。	
三	七八四	32~47	**2月**大伴家持が持節征東大使に任じられる。	**11月**長岡京へ遷都。
四	七八五	33~48	**8月**征東大使大伴家持、任地において死去。**9月以降**百済俊哲、鎮守副将軍より鎮守将軍に進む。	**9月**藤原種継暗殺される。皇太子早良親王廃され、乙訓寺に幽閉される。**11月**安殿親王立太子。
六	七八七	35~50	**1月**王臣・国司・百姓らが夷俘と交易することが禁じられる。**閏5月**鎮守将軍百済俊哲が日向権介に左遷される。	
七	七八八	36~51	**2月**安倍猨嶋墨縄、鎮守権副将軍より鎮守副将軍に進む。**3月**多治比浜成・紀真人・佐伯葛城・入間広成が征東副使に任じられる。**7月**紀古佐美が征東大使に任じられる。**12月**大使紀古佐美、桓武天皇より節刀を授けられ辞見する。	

八	七八九	37〜52	3月多賀城に終結した征夷軍、進軍を開始。胆沢征討軍、衣川北岸に軍営を置く。4〜5月副使佐伯葛城現地にて急死。5月桓武天皇、大使紀古佐美に胆沢征討軍の出撃を命じる。阿弖流為、北上川両岸を北上してきた計六〇〇〇人の官軍を一四〇〇〜一五〇〇人ほどの寡兵で迎え撃ち、奇襲作戦によって大勝をおさめる。6〜7月阿弖流為、入間広成率いる官軍と戦闘。善戦するもかなり深刻なダメージを被る。7月大使紀古佐美凱表を献じ、胆沢方面と太平洋沿岸方面の征夷の成功を報じる。9月征東使帰京し、大使紀古佐美節刀を返上する。勘問の結果、鎮守副将軍池田真枚と同安倍猨嶋墨縄が処罰される。
一〇	七九一	39〜54	7月大伴弟麻呂が征東大使、百済俊哲・多治比浜成・坂上田村麻呂・巨勢野足が副使に任じられる。
一一	七九二	40〜55	1月志波村に住む胆沢公阿奴志己が陸奥国府に降伏を請願し、伊治村の狄俘を制して降路を開いてほしいと申し出る。11月陸奥の蝦夷族長爾散南公阿波蘇・宇漢米公隠賀と俘囚吉弥侯部荒嶋、長岡京へ上り朝堂院で饗宴を受ける。

一二	七九三	41～56	2月征東使が征夷使と改称される。征夷副使坂上田村麻呂辞見する。	
一三	七九四	42～57	2月征夷大使大伴弟麻呂、節刀を授けられる。10月征夷大使大伴弟麻呂、征夷戦の戦果を報告する。この年阿弖流為、征夷大使大伴弟麻呂・副使坂上田村麻呂らの率いる官軍と戦闘。蝦夷軍は斬首された者四五七人、捕虜とされた者一五〇人など夥しい人的被害を被る。	10月平安京へ遷都。
一四	七九五	43～58	1月征夷大使大伴弟麻呂、帰京し節刀を返上する。8月鎮守将軍百済俊哲、任地において死去する。	
一五	七九六	44～59	1月坂上田村麻呂、按察使・陸奥守に任じられる。10月按察使兼陸奥守坂上田村麻呂、鎮守将軍を兼任する。	
一六	七九七	45～60	2月『続日本紀』上表文中に「威は日河の東に振ひ、毛狄をして息を屛めしむ」と記される。11月坂上田村麻呂が征夷大使に任じられる。	2月菅野真道ら『続日本紀』四〇巻を撰上。
一七	七九八	46～61	6月相模以下六カ国の国司に対し、帰降夷俘に毎年時服や禄を与え優遇し、帰郷の望みを懐かせないよう命じる。この頃阿弖流為、按察使・陸奥守・鎮守将軍坂上田村麻呂と水面下で停戦・和平	

			のための交渉を進める。
一九	八〇〇	48〜63	5月陸奥国の帰降夷俘に支給する食料に充当するため佃三〇町を置く。10月征夷副使が任命される。
二〇	八〇一	49〜64	2月征夷大使坂上田村麻呂、節刀を授けられる。9月征夷大使坂上田村麻呂、夷賊を討ち伏せた旨を言上する。10月征夷大使坂上田村麻呂、帰京し節刀を返上する。この年征夷大使坂上田村麻呂らによる征夷がおこなわれたが、阿弖流為の具体的動向は不明。
二一	八〇二	50〜65	1月坂上田村麻呂により胆沢城の造営が開始される。4月阿弖流為と磐具公母礼が五〇〇余人の兵とともに坂上田村麻呂の許に投降する。7月阿弖流為と母礼の両人、坂上田村麻呂にともなわれて入京する。8・13阿弖流為と母礼、河内国植山（椙山）にて斬刑に処され死去する。12月鎮守軍監道嶋御楯が陸奥国大国造に任じられる。
二二	八〇三		3月坂上田村麻呂により志波城の造営が開始される。
二三	八〇四		1月坂上田村麻呂が征夷大使、百済教雲・佐伯社屋・道嶋御楯が副使に任じられる。

	二四	八〇五	12月桓武天皇、藤原緒嗣と菅野真道に天下の徳政について討議させ、緒嗣の意見を容れて征夷と造都の停止を決定する。	4月桓武天皇、皇太子以下参議以上を召して後事を託す。
大同	元	八〇六		3月桓武天皇死去。平城天皇即位。
	二	八〇七	3月陸奥国司が蝦夷族長に位階や村長の地位を濫発したため国衙財政が逼迫していることが問題とされる。	11月伊予親王、謀反の嫌疑で川原寺に幽閉され服毒自殺。
	三	八〇八	7月鎮守府が陸奥国府より分離・独立し胆沢城に常置される（胆沢城鎮守府の成立）。	
	四	八〇九		4月嵯峨天皇即位。12月平城太上天皇、平城宮へ移る。
弘仁	元	八一〇	10月渡嶋狄二〇〇余人、陸奥国気仙郡に来着し、翌年春までの留住を許される。	9月平城上皇、藤原仲成・薬子兄妹らとともにクーデターを図るも失敗。平城上皇方に従った文室綿麻呂、坂上田村麻呂の嘆願により罪を許され参議に抜擢される。
	二	八一一	1月陸奥国に和我・薭縫・斯波三郡が置かれる。 2月按察使文室綿麻呂、陸奥・出羽両国の兵二万	5月坂上田村麻呂死去。

			六〇〇〇人を発して爾薩体・弊伊二村を征討することを願い出る。**4月**文室綿麻呂が征夷将軍、大伴今人・佐伯耳麻呂・坂上鷹養が副将軍に任じられる。**10月**征夷将軍文室綿麻呂、爾薩体・弊伊・都母三村征討の成果を報告する。**閏12月**征夷将軍文室綿麻呂、志波城の移転を奏上するとともに三八年におよぶ征夷の終結を宣言する。	
三	八一二		**この年**徳丹城（新志波城）造営される。	
四	八一三		**この年以降**陸奥・出羽両国で〝民夷融和政策〟がたびたび施行される。	
五	八一四		**12月**嵯峨天皇、勅を下して、官人や百姓らが帰降蝦夷・俘囚のことを「夷俘」と蔑称することを禁止する。	

人名索引

あ　行

か　行

さ 行

た 行

な 行

は 行

ま　行

や・わ行

地名索引

あ 行

か 行

さ　行

た　行

な　行

は　行

ま　行

《著者紹介》
樋口知志（ひぐち・ともじ）
1959年　東京都生まれ。
1982年　横浜国立大学教育学部卒業。
1987年　東北大学大学院文学研究科博士後期課程単位取得中退。
東北大学助手，北海道教育大学助教授，岩手大学助教授を経て，
現　在　岩手大学教授（人文社会科学部），博士（文学）。
著　書　『前九年・後三年合戦と奥州藤原氏』高志書院，2011年。
共　著　『列島の古代史　ひと・もの・こと２　暮らしと生業』岩波書店，2005年。
『日本古代の地域社会と周縁』吉川弘文館，2012年。
『岩波講座日本歴史　第20巻地域論（テーマ巻１）』岩波書店，2014年。

ミネルヴァ日本評伝選
阿《あ》弖《て》流《る》為《い》
――夷俘と号すること莫かるべし――

2013年10月10日　初版第１刷発行　〈検印省略〉
2022年５月20日　初版第３刷発行

定価はカバーに
表示しています

著　者　樋口知志
発行者　杉田啓三
印刷者　江戸孝典

発行所　株式会社　ミネルヴァ書房
607-8494　京都市山科区日ノ岡堤谷町１
電話代表（075）581-5191
振替口座 01020-0-8076

共同印刷工業・新生製本

ISBN978-4-623-06699-5
Printed in Japan

刊行のことば

歴史を動かすものは人間であり、興趣に富んだ人間の動きを通じて、世の移り変わりを考えるのは、歴史に接する醍醐味である。

しかし過去の歴史学を顧みるとき、人間不在という批判さえ見られたように、歴史における人間のすがたが、必ずしも十分に描かれてきたとはいえない。二十一世紀を迎えた今、歴史の中の人物像を蘇生させようとの要請はいよいよ強く、またそのための条件もしだいに熟してきている。

この「ミネルヴァ日本評伝選」は、正確な史実に基づいて書かれるのはいうまでもないが、単に経歴の羅列にとどまらず、歴史を動かしてきたすぐれた個性をいきいきとよみがえらせたいと考える。そのためには、対象とした人物とじっくりと対話し、ときにはきびしく対決していくことも必要になるだろう。

今日の歴史学が直面している困難の一つに、研究の過度の細分化、瑣末化が挙げられる。それは緻密さを求めるが故に陥った弊害といえるが、その結果として、歴史の大きな見通しが失われ、歴史学を通しての社会への働きかけの途が閉ざされ、人々の歴史への関心を弱める危険性がある。今こそ歴史が何のためにあるのかという、基本的な課題に応える必要があろう。評伝という興味ある方法を通じて、解決の手がかりを見出せないだろうかというのも、この企画の一つのねらいである。

狭義の歴史学の研究者だけでなく、多くの分野ですぐれた業績をあげている著者たちを迎えて、従来見られなかった規模の大きな人物史の叢書として、「ミネルヴァ日本評伝選」の刊行を開始したい。

平成十五年（二〇〇三）九月

ミネルヴァ書房

ミネルヴァ日本評伝選

企画推薦
梅原　猛
ドナルド・キーン
佐伯彰一
角田文衞

監修委員
上横手雅敬
芳賀　徹

編集委員
石川九楊
伊藤之雄
猪木武徳
今谷　明
今橋映子
熊倉功夫
佐伯順子
坂本多加雄
武田佐知子
竹西寛子
西口順子
兵藤裕己
御厨　貴

上代

*俾弥呼　古田武彦
*日本武尊　西宮秀紀
*仁徳天皇　若井敏明
雄略天皇　吉村武彦
継体天皇　若井敏明
*蘇我氏四代　遠山美都男
*推古天皇　義江明子
聖徳太子　仁藤敦史
斉明天皇　武田佐知子
*小野妹子・毛人・毛野　大橋信弥
*額田王　梶川信行
弘文天皇　遠山美都男
天武天皇　新川登亀男
持統天皇　丸山裕美子
阿倍比羅夫　熊田亮介
*藤原四子　木本好信
役小角　脊古真哉
*柿本人麿　古橋信孝
*元明天皇・元正天皇　渡部育子
聖武天皇　本郷真紹
光明皇后　寺崎保広

*孝謙・称徳天皇　勝浦令子
藤原不比等　荒木敏夫
橘諸兄・奈良麻呂　遠山美都男
吉備真備　今津勝紀
*藤原仲麻呂　木本好信
道鏡　吉川真司
*藤原種継　木本好信
*行基　吉田靖雄

平安

*桓武天皇　井上満郎
嵯峨天皇　西別府元日
宇多天皇　古藤真平
醍醐天皇　石上英一
村上天皇　京樂真帆子
花山天皇　上島　享
*三条天皇　倉本一宏
藤原薬子　中野渡俊治
*藤原良房・基経　瀧浪貞子
*紀貫之　神田龍身
*安倍晴明　斎藤英喜
*藤原道長　朧谷　寿
*藤原伊周・隆家　倉本一宏

藤原定子　山本淳子
*藤原彰子　朧谷　寿
藤原頼通　末松　剛
清少納言　三田村雅子
和泉式部　ツベタナ・クリステワ
大江匡房　小峯和明
*阿弖流為　樋口知志
坂上田村麻呂　熊谷公男
*源満仲・頼光　元木泰雄
平将門　西山良平
藤原純友　寺内　浩
源義家　大津雄一
最澄　吉田一彦
空海　武内孝善
円珍　岡野浩二
*空也　石井義長
奝然　上川通夫
*源信　小原　仁
慶滋保胤　吉原浩人
安倍貞任　野中哲照
*後白河天皇　美川　圭
*式子内親王　奥野陽子
建礼門院　生形貴重

藤原頼長・師長　樋口健太郎
*藤原秀衡　入間田宣夫
平時子・時忠　元木泰雄
平維盛　根井　浄
木曾義仲　樋口州男
守覚法親王　阿部泰郎
藤原隆信・信実　山本陽子

鎌倉

*源頼朝　川合　康
*源義経　近藤好和
源実朝　神田龍身
*九条兼実　加納重文
九条道家　上横手雅敬
北条時政　野口　実
熊谷直実　佐伯真一
*北条政子　関　幸彦
*北条義時　岡田清一
曾我十郎・五郎　杉橋隆夫
後鳥羽天皇　兵藤裕己
北条時頼　山本隆志
北条時宗　近藤成一
平頼綱　細川重男

竹崎季長　堀本一繁
西行　光田和伸
鴨長明　浅見和彦
藤原定家　赤瀬信吾
*京極為兼　今谷　明
*兼好　島内裕子
重源　横内裕人
*運慶　根立研介
快慶　井上一稔
法然　今堀太逸
*栄西　中尾良信
明恵　西山　厚
*親鸞　末木文美士
恵信尼・覚信尼　西口順子
覚如　今井雅晴
*道元　船岡　誠
叡尊　細川涼一
*忍性　松尾剛次
*日蓮　佐藤弘夫
一遍　蒲池勢至
夢窓疎石　原田正俊
*宗峰妙超　竹貫元勝

南北朝・室町

後醍醐天皇　上横手雅敬

*護良親王　新井孝重
*懐良親王　森茂暁
*赤松氏五代　渡邊大門
*北畠親房　岡野友彦
楠正成　兵藤裕己
*楠木正行・正儀　生駒孝臣
*新田義貞　山本隆志
*光厳天皇　深津睦夫
足利尊氏　市沢哲
*足利直義　亀田俊和
佐々木道誉　下坂守
細川頼之　亀田俊和
円観・文観　田中貴子
足利義詮　早島大祐
*足利義持　吉田賢司
足利義教　秦野祐介
足利持氏　植田真平
足利義政　木下昌規
三条西実隆　前田雅之
*日野富子　田端泰子
*大内義弘　平瀬直樹
伏見宮貞成親王　松薗斉
*山名宗全　山本隆志
細川勝元・政元　古野貢
畠山義就　呉座勇一
足利成氏　阿部能久
世阿弥　西野春雄
雪舟等楊　河合正朝
宗祇　鶴崎裕雄
*満済　森茂暁
一休宗純　原田正俊
蓮如　岡村喜史

戦国・織豊

北条早雲　家永遵嗣
*北条氏綱　黒田基樹
*北条氏政　黒田基樹
*大内義隆　藤井崇
*斎藤氏四代　木下聡
*毛利元就　岸田裕之
*毛利輝元　光成準治
*小早川隆景・秀秋　光成準治
*六角定頼　村井祐樹
*今川義元　小和田哲男
*武田信玄　笹本正治
*武田勝頼　笹本正治
*真田氏三代　笹本正治
*三好長慶　天野忠幸
松永久秀　天野忠幸
*宇喜多直家・秀家　渡邊大門
*上杉謙信　矢田俊文
*大友義鎮　鹿毛敏夫
島津義久・義弘　福島金治
細川幽斎　鈴木元
*長宗我部元親・盛親　平井上総
*最上氏三代　松尾剛次
浅井長政　長谷川裕子
蠣崎・松前氏五代　新藤透
吉田兼倶　西山克
山科言継　松薗斉
*雪村周継　赤澤英二

正親町天皇・後陽成天皇　神田裕理
*足利義輝・義昭　山田康弘
織田信長　三鬼清一郎
織田長益　八尾嘉男
織田信雄　柴裕之
*明智光秀・秀満　小和田哲男
豊臣秀吉　藤井讓治
豊臣秀次　矢部健太郎
*北政所おね　田端泰子
*淀殿　福田千鶴
筒井氏三代　片山正彦
蜂須賀正勝・家政　三宅正浩
前田利家　東四柳史明
*山内一豊・忠義　長屋隆幸
*黒田如水　小和田哲男
*蒲生氏郷　藤田達生
大谷吉継　石畑匡基
石田三成　堀越祐一
*細川ガラシャ　田端泰子
*支倉常長　田中英道
千利休　熊倉功夫
*長谷川等伯　宮島新一
*顕如　神田千里
教如　安藤弥

江戸

*徳川家康　笠谷和比古
板倉勝重　谷徹也
本多忠勝　柴裕之

本多正純　小川雄
柳生宗矩　福田千鶴
*徳川家光　野村玄
柳沢吉保　福留真紀
徳川吉宗　横田冬彦
*後水尾天皇　久保貴子
*光格天皇　藤田覚
*春日局　福田千鶴
宮本武蔵　渡邊大門
*池田光政　倉地克直
保科正之　八木清治
シャクシャイン　岩崎奈緒子
*田沼意次　藤田覚
細川重賢　安高啓明
松平治郷　小林准士
二宮尊徳　小林惟司
*末次平蔵　岡美穂子
*高田屋嘉兵衛　生田美智子
沢庵宗彭　芳澤元
*林羅山　鈴木健一
吉野太夫　渡辺憲司
熊沢蕃山　川口浩
*山崎闇斎　澤井啓一
山鹿素行　前田勉
*北村季吟　島内景二
伊藤仁斎　澤井啓一
貝原益軒　辻本雅史
関孝和　佐藤賢一
*ケンペル　B・M・ボダルト＝ベイリー
新井白石　大川真
荻生徂徠　柴田純
*雨森芳洲　上田正昭

石田梅岩　高野秀晴
白隠慧鶴　芳澤勝弘
前野良沢　松田清
平賀源内　石上敏
本居宣長　田尻祐一郎
杉田玄白　吉田忠
木村蒹葭堂　有坂道子
*大田南畝　沓掛良彦
菅江真澄　赤坂憲雄
*鶴屋南北　諏訪春雄
*山東京伝　佐藤至子
*滝沢馬琴　高田衛
平田篤胤　山下久夫
国友一貫斎　太田浩司
シーボルト　宮坂正英
本阿弥光悦　岡佳子
*狩野探幽・山雪　山下善也
尾形光琳・乾山　河野元昭
*二代目市川團十郎　田口章子
伊藤若冲　狩野博幸
*浦上玉堂　高橋博巳
*佐竹曙山　成瀬不二雄
葛飾北斎　岸文和
酒井抱一　玉蟲敏子
孝明天皇　青山忠正
*和宮　辻ミチ子
徳川慶喜　大庭邦彦
島津斉彬　原口泉
*横井小楠　沖田行司
*古賀謹一郎　小野寺龍太
*永井尚志　高村直助

＊岩瀬忠震　小野寺龍太
＊栗本鋤雲　小野寺龍太
＊大村益次郎　竹本知行
岩倉具視　斎藤紅葉
河井継之助　小川和也
松平春嶽　大石学
＊西郷隆盛　家近良樹
＊由利公正　角鹿尚計
橋本左内・橘曙覧　角鹿尚計
＊塚本明毅　塚本学
松平容保　白石烈
山岡鉄舟・高橋泥舟　岩下哲典
三条実美　奈良勝司
＊月性　海原徹
＊吉田松陰　海原徹
＊高杉晋作　海原徹
＊久坂玄瑞　一坂太郎
ペリー　遠藤泰生
ハリス　福岡万里子
オールコック　佐野真由子
アーネスト・サトウ　奈良岡聰智

近代

＊明治天皇　伊藤之雄
＊大正天皇　F・R・ディキンソン
＊昭憲皇太后・貞明皇后　小田部雄次
大久保利通　三谷太一郎
山県有朋　鳥海靖

木戸孝允　落合弘樹
井上馨　伊藤之雄
＊松方正義　室山義正
榎本武揚　醍醐龍馬
北垣国道　小林丈広
板垣退助　小川原正道
長与専斎　笠原英彦
大隈重信　五百旗頭薫
伊藤博文　坂本一登
井上毅　大石眞
＊井上勝　老川慶喜
三浦梧楼　大澤博明
＊桂太郎　小林道彦
＊渡邉洪基　瀧井一博
＊乃木希典　佐々木英昭
星亨　小林道彦
林董　奈良岡聰智
＊児玉源太郎　小林道彦
＊高宗・閔妃　木村幹
山本権兵衛　室山義正
＊金子堅太郎　松村正義
高橋是清　鈴木俊夫
小村寿太郎　簑原俊洋
＊犬養毅　小林惟司
原敬　季武嘉也
＊加藤高明　櫻井良樹
牧野伸顕　小宮一夫
田中義一　黒沢文貴
内田康哉　高橋勝浩
平沼騏一郎　堀田慎一郎
＊鈴木貫太郎　小堀桂一郎
宇垣一成　北岡伸一
＊宮崎滔天　榎本泰子

＊浜口雄幸　川田稔
幣原喜重郎　西田敏宏
関一　玉井金五
水野広徳　片山慶隆
＊広田弘毅　井上寿一
安重根　上垣外憲一
＊グルー　廣部泉
＊永田鉄山　森靖夫
東條英機　牛村圭
今村均　前田雅之
蔣介石　劉岸偉
近衛文麿　庄司潤一郎
＊岩崎弥太郎　武田晴人
伊藤忠兵衛　末永國紀
＊五代友厚　田付茉莉子
大倉喜八郎　村上勝彦
＊安田善次郎　由井常彦
＊渋沢栄一　武田晴人
中野武営　佐賀香織
益田孝　鈴木邦夫
山辺丈夫　宮本又郎
大川平三郎　四方田雅史
武藤山治　阿部武司・桑原哲也
池田成彬　松浦正孝
西原亀三　森川正則
小林一三　橋爪紳也
大倉恒吉　石川健次郎
大原孫三郎　猪木武徳
＊河竹黙阿弥　今尾哲也
イザベラ・バード　加納孝代
小泉八雲　斎藤英喜
＊林忠正　木々康子

＊森鷗外　小堀桂一郎
＊二葉亭四迷　ヨコタ村上孝之
＊正岡子規　井上泰至
＊夏目漱石　佐々木英昭
徳冨蘆花　半藤英明
巌谷小波　千葉信胤
樋口一葉　佐伯順子
＊島崎藤村　十川信介
泉鏡花　東郷克美
上田敏　小林茂
＊有島武郎　亀井俊介
志賀直哉　小林幸夫
北原白秋　平石典子
菊池寛　山本芳明
芥川龍之介　高橋龍夫
＊宮沢賢治　千葉一幹
高浜虚子　坪内稔典
与謝野晶子　佐伯順子
＊種田山頭火　村上護
＊斎藤茂吉　品田悦一
＊高村光太郎　湯原かの子
石川啄木　先崎彰容
萩原朔太郎　エリス俊子・栗原飛宇馬
＊原阿佐緒　秋山佐和子
＊狩野芳崖・高橋由一　古田亮
川村清雄　落合則子
＊小堀鞆音　小堀桂一郎
竹内栖鳳　北澤憲昭
黒田清輝　高階秀爾
中村不折　石川九楊
横山大観　高階秀爾

＊橋本関雪　西原大輔
土田麦僊　天野一夫
岸田劉生　北澤憲昭
濱田庄司　濱田琢司
＊山田耕筰　後藤暢子
松旭斎天勝　川添裕
中山みき　鎌田東二
佐田介石　谷川穣
＊ニコライ　中村健之介
＊出口なお・王仁三郎　川村邦光
＊新島襄　太田雄三
新島八重　佐伯順子
木下広次　冨岡勝
山川健次郎　小宮京・中澤俊輔
嘉納治五郎　クリストファー・スピルマン
柏木義円　片野真佐子
津田梅子　田中智子
＊澤柳政太郎　新田義之
＊河口慧海　高山龍三
＊山室軍平　室田保夫
大谷光瑞　白須淨眞
＊久米邦武　髙田誠二
フェノロサ　伊藤豊
井上哲次郎　井ノ口哲也
三宅雪嶺　長妻三佐雄
＊岡倉天心　木下長宏
志賀重昂　中野目徹
徳富蘇峰　杉原志啓
＊竹越与三郎　西田毅
内藤湖南・桑原隲蔵　礪波護

*廣池千九郎　橋本富太郎
岩村　透　今橋映子
*西田幾多郎　大橋良介
*金沢庄三郎　石川遼子
*柳田国男　鶴見太郎
厨川白村　張　競
*村岡典嗣　水野雄司
大川周明　山内昌之
西田直二郎　林　淳
*折口信夫　斎藤英喜
九鬼周造　古川雄嗣
三木　清　杉山直樹
シュタイン　瀧井一博
*西　周　清水多吉
*福澤諭吉　平山　洋
加藤弘之　田中由香里
成島柳北　山田俊治
*福地桜痴　山田俊治
*村山龍平　早房長治
*島田三郎　武藤秀太郎
田口卯吉　鈴木栄樹
*陸　羯南　松田宏一郎
有賀長雄　森田吉彦
*黒岩涙香　奥　武則
幸徳秋水　馬渕浩二
長谷川如是閑　織田健志
上杉慎吉　今野　元
*吉野作造　田澤晴子
*山川　均　米原　謙
*岩波茂雄　十重田裕一
*北　一輝　岡本幸治
*穂積重遠　大村敦志
中野正剛　吉田則昭

荒畑寒村　川村邦光
*満川亀太郎　福家崇洋
*エドモンド・モレル　林田治男
*北里柴三郎　福田眞人
高峰譲吉　木村昌人
田辺朔郎　秋元せき
*南方熊楠　飯倉照平
*辰野金吾　河上眞理・清水重敦
*七代目小川治兵衛　尼崎博正
本多静六　岡本貴久子
ブルーノ・タウト　北村昌史
*ウィリアム・メレル・ヴォーリズ　山形政昭・吉田与志也

現代

昭和天皇　御厨　貴
高松宮宣仁親王　後藤致人
*李方子　小田部雄次
芦田　均　矢嶋　光
吉田　茂　中西　寛
マッカーサー　柴山　太
鳩山一郎　楠　綾子
*石橋湛山　増田　弘
重光　葵　武田知己
*市川房枝　村井良太
*池田勇人　藤井信幸
高野　実　篠田　徹
和田博雄　庄司俊作

ライシャワー　廣部　泉
朴　正熙　木村　幹
*田中角栄　新川敏光
宮沢喜一　村上友章
竹下　登　真渕　勝
*松永安左エ門　橘川武郎
鮎川義介　井口治夫
*出光佐三　橘川武郎
*松下幸之助　米倉誠一郎
渋沢敬三　井上　潤
*本田宗一郎　伊丹敬之
*井深　大　武田　徹
*佐治敬三　小玉　武
幸田家の人々　金井景子
*正宗白鳥　大嶋　仁
*大佛次郎　福島行一
井伏鱒二　滝口明祥
*川端康成　大久保喬樹
*薩摩治郎八　小林　茂
坂口安吾　千葉一幹
太宰　治　安藤　宏
松本清張　杉原志啓
安部公房　鳥羽耕史
*三島由紀夫　島内景二
井上ひさし　成田龍一
R・H・ブライス　菅原克也
柳　宗悦　熊倉功夫
バーナード・リーチ　鈴木禎宏
*熊谷守一　古川秀昭

川端龍子　岡部昌幸
藤田嗣治　林　洋子
*井上有一　海上雅臣
*手塚治虫　竹内オサム
古賀政男　藍川由美
*吉田　正　金子　勇
武満　徹　船山　隆
*八代目坂東三津五郎　田口章子
*力道山　岡村正史
*西田天香　宮田昌明
安倍能成　中根隆行
サンソム夫妻　平川祐弘・牧野陽子
*天野貞祐　貝塚茂樹
和辻哲郎　小坂国継
*矢代幸雄　稲賀繁美
石田幹之助　岡本さえ
*平泉　澄　若井敏明
*早川孝太郎　須藤　功
安岡正篤　片山杜秀
*青山二郎　田野　勲
*島田謹二　小林信行
田中美知太郎　川久保剛
前嶋信次　杉田英明
*唐木順三　澤村修治
亀井勝一郎　山本直人
*宮本常一　須藤　功
知里真志保　モコットゥナシ
竹内　好　田澤晴子
*保田與重郎　谷崎昭男
石母田正　磯前順一
*福田恆存　川久保剛

井筒俊彦　安藤礼二
吉田　満　貝塚茂樹
佐々木惣一　伊藤孝夫
高田保馬　金子　勇
小泉信三　都倉武之
*瀧川幸辰　伊藤孝夫
式場隆三郎　服部　正
大宅壮一　有馬　学
*清水幾太郎　庄司武史
山本健吉　井上泰至
*フランク・ロイド・ライト　大久保美春
*中谷宇吉郎　杉山滋郎
今西錦司　山極寿一

*は既刊
二〇二二年五月現在